城市公共交通管理丛书

Chengshi Gonggong Jiaotong Fuwu Guanli

城市公共交通服务管理

(2014年版)

北京公共交通控股(集团)有限公司 编

人民交通出版社股份有限公司
China Communications Press Co.,Ltd.

内容提要

本书主要针对城市公共交通管理人员编写，包括公共服务与城市公共交通服务概述，城市公共交通服务管理概述，城市公共交通服务质量管理，城市公共交通服务基础管理，城市公共交通乘务心理与行为，城市公共交通乘务语言与服务技能，城市公共交通职业道德及企业文化建设等内容。

本书可作为公共交通企业内部各类管理岗位培训、继续教育的首选教材，同时也可作为高等职业教育的专业教材和各级管理人员的参考书。

图书在版编目(CIP)数据

城市公共交通服务管理 / 北京公共交通控股（集团）有限公司主编. —2014年版. —北京：人民交通出版社股份有限公司，2014.7

(城市公共交通管理丛书)

ISBN 978-7-114-11451-9

Ⅰ. ①城…　Ⅱ. ①北…　Ⅲ. ①城市交通运输—服务质量—服务管理　Ⅳ. ①F570.82

中国版本图书馆CIP数据核字（2014）第114852号

城市公共交通管理丛书

书　　名：城市公共交通服务管理（2014年版）
著 作 者：北京公共交通控股（集团）有限公司
责任编辑：孙　玺　曲　乐　李　喆
出版发行：人民交通出版社股份有限公司
地　　址：(100011) 北京市朝阳区安定门外外馆斜街3号
网　　址：http://www.ccpress.com.cn
销售电话：(010) 59757973
总 经 销：人民交通出版社股份有限公司发行部
经　　销：各地新华书店
印　　刷：北京公交印刷有限公司
开　　本：720×960　1/16
印　　张：19.25
字　　数：274千
版　　次：2014年6月　第1版
印　　次：2014年6月　第1次印刷
书　　号：ISBN 978-7-114-11451-9
定　　价：35.00元
(有印刷、装订质量问题的图书由本公司负责调换)

城市公共交通服务管理（2014年版）

编写委员会

主　　任：常　江　陈　蓓

副 主 任：石曙光　洪崇月　沙　勇　王　瑶

成　　员：南　涛　周志琦　杨　斌　王金玲
李素丽　杨　坤　彭向东

主　　编：南　涛

副 主 编：王金玲

编写人员：袁振洲　马从仁　金　江　李素丽
张振英　岳邦震　李　贞　崔　剑
冯　林　王立刚

项目负责：毛　燕

前　言

公共交通是城市的基础设施，是关系人民群众生产生活的民生工程，与社会发展、城市经济、人民生活密切相关。近年来，城市公共交通取得了长足的发展，城市公交网络不断拓展，服务能力和水平不断提高，在缓解城市交通拥堵、建立和谐社会、提升人民群众生活品质、促进城市繁荣和城市综合发展方面发挥了举足轻重的作用。

城市公交服务水平已经成为衡量一个城市水平的标准，是人们了解城市的最直接窗口，透过这个窗口可以反映出城市的精神和社会风尚。因此，提升城市公交服务质量对维护城市形象、形成良好社会风气起着至关重要的作用。

随着首都社会经济的发展以及建设国际化大都市和世界城市的趋势，公交企业面临着新的挑战和机遇。为了满足公交服务管理人员学习的需要，不断提高专业管理人员的业务知识，推动公交行业员工素质建设的发展，北京公共交通控股（集团）有限公司和北京交通大学联袂对2001年出版的《城市公共交通服务管理》一书进行了修订。

本书在修订过程中本着立足公交、总结经验、推陈出新、指导实践的原则，结合北京公交服务管理的实际，从公共服务与城市公共交通概述、城市公共交通服务管理概述、城市公共交通服务质量管理、城市公共交通服务基础管理、城市公共交通乘务心理与行为、城市公共交通乘务语言与服务技能和城市公共交通职业道德及企业文化建设7个方面进行阐述。本书的修订工作得到了北京交通大学专家、教授和北京公交集团各级领导、专业人员的指导和帮助，特别得到了北京市人力资源社会保障局职业技能培训指导中心的大力支持，在此谨向所有关心、支持修订和出版工作的同志们致以深深的谢意！

由于时间紧张、水平有限，书中难免有疏漏或不足之处，敬请各地公交同仁和广大读者批评指正。

编　者

二〇一四年三月

目　录

第一章

公共服务与城市公共交通服务概述

第一节　服务管理的基本理论

一、服务的内涵及其发展历程

（一）服务的内涵

1. 服务定义的产生

长期以来，尽管人们无处不享受着各种服务，但却不知服务为何物；在经济社会中，服务与商品一样无处不在；对各种服务的需求在质和量上与对商品的需求并无差别。然而，与商品相异的是，对于什么是服务，至今尚没有一个大家普遍接受的定义。

第二次世界大战以后，特别是20世纪60、70年代以来，服务经济的迅猛发展，成为世界经济的一个突出现象，这引起世人的极大关注。从事该领域理论研究的学者越来越多，对服务概念的理解也越来越多样化，但其中大多仍是描述性的定义。

一般而言，服务是顾客通过相关设施和服务载体所得到的显性和隐性收益的完整组合。为了更好地理解此定义，我们还需要提到一个由服务企业提供的由4种因素构成的系统。

2. 从不同角度定义服务

（1）从产出的角度定义服务

从产出的角度定义服务，可以把服务定义为：“服务是顾客通过相关设施和服务媒介所得到的显性和隐性效益的完整组合。”

（2）从转换过程的角度来定义服务

这一定义的出发点是把服务看作是满足顾客需要的过程，服务与普通产品的最大区别在于，它主要是一个过程，是一种活动。

（3）从服务特质的角度来定义服务

从服务的特质角度出发，可以将服务定义为："实体和无形两部分产品构成的组合"。这种定义强调，实际上任何一项服务，都不是完全无形的。

（4）ISO9000 所定义的服务

在 ISO9000 系列标准中，对服务所作的定义是："服务是为满足顾客的需要，在与顾客的接触中，服务提供者的活动和活动的结果。"

从管理角度看这个定义，服务既然是一种活动，服务提供者就必须对活动过程进行有效的规划、组织与控制；服务既然是一种结果，就必须达到满足顾客要求的目的。这个定义既对服务做出了高度的抽象描述，也有利于探索服务行业的管理方向。

（二）服务管理理论的发展历程

服务管理理论经历了长达 30 多年的研究过程，虽然至今尚未形成完整学科体系，但在一些理论探讨方面取得了众多的研究成果。服务管理理论是伴随着西方管理学界对服务特征和服务管理的认识、理解而逐步形成和发展起来的，经历了一个从早期概念性的争论到如今对一些具体问题进行深入细致研究的过程。

1. 奠基时期（20 世纪 70 年代 ~80 年代初）

20 世纪 70 年代，西方国家对服务业开始放松管制，服务业的竞争日益激烈。此时出现了越来越多的服务特性的新理论和方法。这一时期服务管理研究主要集中在以制造业管理模式为基础的服务研究领域，学者们关注的是服务业的某些生产运作环节与制造业生产的相似之处，而没有从根本上意识到服务业与制造业在管理方法上的差异。

2. 初步形成时期（20 世纪 80 年代 ~90 年代初）

进入 20 世纪 80 年代之后，服务与产品是有区别的观点已得到普遍的认可，研究者也不再停留在一般性的描述上，而是通过提出一些概念模型使人们更好地理解服务和服务管理的特征。80 年代服务管理理论的发展呈现出了两个明显的特点：

(1) 关于服务运作的研究开始摆脱制造业管理理论的框架，不同学科分支，如营销、人力资源管理、运营管理等，相互渗透和融合。

(2) 大量研究从服务的特征入手，展开了一系列的专题探讨，其中，服务质量、服务接触与服务设计成为主要的研究主题。20 世纪 80 年代末期，服务运作管理作为研究各种服务业企业管理的一个专门分支开始被承认。

3. 深入发展时期（20 世纪 90 年代至今）

在原有理论深入发展的同时，服务管理理论的范畴被逐渐拓宽，各个学科领域的结合也更加密切。大量研究进一步对服务业的具体问题进行了理论探索，研究主题也越来越丰富，几乎涉及服务管理问题的各个方面，如服务设计、服务生产能力和需求管理、服务修复等。

总而言之，管理学界已经将服务管理作为一个新的学科分支进行研究。从其发展历程可以看出，随着服务管理研究的具体化、跨学科的发展，服务管理理论将得到不断地完善，并将在全球范围内形成一股关注服务研究与发展的潮流。

二、服务的一般特性

（一）服务的无形性

无形性被列为服务最重要的特性。但是，即使是有形产品，在顾客的心目中也并不总是有形的。我们也可以从主观性和无形性的角度来理解 1 磅土豆或 1 辆汽车，所以，并非像有些论述服务营销专著中所说的那样——利用无形性特征就一定会有效地区分出服务或有形产品。

由于服务的无形性，顾客对服务质量的评价是非常困难的。研究认为，企业必须努力利用有形的证据将无形的服务有形化，如在银行业中使用的信用卡、旅游业中使用的各种文件等。

（二）生产与消费的不可分性

许多服务，只能在顾客到达的同时才开始“生产”，生产的同时，顾客也进行消费。一项服务无形性越强，生产和消费即越同时发生。服务的这种特性使得服务品质不可能预先“把关”，使得服务能力（设施能力、人员能力）规划必须能够适应顾客到达的波动性，使得服务的“生产”与“销售”无法区分，这些特性也导致了服务产品管理必须采用一些特殊的方法。

（三）服务的不可储存性

服务是在生产中被消费的，有效时间往往很短，而其购买者从中所得到的好处也不能为将来的消费“储存起来”。如果不在有效时间内消费掉，服务就会不可挽回地失去，如节目演出时剧院里的一个空座位，没有使用的电话线，这些都是无法挽回的东西。

（四）服务的异质性

服务的异质性表现在以下 4 个方面。第一，服务不是一个单一整体，而是相关服务要素的集合。服务的某一部分不好，顾客就会认为整个服务不好；同一种核心服务，其周边的服务不同，也会形成不同的服务特色。第二，服务者具有多样性。服务往往是人与人之间的互动，服务者不可能训练成像机器人那样只有标准动作而没有变化。而从顾客的角度来说，如果他两次受到不同的服务，或看到另一个人受到比他好的服务，都会留下坏印象。第三，顾客的多样性。即使是同一种服务规范，不同顾客的不同个性也会导致不同的服务结果。第四，服务的同一组成部分，在不同情况下对不同顾客的重要性可能不同。

需要明确地区分以下两种服务：主要靠人直接提供的服务（劳动密集型）；主要靠设施提供的服务（资本密集型）。对于第二种，相对更容易统一质量标准。

（五）顾客在服务过程中的参与

在很多服务过程中，顾客自始至终是参与其中的，这种参与有主动参与和被动参与两种形式。

在服务生产过程中，必须设法做到在提供服务的同时确保品质。为此，加强员工培训以提高其工作责任心和服务技能，对于保证服务品质是非常重要的。

服务业生产过程顾客也在其中的事实，还导致在服务业中“生产”与

“销售”之间的区分不像制造业那么明显，而是互相关联不可分离。

三、服务企业的构建以及服务运作管理

（一）服务企业构建的含义和内容

服务企业的构建是指在既定的法律和道德框架下，开发一切能增进顾客（个人消费、企业消费及政府）效用的产品，包括产品的研发、设计、制造、销售、安装、维护及提供系统解决方案等。服务型企业的经营理念是一切以顾客需求为中心，其工作重心是以产品为载体，为顾客提供完整的服务；其利润总额中，提供服务所创造的利润占据重要比例。

（二）服务运作管理的含义和内容

运作是将各种生产要素的投入变换为无形服务产出的过程。服务运作管理是指对服务内容、服务提供系统以及服务运作过程的设计、计划、组织与控制活动。与服务运作管理相对应的概念是制造业的生产管理，即对各种物质形态的有形产品进行开发设计、对生产加工过程和生产系统进行计划、组织与控制。

服务运作管理的范畴包括运作战略的制订、服务产品和服务提供系统的设计、运作技术的选择、设施选址与设施布置、工作设计、服务质量控制、服务能力规划、服务过程的计划与控制等多项内容。

对于服务运作来说，首先必须区分两种不同的服务：以人为中心的服务和以技术为中心的服务。即使是在同一行业，有时也会有两种不同的服务特色。前者的服务质量和服务效率主要取决于提供服务的人，在这种情况下，运作技术的选择不是一个主要问题，主要问题是提高人的工作责任心和服务技能。在后者的情况下，服务质量和服务效率在很大程度上依赖于所作用的设备和技术，这就需要慎重考虑可选择的技术。

对于无形服务来说，只有一部分服务质量可由服务提供者来评定，其余的只能通过顾客的体验、感受来评价，服务场所的气氛、服务人员态度、环境条件等，都会给服务质量带来影响。因此服务质量的好坏，取决于顾客所期待的服务与实际所感受到的服务的一致性，服务质量的很大一部分难以使

用精确的定量描述。

服务承诺还可以产生积极的反馈，有可能使顾客有动力、有依据对服务质量问题提出申诉，从而使企业明确了解所提供服务的质量和顾客所希望的质量之间的差距，所以，建立服务承诺可以成为服务质量管理的一个有效方法。

四、公共服务的主要特征

（一）公共服务的内涵

所谓公共服务，就是指筹集和调动社会资源，通过提供公共产品（水、电、气等具有实物形态的产品和教育、医疗、社会保障等非实物形态的产品）这一基本方式来满足社会公共需要的过程。它以税、费或志愿性劳动作为提供的成本，是社会存在和可持续发展的重要基础。也就是说，理解公共服务这一概念时，其本质性的规定是公共服务的目的在于满足公共需要，至于采用什么样的方式以及由谁来满足公共需要是第二位的事情。

根据所要满足的公共需要的内容，可以将公共服务主要分为三种类型。

第一，政权性公共服务。这和国家的传统职能相吻合，包括司法、行政、国防等。

第二，社会性公共服务。主要包括社会就业、社会保障、教育、卫生医疗、文化体育、科技发展等直接关系到人的发展这一需要的服务。

第三，经营性公共服务。主要包括邮电、通信、电力、煤气和自来水、交通等。

（二）公共服务的特点

（1）公共服务具有使用价值和价值两个基本属性。公共服务作为满足人的公共需要的基本途径，以公务人员、市场化组织以及非营利组织的劳动作为提供的载体，以劳动体现成果。他们的劳动也是一种商品，也具有价值和使用价值两个基本属性。

（2）公共服务的公共性质是相对的。从理论上说，公共服务与私人服务的特征比较清楚，但现实非常复杂，各种各样的服务的性质和边界有时候难以确定，具有一定的模糊性。判断一种服务是否属于公共服务的因素很多，可以明确的是，一种服务是属于公共服务还是属于私人服务，并非一成不变。

(3) 公共服务的消费具有层次性。从公共服务的消费上来看，公共服务具有多层次性。

(4) 公共服务的发展具有阶段性。因为人类的需要呈现出人类个体和群体中的阶段性特征，因此，公共服务也相应地呈现出个体和群体的发展阶段性特征。

(5) 公共服务的生产和提供要遵循伦理要求。公共服务的生产和提供既要符合管理准则，又要遵循价值要求，而且后者由于公共服务的公共性显得更为重要。

(三) 公共服务的作用

人们享受到的公共服务水平从一个侧面反映了一个国家或地区的经济社会发展水平，因为公共服务的数量、质量与经济发展状况和人们的生活质量密切相关，一定历史时期社会发展状况，包括经济和社会发展状况都可以在公共服务这个断面得到集中的展示。公共服务作为满足社会公共需要的基本途径，其在现代社会中的作用主要体现在以下方面。

(1) 公共服务以满足人的公共需要为逻辑出发点，是社会良性运行和发展的基础。

(2) 公共服务通过对国民收入的分配和再分配，成为实现公共利益的重要途径。

(3) 公共服务既具有社会效益，又具有经济效益，是推动社会发展的重要手段。

公共服务不仅可以为一个社会的发展提供稳定的社会环境，具有突出的社会效益，而且它也具有经济效益，是推动社会与经济共同发展的重要手段。

城市公共交通是城市基本性公共服务之一。基本性是说城市公共交通是维系一个城市得以正常运转的最基本的公共服务，是一个城市经济发展和满足人们生活最基本需求的公共服务。基本性的公共服务，往往具有很强的积极的外部效应。如投资一条地铁，可能要花费几十亿元，投资一条公交线路，可能要花费数百上千万元，但是沿线的房地产很快得到开发，商业繁荣，不仅使得沿线的资源增值，吸引了更多的人才和资金，促进了城市的经济发展，而且还让政府获得了高额的税收。最重要的是，在整体上提升了城市的发展水平。

第二节　城市公共交通的基本特征

一、城市公共交通的地位与基本任务

城市公共交通是城市供公众乘用的、经济方便的各种交通方式的总称。城市居民及流动人口出行方式可分为个人出行和公共交通出行两类：步行、驾驶非机动车或乘用私人机动车等为个人出行方式；乘用公共电汽车、出租汽车或轨道客车、轮渡、缆车等为公共交通的出行方式。

城市公共交通是城市的基础设施，是城市综合功能的重要组成部分。公共交通直接关系着城市的经济发展与居民生活，对城市经济具有全局性、先导性的影响，因此它是国家重点扶持和发展的城市公用设施，是政府为人民群众提供的公共服务的重要内容。

（一）城市公共交通重要地位的主要表现

1. 公共交通被誉为城市的“动脉”

道路交通拥堵是目前全世界大、中城市普遍面临的难题，越来越多的社会各界人士已经认识到，大力发展公共交通、使“动脉”通畅是解决这个难题的主要出路。现代化的公共交通系统，可以减少居民出行的时间，缩短生产与生活领域以及城乡之间的时空距离，使城市各种资源得到合理充分的利用，有利于城市综合功能的充分发挥，使城市的社会生活正常运转，进而有效地促进经济的发展。

2. 公共交通被誉为“社会生产的第一道工序”

作为代步工具，公共交通为乘客的出行提供服务，实现其空间位置移动

的目的，推动着劳动者与劳动场所、劳动对象和劳动工具的结合，促进了生产力的发展。一般来说，社会各行各业生产经营活动都要从出行开始，因此，作为主要代步工具的公共交通被誉为"第一道工序"。

3. 公共交通被誉为城市生活的"纽带"

公共交通联系着城市的千家万户，沟通着人们的相互交往，为城市居民的物质文化生活提供直接或间接的服务，与人民的生活息息相关。国民经济的稳步发展，不断推动着城市的繁荣与进步，不断提高着居民的物质文化生活水平，更使得公共交通越来越成为城市生活中不可缺少的桥梁和纽带。

4. 公共交通是展示城市文明水平的窗口

作为城市的窗口行业，公共交通服务水平不仅体现着公交企业的服务意识、行业形象，也直接反映着城市的管理水平和精神文明建设的水平。公共交通的重要地位使得这一行业成为城市中敏感性较强的服务行业。大量实例说明，公共交通与政治、经济和社会的安定休戚相关。公共交通能否保持正常的运营服务秩序，始终如一地提供规范服务，对人民生活、社会秩序都会产生影响。

（二）公共交通的基本任务

公共交通的基本任务是满足居民出行的需要。公共交通为居民的工作、生活提供服务，是最基本、最经常、最大量的服务活动。居民出行的目的多种多样，包括以生产、工作、生活为目的的出行和以文化娱乐活动为目的的出行。居民的生产、工作、生活性的出行，有很强的目的性、规律性，并主要依靠公共交通代步。城市各种文化娱乐活动的集散，也主要由公共交通承担运输服务任务。除了为本地居民服务外，公共交通还要随时随地为城市流动人口提供服务。因此，公共交通服务活动，要本着有利生产、方便生活的原则，科学合理地组织运输，尽可能地为城市多数居民不同的出行提供满意服务。

城市公共交通的服务任务还要随着城市功能的增强而调整。在改革开放、对外交往不断扩大的情况下，城市的交往活动日趋活跃，这就要求城市公共交通为城市的改革、开放和各种政治、经济活动提供相应的服务，包括增加服务方式、改造服务设施、提高服务质量，以满足城市发展的新的需要。

从公共交通特殊性出发，公交服务的另一任务是完成城市政府赋予的临时的、特殊的服务任务，如承担重大政治活动和社会活动、抗灾抢险以及临时性、特殊性的集散运送任务。

二、城市公共交通企业的性质、特点及经营宗旨

公共交通企业的性质和特点决定着企业的经营宗旨，对企业的发展方向有着最根本的影响，探讨公共交通企业的性质不仅关系到企业的生存发展，而且还直接关乎城市规划发展和人民的生活水平；不仅有非常明确的现实意义，而且还具有涉及城市乃至国家发展的长远意义。

（一）公共交通企业的性质

围绕着公共交通企业的性质一直存在着争议，主要表现为在公益化和市场化两条道路上徘徊。一种观点认为，公共交通企业是公用、公益性的企业，主要是为公众出行提供服务，作为一个经济实体由于低票价而产生的经济亏损，由政府给予财政补贴，维持企业的平衡发展。另一种观点认为，公共交通是企业，在市场经济高速发展的今天，应该走自负盈亏的市场化道路，依靠参与客运市场竞争吸引客源，通过调整票价实现企业经济上的平衡发展。

经过长时间的实践探索，在充分总结经验教训的基础上，社会各界逐渐统一了认识。公共交通服务是维系人们生活、工作出行和交往便利的公共服务，对经济社会发展具有重要的支撑作用。伴随发展水平的提高和经济社会活动空间的扩大以及聚集形态的变化，人们对公共交通的需求不断增长，已经成为现代社会最重要的公共服务。公共服务是政府为促进发展和维护公民权益，运用法定权力和公共资源，面向全体公民或某一类社会群体，组织协调或直接提供以共同享有为特征的产品和服务供给活动。在市场经济条件下，提供公共服务是政府的重要职责，关系到公民权益的维护和发展的实现。

北京市人民政府深刻分析了世界大城市普遍存在的城市资源和环境承载能力的尖锐矛盾和北京自身的特殊性问题后，在2005年颁发的《北京交通发展纲要》和2006年颁发的《关于优先发展公共交通的意见》中，再次坚定不

移地确定：城市公共交通企业是社会公益性的服务性企业。这个准确定位及其一系列发展措施受到了国家建设部的充分肯定并向全国推广，不仅广大市民拍手称快，而且在全国乃至世界都产生了深远影响。

（二）公共交通企业的特点

作为一个经济实体，公共交通企业主要特点体现在社会效益和经济效益的矛盾性上；从公益性企业的定位出发，公交企业应当坚定不移地确保社会效益。社会效益主要以优质服务的客位公里来体现，也就是说在规定时间内，公交企业为城市、社会提供多少乘车空间，提供的越多，市民出行越方便，城市、社会越受益。经济效益主要以营业收入来体现，在同样条件下、同一时间内，营业收入越多，企业的经济效益越高。

两个效益的矛盾性表现在对社会提供的社会效益越高，企业的投入就越大；而从目前各地城市公交企业来看，这种投入远远大于营业收入，呈现两个效益反向运转的特殊规律。

确保社会效益是公交企业公益性定位的充分体现，既然公共交通是城市公共服务的重要内容，公交企业就要责无旁贷地承担起为广大乘客提供出行服务的重任，公交企业所提供的服务越好、公用性越强、乘客越满意，也就越能巩固在客运市场上的主导地位，履行政府对公共服务的承诺。

公交企业毕竟是一个经济实体，有着不可违背的经济规律。有效解决企业经济效益和社会效益背离的问题，确保突出社会效益，只能依靠政府的投入。2006 年，北京市人民政府在《关于优先发展公共交通的意见》中提出了“财政扶持优先”的举措，将对公交的亏损补贴调整为用于购买公共交通服务的公共财政支出，从而有效地保证了公交企业的正常运转，广大市民从中受益。公交企业通过提供优质服务所创造的服务价值，又融于各行各业的经济效益之中，使两个效益在城市总体上协调发展。

就公交服务活动而言，在不同的地区、线路，还可能有若干其他特点，但总的来说，上述特点基本反映了公交企业普遍的、主要的特点。了解这些特点，有利于提高服务管理水平。

（三）公共交通企业的经营宗旨

城市公共交通的性质及其特点，决定了城市公共交通企业必须坚持“以运营服务为中心”的经营方针，把为乘客提供“安全、迅速、方便、准时、舒适、经济”的乘车条件，保证社会效益作为企业的基本任务；充分利用企业的人力、物力、财力，优化线路网络结构，最大限度减少乘客的出行时间；以满足乘客需求为中心，通过优质高效的经营管理，提供让乘客满意的运营秩序和服务质量。

三、城市公共交通的发展

众所周知，城市公共交通是伴随着城市的产生而产生、伴随着城市的发展而发展的，大力发展公共交通，适应城市和国家的现代化、城市化、机动化进程，是当前迫切需要解决的一项紧迫任务。

（一）发展公共交通的必要性

伴随我国国民经济的高速发展，大城市尤其是特大城市机动车保有量迅速增长，引发了交通拥堵、尾气污染、能源消耗等一系列问题。以北京为例，截止到2013年年底，常住人口已达2100多万人，机动车保有量已达540多万人，道路交通拥堵十分严重，已经成为城市运营管理中十分突出的问题。

解决城市交通问题必须综合考虑人口、资源、环境等多方面因素，与小汽车比，公共交通具有人均占用道路资源少、客运量大、节能环保的特点，是集约化的运输方式。作为城市的重要基础设施，公共交通为大多数人提供了平等的交通出行权和道路公共资源使用权，体现了社会公正、公平。党中央、国务院十分重视城市公共交通的发展，把优先发展城市公共交通作为落实科学发展观、建设资源节约型、环境友好型社会，构建和谐社会等重大战略的组成部分。各级政府和社会各界已经充分认识到，优先发展公共交通不仅非常必要而且十分紧迫。

（二）发展公共交通的整体思路

现阶段城市交通的紧张局面是城市快速发展进程中多种矛盾的集中反映，发展公共交通应当首先优化城市总体布局和交通结构模式。北京市人民政府在分析了北京交通发展的主要症结后，确定了北京交通发展的战略，坚定不移地加快城市空间结构与功能布局调整，控制中心城建区的土地开发强度与建设规模；坚定不移地加快城市交通结构优化调整，尽早确立公共客运在城市日常通勤出行中的主导地位。同时全面整合既有交通设施资源，提高资源使用效能。

针对城市发展中的问题，国务院颁布了关于优先发展城市公共交通方面的意见。北京市政府积极贯彻，在2005年颁发的《北京交通发展纲要》中，将优先发展公共交通作为缓解城市交通拥堵的治本之策，提出要加快构建以轨道交通和大容量快速公交为骨干、地面公交为基础、出租汽车为补充的综合公共交通运输体系。在2006年颁发的《关于优先发展公共交通的意见》中，确定发展公共交通在城市可持续发展中的重要战略地位，确定公共交通的社会公益性定位，实行公共交通设施用地优先，投资安排优先，路权分配优先，财税扶持优先，从而形成了完整的发展公共交通的整体思路。

（三）发展公共交通的主要举措

按照确定的整体思路，北京市政府又制定了轨道交通发展规划和优化提升地面公交系统方案。提出了优化公交线网、改善换乘条件、加大路权优先力度、坚持低票价政策、加强政府监管、加强安全生产和服务质量管理、提高乘务人员的业务素质和安全意识，实现服务的标准化和规范化等各项具体举措，勾画了安全、便捷、舒适、经济、环保、可持续发展的公共交通远景蓝图。

四、城市公共交通管理体制

（一）城市公共交通管理机构

城市公共交通管理机构涉及到公共交通的主管部门及其他相关部门。《城市公共汽电车客运管理办法》（中华人民共和国建设部令第138号）对城市公共交通的主管机构规定如下：国务院建设主管部门负责全国城市公共汽电车客运的管理工作；省、自治区人民政府建设主管部门负责本行政区域内城市公共汽电车客运的管理工作；直辖市、市、县人民政府城市公共交通客运主管部门负责本行政区域内城市公共汽电车客运的管理工作。

《城市轨通交通运营管理办法》（中华人民共和国建设部令第140号）对

城市轨道交通的主管机构规定如下：国务院建设主管部门负责全国城市轨通交通的监督管理工作；省、自治区人民政府建设主管部门负责本行政区域内城市轨道交通的监督管理工作；城市人民政府城市轨道交通主管部门负责本行政区域内城市轨道交通的监督管理工作。

从行业归口上看，在国家和省一级，公交行业的行政管理比较明确。国家一级原由建设部管理，2013 年后改由交通运输部管理；省一级也由原来的建设厅改为交通运输厅管理。但是，在市、县却出现了很大的不同，有的地方归口建设局，有的归口市政管理局，有的归口交通局。近年，随着城市管理体制的变革，还有些中心城市成立了城市交通委员会负责城市公共交通的管理工作。

（二）城市公共交通管理机构的职能

城市公共交通客运主管部门的主要管理职能包括运营管理、安全管理和应急管理，具体包括以下方面：

（1）根据城市社会经济发展和城市总体规划，负责制订交通发展战略，编制交通专业规划和交通行业中长期规划并组织实施。

（2）按照《中华人民共和国行政许可法》及有关市政公用事业特许经营管理的规定，依法确定城市公共汽电车和城市轨道交通的经营者。

（3）按照城市公共汽电车专项规划和公众出行的需要，设置城市公共汽电车客运线路和站点。需要调整城市公共汽电车客运线路和站点设置的，城市公共交通客运主管部门应当在调整前将调整方案向社会公布，征求公众意见。

（4）对公交营运线路进行日常管理和监督，及对公交服务质量进行监督，维护正常的城市公交客运市场秩序。

（5）负责公共汽电车场站的统一监督管理、站点命名、营运调整公告。

（6）负责对公共汽电车营运人员的培训，参与行业法规的制订和本行业文明创建工作等。

（7）会同有关部门制订处理突发事件的应急预案。

（三）城市公共交通行政管理体制

目前，我国城市交通行政管理体制主要有以下三种模式：一是由交通、城建、市政、公安等部门对城市交通实施交叉管理的传统管理模式；二是由交通运输部门对城乡道路运输实施一体化管理的模式；三是“一城一交”综合交通管理模式（一个城市设立一个综合交通管理机构）。

模式一：由交通、城建、市政、公安等部门对交通实施交叉管理。市交通运输局负责公路运输（货运、长途客运、郊区出租）、公路和场站规划建设以及水路交通运输的行业管理；市政公用局负责城市公交和城市客运出租汽车的管理；市建设部门负责城区的道路规划与建设；市公安部门与交通运输部门分别负责有关的城市道路交通安全管理与控制。这是传统的管理模式，其管理特征表现为：多家管理、行业分割、部门分割、职能交叉、政出多门、行政成本高。

模式二：实行城乡道路运输一体化管理。市交通运输局除负责公路规划建设和水路运输管理职能外，还对公路运输、城市公交和市域范围内的出租车进行统一管理。市公安部门与交通部门分别负责有关的城市道路交通安全管理与控制。这种管理模式整合了道路运输资源，但不具备对城乡交通统一战略、统一规划、统一政策和统一建设的职能。

模式三：“一城一交”综合交通管理。市交通运输委员会是市政府组成部门，负责交通运输规划、道路（城市道路和公路）和水路运输、城市公交、出租汽车的行业管理，并负责对城市内的铁路、民航等其他交通方式的综合协调。市公安部门与交通部门分别负责有关的城市道路交通安全管理与控制。这一模式实现了道路运输管理的一体化。

20世纪90年代后期，北京、上海、重庆、武汉等城市基本上构筑了“一城一交”的大交通行政管理体制模式。例如，北京市2003年的机构改革撤销了原市交通局、公路局、铁路道口安全管理办公室和运输指挥部，组建了以路政局、运输局和交通执法总队为核心机构的“交通运输委员会”（简称交通委）。新组建的交通委是市政府主管城乡公共交通、公路及水路交通行业的职能部门。上海市2000年组建了城市交通管理局，将原由市政府交通办公室承担的公路运输和内河客运管理、市政工程管理局承担的轨道交通管理、公用事业管理局承担的城市公共客运和出租汽车客运管理等职能，统一由城市交通管理局承担。

这种管理机制将城市公共汽车、客运出租汽车、客运汽车租赁、轮渡、轨道交通等从事经营性的各类公共客运交通进行统一管理。这一变化的实质在于，完成了由比较单一性的公共交通管理形式向综合性公共交通管理形式的转变，实现了对各类公共交通更广泛领域的统筹规划、协调发展。

五、政府对公共交通行业的监管

政府监管是指政府制定相应的法律法规，通过有关监管部门采取措施要求接受监管的企业履行规定的义务，同时也赋予或保障这些企业拥有相应的权利。公用事业自然垄断特点是政府监管的主要原因。其中，水务和电力行业的监管模式属于公用事业中的全程全网行业，公交监管模式属于全程不全网行业，即公共交通的运营不完全依赖于整个网络，它只依赖于公路网络中的某些线路。

政府对公共交通行业监管的内容可以分为三个领域：市场准入监管、价格监管与普遍服务监管。

（一）市场准入监管

市场准入是一种行政许可行为。一般分为两类：一是特殊许可，即一般所说的特许经营权；二是普通许可。公共交通的自然垄断特征决定了准入的方式只能是特殊许可——特许经营。建设部《关于优先发展城市公共交通的意见》中要求实行城市公共交通特许经营制度，逐步形成国有主导、多方参与、规模经营、有序竞争的格局。在我国许多城市的地方公共客运交通管理条例中也规定公共汽车电车线路实行专营权管理制度，线路经营权实行有偿出让。根据《市政公用事业特许经营管理办法》的规定，特许经营期限最长不得超过 30 年。对于公交线路经营权有偿出让期限的规定，各城市有所不同，例如，《上海市公共汽车和电车客运管理条例》中规定线路经营权每期不得超过 8 年。《南京市城市公共车辆客运管理办法》中规定公共汽车线路经营权使用年限为 3～5 年。

（二）价格监管

价格监管主要是对那些经过特许而进入市场，并提供垄断性服务的运营商的服务收费水准及收费结构进行的控制，是监管的核心内容。价格监管机制主要有以下两种形式。

一是成本加成机制，又称投资回报率监管。这种方法的优点是可以为投资者提供可预测和稳定的回报，有助于长期资本投资。其缺点是必须付出巨大的监管成本，由于政府管制者难以掌握被管制企业的真实成本信息，因此，企业不仅缺乏自觉降低成本的动力，还会寻求增加成本基数。

二是价格上限机制。价格上限机制的优点是可以避免价格调整时复杂的成本审核，从而降低监管成本；有利于促进企业提高效率，以获取提高部分的报酬。其缺点是在监管者和企业之间不易就提高生产率达成一致意见，在为投资者提供回报方面稳定性较低，而运营商在不会带来直接收入的资产（如场站设施）投入或亏损路线的运营、改善服务质量方面激励不足。

在我国对市政公用行业产品价格管制实践中，基本上采取“成本加成机制”，即“根据行业平均成本并兼顾企业合理利润来确定市政公用产品或服务的价格（收费）标准”（《关于加快市政公用行业市场化进程的意见》）。

在价格监管的社会监督机制上，我国《价格法》规定，制定“公用事业价格、公益性服务价格、自然垄断经营的商品价格”应当举行听证会。这是为了防止改革进程中，公交事业由国家垄断企业转变为团体或私人垄断企业后导致的价格失控而损害公共利益。

价格是公共交通最敏感的因素之一，也是改革的难点之一。价格的高低直接关系到项目投资者能否获得利益回报，从而影响资本进入的积极性；同时也是民众最关心的问题，直接影响他们的日常支出水平。城市公共交通行业在很大程度上承担政府公共物品的供给任务，无论在哪个国家都具有社会的公益性与福利性的特点，公交企业的经营不仅要考虑经济效益，更要考虑社会效益。这一特性决定了公交企业不能像一般的工商业一样走完全市场化道路。政府对价格的监管目的是要在社会福利最大化和保护投资者利益之间寻找到平衡点，从而既能确保最大限度地满足市民出行需求，同时又能使运营企业和投资者有一定的利益回报。

（三）普遍服务监管

普遍服务是指特许经营者应在任何地方，以可承受的价格向每一个潜在的消费者提供的必须的服务。普遍服务体现了产品的公益性。《关于优先发展城市公共交通的意见》中明确了公共交通要解决无力承担私人交通出行费用的人群的出行问题，体现了普遍服务的原则。

普遍服务的解决机制有三种方式：政府预算补贴、运营企业内部交叉补贴和建立普遍服务基金。建立补偿机制的目的是使承担普遍服务义务的企业在参与竞争的同时，得到必要的补偿。建立普遍服务基金是国际上一种比较通用的方法。

我国城市政府为保证普遍服务，采取的补偿机制一般为政府预算补贴。《关于加快市政公用行业市场化进程的意见》中提出市政公用企业通过合法经营获得的合理回报应予保障。若为满足社会公众利益需要，企业的产品和服务定价低于成本，或企业为完成政府公益性目标而承担政府指令性任务，政府应给予相应的补贴。《市政公用事业特许经营管理办法》中规定："获得特许经营权的企业承担政府公益性指令任务造成经济损失的，政府应当给予相应的补偿。"《关于优先发展城市公共交通的意见》中明确了公共交通的社会公益性。解决无力承担私人交通出行费用的人群的出行，是体现社会交通公平性的重要措施。

第三节　城市公共交通的服务方式及特点

城市交通除货运交通外，可分为公共交通、个人交通以及行人交通。本节主要讲述公共交通服务方式，它包括固定线路客运服务方式和非固定线路客运服务方式。

一、固定线路客运服务方式

（一）含义

固定线路客运服务方式泛指城市空间内，地面的、地下的与地面高架的，按规定线路行驶，设有首末站、中途站，具有一定规模的客流量，随上随下的客运交通。它是大众生活中的一种公用设施，不论是工作生产还是生活上的各种出行，只要距离在1km以上都有乘车的需求，乘坐公共交通车辆，则是经济、方便的、较好的选择。

（二）固定线路客运服务方式的种类

主要分为两大类：公共电汽车和轨道客运。

（1）公共电汽车依据客流量大小在不同线路和时间上配备有大型铰接式无轨电车、公共汽车，或车厢内座椅很少，站立空间大的公共电汽车、双层公共汽车、中型或小型公共汽车。

（2）城市内用于客运的高架、地面和地下的轨道交通方式统称为轨道交通系统，包括：地面的——建造在独立路基上的有轨电车、轻轨列车；高架的——建造在架空道上快速电气列车或悬挂式快速列车、山城或跨江河的空中缆车；地下的——建造在隧道内的地下电气铁道，简称地铁列车等。下面，主要介绍第一类的特点。

（三）固定线路客运服务方式的特点

1. 公共电汽车按线路以及线路网运行服务

（1）车辆沿着规定的线路走向行驶，形成各自的线路网络。线路网络是由首末站、走向、中途站和各条线路之间的相互衔接四大要素所构成。

（2）在确定线路的走向时，一定要在满足该线路沿途主要客流流向的前提下，选择短捷途径。接近一条线路的工厂、小区、学校、企事业单位的乘客都希望线路从各自的门前经过，设站接近住所，如果各方面都照顾到，就要迂回行驶，不仅要加车、加人，还会加大一些乘客的旅行时间和旅行费用。

线路长度尽可能控制在最适宜的范围之内，主要根据乘客的需要来确定。在符合主要客流方向的前提下，线路越长，部分乘客越感到方便，但是，长距离乘车的乘客毕竟是少数。此外，线路过长，运行时间和运行过程中遇到各种情况就越多，行车间隔难以保证，正点率受到影响，运营生产很难组织，因此，线路不宜过长。线路过短将会给乘客增加倒乘，影响运营速度，造成运力浪费。从北京公交运营道路的实际来看，市区线路长度应控制在2～3个市区乘客平均运距之内，即8～10km。郊区线路长度也应控制在2～3个郊区乘客平均运距之内，也就是 15～20km 。

（3）按服务地域固定线路又分为四类，即市区线路，主要是为市区居民出行服务；近郊区的线路，主要是为近郊区的城镇居民出行和工矿企业服务；远郊区的线路，主要是为远郊区城镇居民和卫星城镇的群众服务；特殊需要线路，主要是满足大型集会或政治活动以及体育赛事的需要，如北京奥运会期间开辟的临时线路，它们可以形成各自的公共交通线路网。

（4）城市公共交通线路网的构成形式，多是以纵横交错的直线形线路网与棋盘形城市中心的对角线形成线路网，再加上若干条环行线，呈同心圆扩展形。这样，可以使以四周边缘地区为起止点的乘客，不必穿行市区而到达目的地，而市区内的居民减少倒乘（减少倒车的步行距离）也很方便到达目的地。所以，一个城市的公共交通线路网的密度大小以及线路之间相互衔接的情况，能表明这个城市居民乘车方便的程度。

2. 公共电汽车按定站运行服务

（1）乘客出行乘坐或倒乘公共电汽车，一般都要步行一段距离到公共电汽车线路的候车站，步行距离越短，越方便乘客。

公共电汽车的任何一条固定线路，都是从两点之间解决线路沿途的居民乘车需求，它是由两个端点，即首末站以及设置在中途的几个或十几个或几十个站点串联而成。

（2）站距长短的安排，是以方便乘客乘车和缩短乘客旅行时间为目标，用合理的计算方法，即从缓和交通流的干扰，发挥车辆的技能效果的角度来考虑。在公共交通线路长度一定的情况下，如果平均站距过短，就要在线路中间设置很多站，增加车辆的停站时间和起动加速、进站减速时间，使运送速度降低，延长了乘客在车上的时间。相反，如果站距过长，虽然车辆运行速度可以提高，乘客在车上的时间可以缩短，但乘客上车前、下车后的步行距离和时间就要增加，也就是说以乘客的乘车时间、步行时间、等车换车时间所构成的乘客旅行时间以最节约为最佳。根据北京市有关数据进行计算，市区线路站距在 513m 的时候，市区范围内的乘客旅行时间最省。站距长度缩小或增大都将使乘客的乘车时间增加。

（3）站位的选择除应尽可能靠近大的集散点或路口，以方便乘客倒乘外，还应留出港湾和修建候车小屋的余地，内设座椅为乘客遮阳、防风、避雨、候车休息。

3. 公共电汽车按定时运营服务

（1）线路运营首末车时间分全日运营线路、早晚高峰线路和夜班车线路。全日制线路运营时间要注意市区与郊区线路不同，一般市区线路运营时间长些，即市区与郊区衔接发车点应合理（一般郊区首站、首车时间应在与市区衔接线路到达本站之前），全日制线路运营的首末车也应与夜班车线路发出的末车与首车相衔接。

（2）线路在运营时间内都按各自线路不同单位时间和最大客流断面的客流量安排车次即发车间隔，保证乘客及时乘车均衡满载，准点到达目的地。

4. 公共电汽车按规定票价运营服务

公交企业的票制、票价的制订应该与企业提供的服务所付出的必要劳动相适应，但由于我国价格体系和政策的原因，使得公交企业的价格与价值相背离，这种情况几乎在世界各国都一样。我国正处于高速发展时期，工薪阶层普遍还是处于低工资、低收入、低消费的水平，如果公共交通票价真按成本还原制订，乘客难以自己负担，不利于引导广大市民选择公共交通方式出行，也不利于公交发展。因而，从我国的实际情况出发，国家和地方财政部门给予主要大中城市的公交企业亏损补贴，维持了票价价格低于成本的现象。由于公交企业社会公益性的服务行业的重新定位，目前，政府有关部门批准实施增大政府购买公共交通服务、坚持统一票制、低票价的政策。

二、非固定线路客运服务方式

（一）含义

城市中不按固定线路行驶的各种公共交通、个体交通均属这个范畴。

（二）非固定线路客运服务方式的种类

主要分为两大类：

(1) 不按固定路线行驶的公共交通，如旅游车、包专车、小公共汽车(按规定路线设首末站、中途站行驶的小公共汽车属于固定线路客运的一种)、出租汽车以及古代或现在一些大中城市旅游观光景点仍保留着的公共马车、出租马车、人力三轮车等。

(2) 城市个体交通（交通工具一般都为个人所有，因而也称为私人交通)，如自行车、摩托车、私人小轿车以及行人交通等。

(三) 非固定线路客运服务方式的特点

下面主要介绍 4 种非固定线路客运服务方式的特点。

1. 小公共汽车

小公共汽车具有以下服务特点。

(1) 方便。在不影响其他车辆行驶和在不违背交通法规的前提下，“招手上车，就近下车”，这对老、幼、病、残、孕及地理环境生疏的外埠乘客及各种原因需要就近下车的乘客无疑是一种方便。

(2) 舒适。保证座位，便于乘行观光。

经济。票价介于大公共汽车与出租车之间，广大乘客是能承受的。

(3) 快捷。相同距离乘行小公共汽车所用时间比大公共汽车可以节省5% ~10%，特殊情况下可以节省20%，适应广大乘客的乘车需求。

作为大公共交通的一种补充，小公共交通确有以上优势。但是从北京市情况看，在大公共交通得到空前发展以后，小公共已经退出市区，在郊区或大公共运力相对薄弱的地区运营。针对小公共存在的安全和经营风险，有关部门要将小公共纳入固定线路加强规范管理。

2. 出租汽车

出租汽车具有以下服务特点：

(1) 方便。

①租车形式多样。乘客可以根据自己的需要采取多种租车形式。如临时租车、预约租车、电话租车、来站租车、招手租车等。既可单送也可往返；既可一次使用，也可连续包车；既可一人一户坐，也可几人几户合乘，形式多样、方便灵活。

②提供门到门服务，这是出租车的最大特点。乘客可以选择最方便的地点下车，可以按照自己的意愿选择行驶路线，不受地域的限制，在公共电汽车路线的盲区更显优越。

③车型档次齐全。出租汽车备有大、中、小、微各种车型，各种车型又有高、中、低档之分，乘客可以根据需要和经济条件，任意租用各种汽车。

④昼夜24h服务。出租汽车不受时间的限制，乘客可以在24h任何时间里租到出租汽车。

⑤多种用途。出租汽车的用途十分广泛，它能满足中外宾客探亲访友、旅游观光、文体娱乐、婚丧喜庆、治病就医、外出办事以及各种会议和接待等多种用车需要。

（2）快捷。

乘客预约定车，保证准时到达。临时租车一经承诺，及时供车，随叫随走。乘客可以选择经济合理的捷径，从起点到终点，中途不绕道，不停靠，比其他公共交通工具的平均运送速度快，又免除了中间换乘车辆的麻烦。这一点不但适应上下火车、飞机、轮船旅客的需求，也为抢救病人、产妇入院和紧急情况提供了时间保证，同时也为旅游观光、贸易洽谈等社会活动，争取了时间，能适应现代化城市快节奏生活的需要。出租汽车为社会各界人士提高办事效率提供了方便。

（3）安全。

①驾驶员技术熟练。出租汽车驾驶员是担任客运任务的专业人员，都是具有3年以上驾龄并经出租汽车管理机关培训考试合格取得准驾出租汽车证后，才能上岗服务的。他们的责任心强，安全行车经验丰富，驾驶操作技术熟练，其安全可靠性比其他一般机动车驾驶员高。因此，乘客坐出租车，不但方便快捷，而且安全系数大。

②车辆性能好。出租汽车企业一般都有一套严格、行之有效的管理制度，管、用、养、修环环紧扣，车辆能及时得到保养和维修，技术性能经常保持良好状态，安全行驶有了车辆保证。

（4）舒适。

①车容整洁。出租汽车要求车身光亮，整洁，玻璃明亮，车内靠垫无灰尘，轮胎无污垢。有些出租汽车外型气派，设备豪华齐全，使人赏心悦目。

②座位舒适。出租汽车不论大、中、小客车，座位都是沙发软垫，宽敞舒适，并可随乘客意愿调整，坐卧十分方便。

③设施齐全。出租汽车大多数都装有冷气空调和音响设备，并可根据乘客要求随时加以调节。

④服务优良。驾驶员都经过职业培训，具有一定的法制观念和服务专业知识，运营有标准，服务有规程，违纪受处罚，因而广大乘客坐出租汽车都有亲切、友好、热情、周到的感觉。

总之，出租汽车“方便、快捷、安全、舒适”和门到门的服务特色，是其他公共交通工具无法比拟的，也是出租汽车最突出、最具有个性的特点。

3. 包专车

包专车运送服务，即企业、机关、学校等单位上下班或以集体形式出行，定期、定时、定点上下车，这称为定时班车或专车运送。

临时性的用车、不固定用车时间和日期，在用车前的几个小时或一两天，向公共交通单位提出用车要求，按时、按量、按质完成出行任务，这称为集体包车运送。用车单位按规定付给公共交通出车单位包车款。其共同特点是满足部分集体乘客及时用车要求；中途可停车上下人；依乘车人数按座位配车型，保证车辆准点到达目的地。

4. 旅游车

旅游车指集体包乘一部或多部客车同去一个或多个旅游景点；或临时招集的零散旅游乘客，同乘一部或多部客车去定点旅游参观；有的在一上车即告知旅游乘客回乘时间，集体包乘旅游客车专送，包车前双方已商定好接送用车时间、上车地点、乘车人数（根据人数安排包车车型）、包车车型以及包车款的认定与交付。

三、公共交通的服务特点

（一）公共交通服务的一般特点

1. 服务对象的广泛性

（1）公共交通是城市客运的主体，为各种职业、各个层次的居民和流动人口提供全城范围内的客运服务，其广泛的社会性不言而喻。

（2）公共交通线路网覆盖城市各个区域，连接城乡，是人们交往、沟通的渠道。作为人们离不开的社会公用设施，公共交通的经营与管理状况，成为人们广泛关注的内容。

（3）公共交通各种服务设施遍布城乡，点多、面广。站台和车厢是乘客之间、乘客与乘务服务人员之间交往活动的场所。公交运营服务水平如何，对乘客、对社会都会产生广泛的影响。

2. 服务方式的开放性

城市公交依靠每一名驾驶员、乘务员和其他服务人员在站台、车厢直接面对面地为乘客服务，整个服务过程公开、透明，直接置于乘客的监督之下，因此，公交服务工作的好坏，乘客感受最深，评价最权威。

3. 服务作业的分散性

城市公交的运营服务工作主要依靠单车作业，“车间”在马路上，而且是流动的、分散的，每时每刻遍布城市的各个角落。这一方面给管理工作带来了难度，另一方面也给乘务人员的素质提出了更高的要求。作为管理者，要求经常深入一线，了解情况，掌握规律，加强检查、监督、考核；作为乘务人员，要增强执行岗位规范的自觉性，做到领导在与不在一个样，并且做到服从调度指挥，与其他车组、人员团结协调，确保为乘客提供规范的、优质的服务。

4. 服务时间的规定性

城市公共交通的主要任务是在规定的线路、规定的时间里把乘客安全运送到目的地，因此，时间对公交具有比较特殊的意义。对于企业来说，时间就是效率，时间就是效益，时间就是信誉，每一名驾驶员、乘务员、调度员都要严格遵守时刻表，根据时刻表安排车辆、人员，根据时刻表走车运营。对于乘客而言，“准点、迅速”是其基本出行要求，也是对公交企业信任之所在。

此外，时间的规定性也体现在客流量在不同时段的不均衡上，掌握这个规律，合理安排运力，既满足了乘客出行需求，又节约了成本。

（二）公共交通的制约性

公共交通受服务环境的制约，主要有社会环境和自然环境两个方面。

1. 社会环境的制约

（1）受城市建设布局和城市交通发展不协调的制约

经济的发展和城市基础建设速度的加快，一方面，虽然为公共交通拓展了发展的空间，但城市中心区过度开发，引发道路严重拥堵；另一方面，由于局部的配套设施、工程的缺陷和某些布局的不尽合理，使公共交通的发展受到制约。如居民小区建设的速度很快，但受到入住人口、停车场地、道路建设等因素的影响，公共交通无法迅速开通，给居民带来不便。

（2）受到交通资源管理缺乏有效整合的制约

交通基础设施规划、综合运输规划与交通组织管理规划不配套；附属道路交通设施与主体交通设施建设不配套；城市交通与城际区域交通网络、市区与市域交通网络、轨道交通与地面公交网络运力不匹配、衔接不顺畅；城市交通服务价格体系不完善，没有建立良好的比价关系；交通管理者与服务对象缺乏信息沟通的平台和手段；交通资源未能充分整合、利用；交通管理水平不适应交通发展的需要。

（3）受城市精神文明建设水平的制约

城市精神文明建设水平是公共交通服务重要的社会环境。良好的社会秩序，文明礼貌的社会风气，对城市公共交通的服务具有极大的促进作用。公共交通又是城市精神文明建设的窗口，公共交通车厢，是展现社会公德的场所，公共交通企业在城市的精神文明建设中承担着发扬与提倡社会公德，优化社会风气，协调人际关系的重要任务。

2. 自然环境的制约

自然环境是指城市的地理位置、道路设施以及气候条件等。

城市的地理位置不同，城市公共交通的服务设施和服务活动也不尽相同。但无论哪类城市，公交企业都需要与居民其他出行方式协调配合，满足居民出行需要。

城市道路条件，直接关系着公共交通的服务质量水平。城市经济的快速发展，特别是机动车迅猛增长，使得道路建设无法跟上车辆增长的速度；城市有限的土地资源又无法满足无限的道路建设用地需求。道路交通拥堵问题在各大、中城市普遍存在，短时间又难以解决。公共交通受这些环境的影响，往往无法保证正常的运营秩序，可信赖的程度降低，运营和服务的效率得不到充分的发挥，影响了公共交通的信誉。

目前，世界上多数国家实行公共交通优先通行的交通政策，可以保证公共交通畅通、有序，从而提高公共交通服务可靠性，吸引居民出行乘用，减少个人出行的行为，减轻道路拥挤压力，改善城市居住环境，促进城市交通问题的解决。

第四节　公共交通服务与公交服务产品设计

我国是一个发展中的国家，经济建设的快速发展，加快了城市化的进程。城市范围内的区域和功能的划分越来越细，如在城市的不同区域分别建设居住区、商业区、科教区、工业区以及各种生产资料、生活资料的仓储区等。城市中不同功能的区域形成了各自的中心，从而促成了城市人流、物流的频繁流动。城市公共交通要适应与满足居民对公共交通的需求，首先应了解这些需求的特点。

一、乘客对公共交通服务需求的基本特点

乘客对公交服务的需求很多，根据公共交通的多年实践，其基本特点有：

（一）普遍性

普遍性指乘客中普遍存在的服务需求，包括物质需求和精神需求两个方面。

1. 物质需求

准时乘车，方便上下，节省出行时间和体力精力的消耗，保证乘车安全，

按时到达乘车目的地是一般乘客的基本物质需求。

2. 精神需求

公共交通车厢是人际交流、感情融通的场所，乘客在乘行过程中，需要得到公交乘务人员的理解、尊重和热情的服务，从精神上得到满足。

（二）特殊性

乘客对公共交通服务的不同需求，形成了需求的特殊性。以生产、工作、求学为目的的乘客，需要及时、迅速、准时到达目的地；以游览、购物、探访亲友为出行目的的乘客，侧重于要求公交服务的舒适和方便；而一部分生活较为富裕的居民和从事经营管理的乘客，则追求快速和舒适的公共交通方式。

在城市公共交通提供运输服务的一些时段，乘客中的流动人口的比重超过了城市居民，成为公共交通的主要服务对象。流动人口一般对城市的地理环境、乘车秩序以及乘车规则较为生疏，语言与习惯也不尽相同，因而对于公共交通的服务需求也具有不同于本市居民的特殊性。

（三）目的性

居民的流动人口出行一般都有明确的目的，乘用公共交通方式不过是实现出行目的的手段。

有固定工作、学习任务的乘客其乘车目的性明确，具有明显的乘车规律性。生活性的出行，易受季节交替、天气变化、社会活动等客观条件的影响，乘车的目的性灵活可变。

无论是明确的固定的目的性，还是灵活可变的目的性，都表现出乘客对公共交通的普遍的服务需求。公共交通企业应适应乘客的乘行规律，有针对性地提供服务，以使乘客顺利实现出行目的。

（四）渐进性

在乘客出行候、乘公共交通全过程中，后一阶段的服务需求总是高于前一阶段。只有分阶段的不断适应与满足乘客的需求，才能实现为乘客提供全过程的优质服务，最终达到为乘客提供满意服务的目标。

作为城市基础设施，公共交通还需不断地适应与满足城市居民乘用的新需求，不断地解放思想、更新观念，不断地拓宽服务领域、丰富服务内容，逐渐建立起适应现代化城市需要的、多种功能的、综合的、完善的城市公共交通系统。

二、客运市场的特点和需求

客运市场是城市客运领域中各种交换关系的总称。公共交通为居民出行提供运输服务，其劳动虽然不是物质形态的产品，但是对乘用者来说具有特殊的价值。这种价值形成的过程，构成了公共交通的市场活动。公共交通的市场活动，也置于客运市场之中，受客运市场的特点、规律的影响和制约。

（一）动态性

受城市建设、经济文化、社会和自然环境的影响和制约，客运市场的需求与公共交通提供的服务，经常出现局部和全局性的调整与变化，具有明显的动态性。

（二）整体性

在城市中，政府以行政手段和经济手段对客运市场进行宏观调控，使各种交通方式互相连接，形成城市整体客运网络。

（三）多样性

居民生活水平的差异和出行目的不同，形成了交通需求与交通消费取向的多样性，从而决定了客运市场的多样性。这将推动公共交通客运方式向多样化、现代化、结构合理、满足居民出行乘用多种需求的方向发展，使城市公共交通服务体系更加完善。

（四）竞争性

客运市场同其他商品市场一样，也具有竞争性。多种经济成分参与客运市场的经营，活跃了客运市场，方便了居民出行，为乘客提供了多种乘车条件，由此形成了客运市场的竞争。客运市场的竞争是公共交通企业间的经营实力和管理水平的竞争，是为适应与满足乘客需求而进行的竞争，是服务水平的竞争。因此，提高服务质量，积极参与市场竞争，不断扩大占有客运市场的份额，是城市公共交通企业发展的途径。

为了满足城市居民出行日益增长的对公共交通的需要，完善城市公共交通服务设施，国家有条件地开放了城市客运市场，形成了以国有公共交通企业为主导，个体、私营、集体以及合资等经济成分以各种形式参与的共同发展的客运市场新局面。

三、公共交通企业的经营服务对策

客运市场日益活跃，城市公共交通多家经营，使城市公共交通的结构、服务范围、服务内容和方式都发生了变化。在客运市场运行机制不断完善和发展的过程中，城市公共交通企业应采取以下的经营服务对策。

（一）树立市场意识，积极、主动、全力参与市场竞争

公共交通的服务质量及其经营管理水平，决定着公交企业在市场竞争中的能力。因此，公共交通企业应全力提高服务质量水平，加强企业自身的经营与管理，规范从业人员的服务与管理行为，树立良好的公众形象和企业信誉，克服短期行为；采用新技术、新材料、改进设备与设施，适当发展中、高档次的服务方式，吸引广大居民出行乘用，在客运市场竞争中求生存、求发展。

（二）在城市客运领域占主导地位，起主导作用

国有公共交通企业要在多种经济成分参与经营公共交通的新形势下，发挥示范和表率作用，抵制不正当的竞争，以国有公交企业的规范化服务和规范化管理，把城市公共交通引向健康发展的轨道。

（三）积极进行企业内部的改革，增强竞争能力

国有公共交通企业，一般都是城市中公共骨干企业，具备经营城市公共交通的经验和能力。因此，公交企业要抓住机遇，在政府和主管部门的统一规划、统一管理下，转变企业经营机制，加强企业管理，盘活资产，搞活经营，开发客源，组织客流，扩大服务范围，完善运输服务网络，吸引乘客，多方面满足乘客需求，增强参与市场竞争的能力。

（四）配合主管部门，起到调节作用

在激烈竞争中的公共交通企业，要自觉服从市场管理，规范参与竞争的

行为，维持市场秩序。同时，要广泛搜集、掌握、研究市场信息，做出正确的决策，克服盲目竞争，避免出现需求与服务失调给国家和企业所造成的损失。

四、公交企业服务产品设计

所谓公共服务产品是指在一定经济和技术状态下，社会的每一个成员只要支付合理价格就有资格对其享用，但又不能通过通常的市场渠道对其进行合理分配的服务，城市公共交通服务就是公共服务产品中的一种，严格地说它属于带有公益性质的服务。

（一）服务产品设计的含义

服务产品设计是服务型企业着眼于消费者的最终需求，意在能更好的向消费者提供满足其需要的服务。所谓服务产品设计，是指企业根据经营目标和自身资源特点，运用科学的方法，在缜密的思考与研究的基础上，对服务运作所做的战略性规划，并对服务系统和产品进行设计，确定服务的工具、流程、时间、环境、提供服务所需的人员以及对服务质量的管理等。其核心内容为完整服务产品与服务提供系统的有机组合。

其中，“完整服务产品”的概念包含以下4个组成要素。

(1)“显性服务”要素：服务的主体、固有特征，服务的主要、基本内容。

(2)“隐性服务”要素：服务的从属、补充特征，服务的非定量因素。

(3)“物品”要素：服务对象要购买、使用、消费的物品和服务对象提供的物品。

(4)“环境”要素：提供服务的支持性设施和设备，存在于服务提供地点的物质形态的资源。

这4个要素的有机结合，才能构成一个完整服务产品的概念。

而“服务提供系统”也不应简单地理解为设施规划与工作设计，应广义地理解为用来提供完整服务产品的整个运作系统，它包括两大部分。

(1)“硬”设施：服务运作系统的硬件部分，在公共交通企业服务产品范畴内，应包括如公交场站、公交车辆等。

（2）“软”设施：服务运作的软件部分，在公共交通企业服务产品范畴内，应包括如车辆调度、监控体系、人员管理体系等。从这个意义上来说，服务提供系统就是服务本身的一个组成部分，不同的服务提供系统会形成不同的服务特色，即不同的服务产品，因此，这两者的设计是不可分离的。

（二）服务产品设计的内容

1. 企业研究

对企业（或服务部门）本身的研究是服务产品设计的第一项内容，对于不同的企业目标、不同服务类型，服务产品设计的具体应用会有很大的变化。主要研究内容包括两方面：一是企业的目标，包括总体目标（利润最大化、社会效益最大化等）和具体运营目标；二是企业的特点，包括本企业服务类型的运营特点，目标市场和顾客群的特点，在当前市场竞争中的优势与劣势等。

公共交通服务企业作为微观经济主体具有一般意义上的企业性质，即国有公交企业应当具有企业的典型特征，以利润最大化为目标，以效率性为准则，要成为真正的法人实体和市场竞争主体。另一方面，由于公交企业提供的产品的准公共性，要求公交企业在以追求利益最大化为目标的同时，保证公交产品的有效供给，方便广大市民的出行，以体现其一定的福利性和公益性。

2. 顾客研究

顾客行为存在共性和个性。对于服务业企业来说，对顾客的研究，是其进行设计和管理的最重要的出发点，主要包括：

（1）顾客需求分析

主要明确顾客希望得到什么样的服务。这里将顾客需求归结为以下 3 个层次。

①普通需求。这是顾客对服务的主要需求，也决定了服务的主要内容。

②特殊需求。在特殊情况下，顾客可能会产生另外的需求。

③隐含需求。顾客并未主动提出（甚至事先也没有想到），但确实是需要的服务。

（2）顾客心理与行为分析

这部分的研究对提高“隐性服务要素”的水准以及提高顾客满意度具有非常重要的作用。它需要探寻各种类型的顾客在各种可能情况下的心理活动和行为方式，以更好地灵活多样的服务方式，使顾客的感受达到最佳。在具体操作时，应当从顾客的角度出发，深入到顾客中，听取顾客的意见，结合问卷调查、访谈等形式进行。

公共交通服务在顾客研究部分主要体现在以下几个方面：一是在运营时间的确定上，以公众需求为主；二是在运营空间的确定上，以公众的便利为主；三是在营运设施的配置上，不断满足公众日益增长的需要；四是在车辆外观设置上，要不断满足日趋美化的需要；五是在人际服务质量上，要满足公众日益增长的心理需要。

3. 完整服务产品的设计

完整服务产品的设计要确定应当提供什么样的服务。在其四个组成要素中，显性和隐性服务要素的设计应先于环境要素和物品要素的设计。下面分别予以简要描述。

（1）隐性服务要素设计

即最终确定给予顾客什么样的感受。公共交通企业作为公共服务产业，在提供服务的过程中，一方面要考虑普通乘客的舒适性、便利性等内在需求，另一方面也要考虑到其社会公益性，即对老、幼、病、残、孕等有特殊需要的乘客提供人性化的乘车服务，让乘客在选择公共交通出行的过程中有省心、舒心、放心、开心的感觉。

（2）显性服务要素设计

即确定所提供服务的主要内容，它可能涉及较为明确的标准。例如，公共交通企业中一般要确定车辆的车型，以保证能够满足运输相应乘客的需求；还要确定公交车站的形式，以保证乘客方便、安全的获得公共交通服务。显性服务要素构成了所提供服务的主体。

（3）环境要素设计

环境要素和物品要素的设计应在前两个要素设计的基础上进行。例如，公共交通企业合理公交站点的站距，使得相邻两个站点所覆盖的服务区域可以包含乘客的起止点。环境要素设计的主要内容有：公交线路的数量和布局；公交站点的数量与分布；公交场站的设计；换乘枢纽的位置和设计等。

（4）物品要素设计

主要是服务对象购买、使用或消费的物品，这应当根据各种行业的不同而分别设计。服务过程中所提供的物品，可能在很大程度上影响顾客的满意度。因此，仍应从顾客的需要出发，尽量全面考虑。

4. 服务提供系统的设计

服务提供系统与完整服务产品的设计过程是紧密相关的。例如，公交场站位置的设置是服务提供系统的重要组成部分，但它同时也属于完整服务产品中的“环境”要素。因此，在设计时应当把握这样的原则：一方面，服务提供系统的设计是在完整服务产品设计的基础之上进行的，先要明确提供什么样的服务，才能继续研究怎样来提供；另一方面，服务产品与其提供系统本身就是融合在一起的，两者的设计不可分割，必须从整体的观点出发进行设计。在完整服务产品设计中，应先明确纲领性内容，再在后续的服务提供系统设计和完整服务产品的细化设计中，共同确定细节部分的设计。其中，需要考虑的主要问题是：按照与顾客接触程度划分服务系统的前后台；对前台和后台部分分别进一步分析，依次确定各级“内部顾客”与其“服务提供者”的关系。

（三）服务产品设计的原则和方法

1. 服务产品设计的原则

合理的服务必须与顾客的需要相适应，也要与公共交通企业的经营理念相一致。因此，服务产品设计时应该遵循以下原则。

（1）服务产品设计应当以结合所在城市的基础设施建设投入为前提

公共交通相关的基础设施建设是公交发展的基础，是公共交通服务水平的重要体现。只有结合现有的设施基础，服务产品的设计才能较好的符合实际应用的需求。现有基础设施建设指标包括线网指标、场站建设指标、车辆配置指标、公交优先通行措施指标、公交投资计划指标。

（2）服务产品设计应以满足服务对象需求为准绳

公共交通企业在设计服务的过程中，要站在乘客的角度，针对乘客对安全性、方便性、迅速性、舒适性、高效性、经济性等 6 个方面的需要开展设计，如此才能做到有的放矢。

(3) 服务产品设计应以综合效益最大为目标

综合效益水平可以从经济效益和社会效益两方面选取合适指标加以描述，这也是体现公交服务水平的重要部分。

2. 服务产品设计的方法

(1) 公交企业服务产品的硬性设计

①场站建设。

②车辆配置。

③公交优先通行措施。

(2) 公交企业服务产品的软性设计

通过对线网密度、非直线系数、重复系数等描述网络结构和网络规模的几项指标的调查和计算，得到城市现有公共交通的线网指标，以此作为公共交通服务产品设计的基础。

(3) 公交企业服务产品设计的评估和改善

基于对象需求来调整设计方案是最行之有效的设计理念。公交企业所面向的对象是乘客，乘客在出行过程中，希望能够实现出行的安全性、迅速性、方便性、准时性、舒适性、经济性。那么在服务产品应用的过程中，公交企业应该根据乘客在这 6 方面要求的变化，不断的调整自己的服务水平，使之与乘客需求相适应。这一点也是公交企业提高服务水平的关键所在。

第二章

城市公共交通服务管理概述

第一节　城市公共交通服务管理的理论与方法

一、管理的人本原则、系统原则与效益原则

（一）管理的人本原则

1. 管理中的人

在管理学的整个发展过程中，“人”始终是一个最基本的概念。任何一种管理理论，都是依据对人的一定看法而提出来的，各种管理理论的区别，归根到底是由于对人的理解不同。

现代管理是管理者与被管理者通过相互协调的活动来改善自身的生活环境与生活方式的活动。管理者与被管理者之间以及成员之间的相互平等、相互关心、相互爱护、相互尊重，是最能够充分调动出人的积极性的。从“以物为中心”的管理到“以人为中心”的管理，则是人类管理活动长期发展的结果。在现代管理中，树立以人为中心的思想是有着非常积极的意义的。首先，树立以人为中心的管理思想，是做好现代管理工作的最根本保障。其次，在管理中以人为中心是充分发挥人的主观能动性的前提。

2. 调动人的积极性和创造性

尊重人的权利、人们之间的相互平等，体现在管理中就是广泛的民主参与。民主管理方式的具体做法就是让职工：

（1）通过正常的渠道，对社会、对本单位的活动目标、计划、管理干部的任免提出合理化的建议。

（2）通过自己的代表或群众组织，直接参加管理工作，参与高层决策。

(3) 对社会及本单位的活动进行广泛的监督，同时监督管理机构和管理者的工作。

以人为中心的管理要求管理者重视人的需要，对被管理者的经济生活、政治生活和精神生活加以合理组织，帮助他们选择自己的社会角色，了解自己在生产系统或社会系统中的位置、职能、权利和义务，并创造最佳条件，使之掌握必要的知识、技能，出色地扮演他所担负的社会角色。从本质上说来，重视人的需要是尊重人、理解人、关心人、爱护人的体现。

(二) 管理的系统原则

运用系统的观点指导管理工作，是现代社会发展的客观要求。系统观点在现代管理学中受到广泛的重视，是由于人们日益认识到管理的对象是作为系统的有机联系着的整体。任何一个管理系统都是诸多因素组成的一个有机整体、这个整体与其组成部分之间相互依赖、相互作用，呈现出辩证统一关系。部分是构成整体的基础，没有部分就不会有整体。但是，部分又是在整体规定下相对独立的部分，离开了整体，部分就失去了作为该整体组成要素的品格。

现代管理要追求成功、追求效益，顺利实现预期的目标，就必须坚持运用系统的原则，对管理系统的整体作以充分、细致的认识和把握。这包括把握管理系统的总体目标，认识实现目标应采取的基本战略措施、主要条件以及如何正确处理该系统与其外部环境的关系等，实现管理系统的整体优化。以便使管理工作在各种各样错综复杂的关系中不偏离总目标，并为科学的分工和协作奠定良好的基础。在管理活动中遵循系统原则就可以做到以下几点：具有全局观念；关注系统结构的状况；处理好管理宽度与管理层次的关系。

(三) 管理的效益原则

效益是管理的永恒主题。任何组织的管理都是为了获得某种效益。效益的高低直接影响着组织的生存和发展。一切管理都是以提高效益为目的的，现代管理更加突出了效益的问题。因为，管理的效益问题是衡量管理工作的价值标准。对于现代管理来说，各个环节、各项工作，都是围绕提高社会效益和经济效益展开的，管理就是要科学地、高效地安排、调度和处理人、财、物等各种资源，以期有效地实现组织目标。由于效益问题是一切管理工作的基本出发点和最终目标，所以，效益的优劣高低便成为衡量管理效果好与不好的基本标准。管理的效益取决于以下因素：管理者；管理对象；管理环境的影响。

二、管理的成本效率与绩效评价

绩效评价是以提高组织员工的绩效为目的，通过开发团队、个体的潜能使组织不断向目标推进的管理方法。绩效评价是一系列以员工为中心的干预活动，它可以激励员工，使他们的工作更加投入；促使员工开发自身的潜能，提高他们的工作满意感；通过不断的工作沟通和交流，发展员工与管理者之间建设性的、开放性的关系，促进形成一个以绩效为导向的企业文化。绩效管理的最终目标是充分开发利用每个员工的资源来提高组织绩效，即通过提高员工的绩效达到改善组织绩效的目的。

（一）管理绩效的含义及基本流程

管理中的绩效大体包括三个方面的含义：

（1）工作产出或结果，如高层管理团队在一年内所实现的公司的价值增长额，销售人员在一定时期内完成的销售额，生产工人单位时间的生产量等。

（2）工作行为，如及时上交月度报表，对下属进行培养等。

（3）与工作相关的员工个性特征或特质，如敬业精神、创新意识和团队合作等。

绩效评价是一个动态的、持续的过程。绩效评价不是为了考核而考核，必须能激发员工的发展并整合为企业的发展。

（二）绩效评价的标准制定及方法

从上述绩效评价管理的流程看，评价标准是整个绩效评价系统中至关重要的构成要素和基本环节。无论是绩效的考核测量，还是绩效的反馈与沟通，离开了评价标准就无从谈起。评价标准是对管理绩效加以定量和定性判断、衡量的标尺，以保证绩效评价和管理的客观性、公正性。因此，如果没有科学的绩效评价标准及其有效的实施运用，整个绩效评价和管理体系就无法正常运转。

1. 绩效评价标准的制定原则

绩效评价标准的制定必须遵循一定的原则，如若背离科学的原则与方法，就有可能出现脱离管理实际的机械化、形式化倾向，降低绩效评价的有效性。

一般地说，在制定绩效评价指标时有一个重要原则，即 SMART 原则。SMART 是 5 个英文单词第一个字母的缩写。

S 代表 Specific，意思是指“具体的”，即绩效评价指标应尽可能具体化、细化，符合某一工作、任务的特定情况。M 代表 Measurable，意思可指“可度量的”，即绩效评价指标最好是量化的，可以明确测度的。A 代表 Attainable，意思是“可实现的”，即绩效评价指标应当是适度的，既不能太高，也不能太低。R 代表 Realistic，意思是指“现实的”，即评价指标的选择必须建立在对组织以往实际情况和未来发展进行科学、客观分析的基础之上，而不是主观臆断的结果。T 代表 Time-bound，意思是指“有时限的”，即评价指标是有时间限制的。

2. 绩效评价的方法

当前人们所使用的绩效评价方法很多，不同的绩效评价方法各有其侧重，分别适用于对员工的能力素质特性、工作表现、行为以及绩效结果等不同情况的度量和评价。

（1）特征评价法。特征评价法是评价者对评价对象的工作特征和能力素质结构进行的评价。该方法关注的是员工所具有的哪些特性可以满足企业战略需要，这些特性在多大程度上与企业的成功相关联。这种方法首先以员工个人为对象，确定一系列特征，如工作质量、工作数量、可靠性、主动性、合作、领导责任、创新意识等；其次，对这些特征进行评价。常用的评价技术方法有图表评价尺度法。

（2）比较评价法。比较评价法是通过员工之间的相互比较，对员工工作绩效进行评价和排序的方法。主要包括：简单排序法、配对比较法、小组排序评价法、强制分类法等。比较评价方法的主要优点是简便快捷，易为使用者接受，特别是可区分员工绩效差异，为提薪或晋级提供依据。因此，它经常被用于差别性奖励时的绩效评价中。该方法的主要缺陷为：与企业战略目标联系不紧密，可靠性和可信性依赖于评价者的主观判断。反馈信息不具体，不利于判断员工之间的具体差异，对员工发展帮助小。

（3）行为评价法。行为评价法是对员工有效完成工作所需要的行为表现做出判断与评价的一种方法。该类方法要求首先运用各种方法识别和界定有关工作成败的各种关键事件——有效的工作行为和行为结果，然后对员工行为进行观察，并记录下被评价者在这些关键事件方面的表现，最后据此对员工的工作绩效进行评价。与前面特征法和比较法不同，行为评价法是针对客观的工作行为进行测评。因此，如果设计应用得当的话，行为评价方法的结果相对而言不受评价者的主观错误和偏见影响。常用的行为评价方法主要有行为锚定（定位）等级量表法、行为观察评价法等。

（4）目标管理评价方法。目标管理的思想由彼得德鲁克首先提出，之后逐渐发展成为一种非常有效的组织绩效管理系统，在全世界范围内得到非常广泛的应用。目标管理是通过使每个员工都为完成组织的使命和战略目标而努力，最终实现组织整体的有效性。目标管理过程包括目标设定、目标实施以及目标评价几个过程。

（5）360°反馈评价方法。360°反馈评价（360°Feedback）也称全景式反馈（Panoramic Feedback）或多源评价，是基于上级、下属、同事、客户以及自我等多方面信息，提供反馈并评估绩效的方法。具体评价过程一般是：由被评价者上级、同事、下属和客户等对被评价对象了解、熟悉的人，不记名对被评价者进行评价，被评价者也进行自我评价，然后由专业人员向被评价者反馈，以帮助被评价者提高能力、水平和业绩。

三、交通服务管理的特征

城市公共交通的服务管理是公交企业的管理者对满足乘客出行基本需求而提供的服务所进行全面管理的过程，它主要对运营车厢所提供的服务质量全面管理，包括对车厢服务质量的管理、对车辆清洁的管理、对站台秩序的管理、对专业管理人员的管理、对特殊线路的管理等。进行服务管理的目的是从乘客需求出发，适应客运市场的变化，不断提高服务水平。

科学规范的服务管理能够促进企业的社会效益和经济效益。城市公共交通直接为城市居民出行提供服务，这种服务，主要是通过乘务人员在运营车厢内实现的。乘务人员提供的服务质量直接展示企业的形象，影响人与人之间的关系。通过规范化的服务，采取有效措施，努力增加票款收入，促进企业经济效益的提高；同时科学、规范的服务管理能够不断提高乘务人员的素质，保证行业服务的规范化，优质的服务又能促进良好、和谐的人际关系的建立，为企业树立良好的形象。

服务管理最主要的作用就是通过制定服务标准和规章制度，检查考核等途径对车厢中提供的服务进行全员、全过程的管理，确保乘务人员为乘客提供合格的服务，使广大乘客满意。随着市场经济的深入发展，城市交通的多种形式之间也展开了激烈的竞争，地铁、轻轨、出租汽车、公共汽车、电车各自发挥着自己的优势来争取客流。面对激烈的竞争，服务质量就成为竞争的重要手段，而服务质量管理者服务管理的作用就显得尤为突出。

四、交通服务管理的新视角

（一）从企业视角转变为乘客视角

这种转变意味着管理重点的转移，意味着交通服务企业应该将外部效率置于重要的地位，重视的是乘客如何看待服务产品和企业总的表现，而不是企业内部效率、规模经济和降低成本。这体现了乘客驱动、质量导向、长期导向等内容的结合。

由于交通服务业存在着服务能力的难以储存性，因此，企业的赢利能力取决于服务能力的充分利用，而交通服务产品对乘客来说在购买之前存在着不可提前检验的高风险预期，而且服务企业的服务半径有限，因此，服务能力的充分利用取决于乘客的重复消费和口碑宣传的拉动效应。有关专家研究显示，降低乘客流失率对利润的影响是成本努力难以达到的。

乘客视角要求交通服务管理人员要及时了解乘客真正的显性及隐性的

需求。

（1）在服务设施上要能更好地满足乘客的需要，体现出更多的人文关怀。对于交通服务业，乘客对有形的服务设施的基本要求是安全、卫生、高效，但是随着市场竞争的激烈，这些要求成了服务提供者理所当然应具备的条件，交通服务企业仅仅实现上述基本要求已经不能满足日益挑剔的乘客。因此，谁能够在满足基本要求的前提下，更多地为消费者提供其他价值就会成为竞争中的优胜者。据报道，以旅游胜地而著称的新加坡，为了更好提升旅游形象，在国际机场把英语指示牌全部换为多语指示牌，极大地方便了国际游客。另一个例子是英国航空公司，由于低价营销的努力不成功，这家公司转而把大部分精力都放在提高为乘客创造价值、提高质量和免费的航空公司的服务上。他们通过调查和焦点团体访谈等方法，发现有些商务乘客希望在经过长途飞行后，尤其是夜间飞行后，能够淋浴和使用更衣设施，因此，这家航空公司就在伦敦希思罗机场候机室建造了此类设施。在这些乘客看来，这些设施有助于他们的商务成功，其价值要远远大于英国航空公司为此而支付的成本。随后，该公司又在机场为滞留机场需要过夜的人们，提供条件不低于 5 星级酒店设施的临时客房。这些做法都是从乘客视角出发，发现新需求，丰富服务内容，提升交通服务质量，最终达到了提升竞争力的效果。

（2）管理的乘客视角要求交通服务企业注重对目标乘客的识别，并对其与企业的长期关系进行维护，通过了解和管理乘客关系中的服务要素来获得持久的竞争优势。

交通服务企业必须不断地为乘客增加利得或减少利失，这种利得和利失，取决于乘客的感知价值。乘客的感知价值可以分为社会价值、功能价值和情感价值。社会价值需要企业积极承担社会责任，具有良好的社会声誉；功能价值是安全、高效的消费过程；而情感价值是在前两者实现的基础上，消费者最为看重的价值，也是交通服务业在服务提供过程中利用接触乘客的人员优势，为乘客增加价值，提高竞争力的最有力手段。因此，服务提供者在与乘客接触时，应给予乘客一定的人性关怀，在增加乘客社会价值感知的同时，增加乘客的情感价值感知。

(3) 乘客视角要求交通服务企业针对不同的乘客提供差别化的服务。通过市场细分，可以发现不同的顾客群体有不同的价值标准和潜在的需要。目前，交通服务业因其几乎无差别的服务导致低服务质量形象，使部分商务、政务或私家车拥有者等客源流失，造成资源浪费。如果交通服务业针对不同的消费者群体，提供有差别的、满足特殊群体需要的跨越边界服务，与商务中心或旅行社甚至邮寄递送服务对接，为特殊群体提供更多边际的特殊服务，从而淡化其追求核心服务的呆板形象，将有助于交通服务业迅速发展。

最后，乘客视角要求交通服务企业需要识别各类资源之间与内在的瓶颈，并加以改进。按照“木桶效应”，乘客对企业服务能力和自己与企业的关系感知价值取决于在最坏的情况下为乘客传递的最劣质的服务。从企业的视角，天气恶劣、道路堵塞、设施老化和新手服务等都可能是客观原因，需要乘客理解并持续支持企业；而从乘客的视角，要求企业对这些影响服务结果的问题做出最大的努力，不能指望在出现问题时乘客能够谅解，而是应致力于提前检验和对可能发生的问题充分准备，以减少事后努力而造成的成本的增加，并能用实际行动弥补乘客的损失。

（二）从结果视角变为过程视角

这种转变意味着员工管理的不同，体现了乘客至上与员工导向的结合。营销大师科特勒教授曾说：“除了满足顾客之外，企业还应该取悦他们。”由于教育水平和生活质量的提高，消费者不仅具有更多的价格意识，更多的个性化需求，而且更追求消费过程的心理感受。因此提供服务的员工不只是技术能手，还要成为服务高手，能够在与乘客接触中使乘客产生愉悦的体验。

交通服务是一个开放性系统，在提供服务的过程中与乘客和社会大众有着广泛的接触，这种人与人的接触使得服务质量不稳定，而且很难进行事先检验和控制。服务虽然是无形的，但却真实地存在于乘客的感觉之中。对于乘客来说，消费的意义除了实现有形的功能之外，更多的是一种对无形服务的体验。因此，要使服务过程愉悦乘客，就需要有正确的员工导向，需要具备全新的员工选拔、培训、组织文化与授权等方面的管理理念。

（三）建立以乘客为中心的服务文化

是否能够建立真正的以乘客为中心的服务文化，不仅关系到企业生存与竞争力，而且关系到企业能否实现全员向过程视角的转变。服务文化是以服务价值观为核心，以创造乘客满意、赢得乘客忠诚、提升企业核心竞争力为目标，以形成共同的服务价值认知和行为规范为内容的文化。以乘客为中心的服务文化是在整个企业员工中形成以乘客为中心的管理导向和价值标准。这种文化有利于服务组织倾听乘客的声音，积极发现乘客的需求，为服务创新提供可能。更重要的是，这种文化构成的服务价值链使整个管理层重视、信任、倾听与乘客接触的员工，并能充分授权，为服务创新提供了环境和精神动力。

服务文化对于企业盈利能力的影响。世界知名企业联邦快递的服务理念是PSP（即员工、服务和利润）；英国航空公司的理念是“必须超越顾客的期待”。对于我国现阶段的交通服务业来说，确定适合自己的、正确的服务理念固然重要，但更重要的是，真正让全体员工理解和执行企业的经营理念，这就需要按照企业文化建设的步骤，从物质文化、制度文化到精神文化，从员工选拔到培训考核，再到奖惩激励机制，真正体现企业的价值观，才能建立稳定的服务文化支持体系。

过程视角体现的是重视乘客在服务消费中的体验和需要的满足，而服务过程是服务人员与乘客交互的过程，这种交互内容可能有普遍性，但更多的更重要的是乘客的个性化需求，满足这种需求对增加顾客的感知价值非常重要，对于发挥服务员工在服务中的积极性从而获得成就激励也是非常重要的。所以企业要对服务过程授权，以便产生更加人性化、更加优质的服务，从而极大地提高服务企业的竞争力。

第二节　服务管理概述

一、服务管理的含义

管理是人类一种有意识的实践活动，它遍布人类社会的各个方面，在任何组织中都不依人的意志为转移而客观存在。管理是管理者履行职能，作用于管理对象，以达到一定目标的过程。管理活动是管理者利用人力、物力、财力去实现组织目标的过程。城市公共交通的服务管理是公交企业的管理者对满足乘客出行基本需求而提供安全、方便、迅速、经济的服务进行全面管理的过程。

城市公共交通提供的服务，从广义上讲是为社会提供具有特殊使用价值的公共服务，即使用交通工具和设施作为代步工具，实现人的空间位置移动，为人们出行提供服务。这种服务是由乘务人员、调度人员、检查人员的直接劳动和保修人员、后勤人员、管理人员的间接劳动相凝结，通过运营车辆和站务设施表现出来的综合性服务。因此，广义的服务管理包括从客运市场需求出发，合理安排运力，满足乘客的基本需求，对企业所提供的运营服务全过程进行全面管理的活动。

从狭义上讲，城市公共交通提供的服务是通过交通工具来实现的，作为公共电汽车行业是通过运营车厢来实现的。这种直接面对乘客的服务是由驾驶员、乘务员的直接劳动和管理人员的间接劳动相凝结，通过运营车厢表现的，可以概括为在运营车厢内直接为乘客提供的乘车条件的总和。因此，狭义的服务管理是服务质量和服务专业管理的总称，它是对运营车厢所提供的服务质量全面管理的过程。狭义的服务管理包括对车厢服务质量的管理、对车辆清洁的管理、对站台秩序的管理、对专业管理人员的管理、对特殊线路的管理。

服务管理的目的是从乘客需求出发，根据企业的性质和经营目标，不断提高服务水平，千方百计地满足乘客需求。管理的重点是围绕着人、车、站台、制度等要素对服务质量进行管理，为乘客提供优质服务。本章主要围绕这样的目的和重点，对狭义的服务管理进行讨论。

二、服务管理的地位

城市公共交通是城市社会和经济活动的重要组成部分，是城市赖以存在的必要的公用基础设施。城市公共交通企业是社会公益性的服务企业，它的根本任务是以运营服务为中心，组织和经营城市客运交通，为乘客提供安全、迅速、方便、准时、舒适、经济的乘车条件。这一根本任务最终是要经过服务来实现的，因此就决定了城市公共交通企业以运营服务为中心的经营方针。城市公共交通企业的运营生产是以为乘客提供出行服务为目的，以服务为起点、靠服务为最终体现的运营生产过程，本身就决定了服务管理在企业管理中的重要地位。

服务管理是城市公共交通经营管理的一项重要职能，是企业管理的重要组成部分，是确保企业社会效益和企业形象的枢纽环节。服务管理虽然与运营组织、安全预防、后勤保障、保修服务、职工培训等管理内容同属企业管理的组成部分，但服务管理能够综合体现运营、安全、保修、后勤、教育等管理的工作质量，能够更直接地展现城市公共交通企业的管理水平以及由管理水平制约的整体服务水平。

服务管理的对象主要是乘务人员，城市公共电汽车的乘务人员通过运营车厢直接向乘客提供服务。不仅管理对象直接为乘客服务，而且管理者也比其他专业的管理者有更多的机会接触乘客、直接为乘客服务。这样的特点就使服务管理的管理者和管理对象能够更多、更直观地展示公交企业的形象。

城市公共电汽车的运营方式主要是线路运营，以道路为“车间”，单车作业，不仅点多、面广、服务方式分散，而且无论是管理的对象还是服务的对象都是千变万化的“人”，这就使服务管理呈现头绪多、层次多、工作交叉多、变化多、内容复杂的特点。不断探索服务管理的规律、明确服务管理的地位、总结服务管理的特点、完善服务管理的内容是城市公共交通企业管理者的一项重要任务。

三、服务管理的作用

服务管理是城市公共交通企业管理的重要组成部分，它能够贯彻实施企业的经营方针、促进城市精神文明和物质文明建设、提高企业运营服务的整体水平。服务管理的作用主要表现在：

（一）促进企业社会效益的提高，塑造良好的企业形象

城市公共交通是专门从事城市客运的服务性企业，是政府提供公共交通

服务的实现者。企业提供服务的过程是伴随着国民经济和城市建设的高速发展进行的。公共交通企业通过科学、规范的服务管理，可以促进企业经营目标的实现，确保社会化大生产“第一道工序”的顺利进行，为各行各业的生产奠定良好的基础，间接地为社会创造财富。同时通过减少人们出行时间，提高交通设施的投资效益，直接为社会创造价值。

由于城市公共交通是社会公益性的服务企业，目前多采用低于成本的低价格票制，依靠政府用公共财政购买维持企业的运转。在这种低价格票制下，通过科学规范的服务管理提供乘客满意的服务，塑造良好的企业形象，最大限度地吸引人们选用公共交通方式出行，不仅可以有效地缓解道路拥堵、减少汽车尾气排放，还可以改善城市环境，为建设宜居城市作贡献；不仅功在当代，还可以造福子孙。卓有成效的服务管理所产生的潜移默化的作用可以大大地促进城市社会效益和经济效益的协调发展，为建设国际化大都市做出不可磨灭的贡献。

城市公共交通直接为城市居民出行提供服务，属于典型的“窗口”行业，能够直接反映和体现城市精神文明建设水平。公交企业为乘客提供服务，主要是通过乘务人员在运营车厢内来实现的。乘务人员提供的服务质量直接展示企业的形象，影响人与人之间的关系。科学、规范的服务管理能够不断提高乘务人员的素质，保证行业服务的规范化，优质的服务又能够促进良好、和谐的人际关系的建立，为企业树立良好的形象，从而推动企业乃至社会的精神文明建设。

（二）落实企业经营方针，为乘客提供满意的服务

服务管理最主要的作用就是通过制定服务标准和规章制度、检查考核等途径对车厢中提供的服务进行全员、全过程的管理，确保乘务人员为乘客提供合格的服务，使广大乘客满意。合格的标准根据乘客的需求变化不断地修正，这样就能使企业牢牢地占领客运市场，经营方针得到贯彻落实，成为“政府放心、百姓满意”的企业，不折不扣地承担起政府赋予的提供公共交通服务的任务。

随着城市建设的高速发展，城市交通的多种形式之间也展开了激烈的竞

争。以北京为例，不仅出租、地铁、小公共汽车各领风骚，就连多年来公共电汽车的垄断经营也被打破。按照城市发展规划，轨道交通以其所具有的“有效缓解地面交通拥堵和无环境污染”的优势，必将得到大力发展，地面公共交通必将需要重新优化。因此，公共交通的服务方式、工作标准、考核途径等内容也必须与时俱进，不断依据新的形势来完善，而服务质量的管理者——服务管理的作用就显得尤为突出。

（三）确定服务管理目标，探讨提高服务水平的途径

服务管理的另一个作用就是确定服务管理的目标，探讨提高服务水平的途径。服务管理目标的确立要依据企业的性质和经营方针，要依据客运市场供求关系的变化，要调查服务质量的状况，特别是乘客最满意的和最不满意的地方。除此之外，还要根据社会发展的需要和物质条件的变化，这样确定的服务管理目标才能是切实可行的。

服务管理目标是有时间性的。实践证明随着人们物质生活水平的不断提高，人们的乘行需求也在发生深刻的变化。适应乘客需求的变化，不断探讨提高服务水平的途径、方法就客观地成为服务管理的重要任务，使得服务管理这一作用日益突出。

（四）协调服务者与被服务者、公交企业与社会的关系

服务管理的内容就决定着管理本身与社会、与乘客有密切的关系，管理者也需要直接与乘客、与社会有关部门、企业接触，倾听乘客的意见、了解乘客的需求。不仅如此，企业实施每一项新的管理措施、调整每一项管理办法都需要得到社会，特别是乘客的理解和支持，需要了解社会的反映，接受社会的监督。人民公交人民办，从这个意义上讲，服务管理需要做大量的协调工作，服务管理的过程是不断协调公交企业与社会的关系，创造良好、和谐的服务环境的过程。

四、服务管理的职能

服务管理的职能是指对乘务人员在运营车厢内提供的服务进行全面管理过程中所具备的管理功能。服务管理主要具有 4 项职能。

（一）计划职能

计划职能是服务管理的首要职能，它是指在公共交通企业的整体服务目标确定后，服务管理要达到的具体目标和实施方案。所谓实施方案是指为达到一定预期目标所必须开展的各项工作、各种活动的事先考虑和安排。服务管理计划职能主要包括下列内容：确定服务管理要实现的具体目标；明确具体工作任务并科学地分配；制定实现目标完成任务的标准及时间进度；制定为实现目标和完成任务所必需的方法及规章制度。

计划职能所包括的内容一般都要通过形成文件来确定，分为长远规则、中期计划和短期计划。长远规划一般是指 5 年以上的服务管理的主要构思、设想，应提出明确的奋斗目标。中期计划一般是 2 年以上、5 年以下的计划，这种计划应该明确提出服务管理要实现的主要目标，提出为实现主要目标所必须开展的主要工作。短期计划一般是指一年以内的计划，又分为年度计划、季度计划、月计划。这种计划要提出具体的管理目标和为实现预期目标所进行的各项工作安排。期限越短，计划的内容越应该具体，应该包括完成计划的具体方法、措施。

（二）组织职能

服务管理的组织职能是指对已确定的计划的组织实施功能。服务管理的组织职能是把服务管理中的各个环节组织起来，明确各个环节之间的关系，从而使服务管理形成一个有机的整体。服务管理的组织功能是服务于计划目标的，是完成服务计划的手段。它的主要内容包括：设置必要的服务管理机构，建立服务专业管理队伍，确定服务管理的职责范围，规定相应的工作任务、完成标准。由于城市公共交通企业的服务管理实行分级管理，组织职能还包括各级专业管理部门岗位设置、职责范围以及具体的分工。

（三）控制职能

服务管理的控制职能是指对服务计划的组织实施过程进行监督、控制，确保服务计划完成的功能。控制职能是对实施服务计划过程中偏离目标、任务、要求的现象所采取的使之回复到规定要求的一切活动及这些活动所产生的作用。服务管理的控制职能也是服务于计划目标、完成服务计划的重要手段。

在服务计划的实施过程中，按照规定的工作标准进行检查、考核时，常常会发现种种偏离现象，如服务质量发生较大问题，某一单位或某一层次的管理水平明显下降等。控制职能就是要及时获得种种偏离信息，分析产生偏离的原因，研究纠正偏离的措施，运用行政手段、管理功能加以控制，最终确保服务计划得到顺利的组织实施。

（四）激励职能

服务管理的激励职能是指在服务计划的组织实施过程中，调动企业员工的积极因素，激励其完成服务计划的功能。城市公共交通企业是典型的窗口行业，它为乘客出行提供的服务不仅要靠必要的设备、设施和场所，更要靠企业员工、特别是乘务人员的具体劳动。充分调动人的积极因素、提高人的素质是提供优质服务的根本保证。人的积极性调动起来了，不仅可以充分发挥设备、设施等“硬件”的作用，还可以弥补“硬件”的不足。反之，再好的“硬件”也不能为乘客提供优质的服务。激励职能作为服务管理的职能之一，其作用就是要充分调动企业员工的生产积极性，激励其服务热情。激励职能也是服务于计划目标，也是完成服务计划的重要手段。激励职能的主要内容包括：必要的培训、教育、奖优罚劣，宣传先进经验，发挥先进群体作用等。

五、服务管理的任务

服务管理是城市公共交通企业管理的重要组成部分，它的基本任务是：

（1）根据企业的性质和经营方针对行车服务的全过程进行管理，向乘客提供优质的服务。

（2）确定服务管理的目标，制订服务管理计划并组织贯彻实施。

（3）组织服务管理机构，指导专业管理人员履行职责。

（4）制订并不断完善一整套检查、监督、控制、考核服务质量的方法和管理制度。

（5）管理乘务人员，经常进行乘务业务与职业道德的培训、教育，培养、树立先进典型，奖优罚劣，充分调动乘务人员的生产积极性。

（6）坚持调查研究，不断总结服务管理经验，接受社会监督，努力探索提高服务管理水平和整体服务水平的途径。

第三节　服务管理的内容

服务管理是服务质量管理和服务专业管理的总称。服务管理重点围绕着人、车、站台、制度进行，内容非常丰富，各项内容之间又有着紧密的联系。站台秩序是乘车秩序的重要组成部分，站台秩序的优劣对乘务人员的服务质量有着非常直接的影响，因此，站台秩序的管理也包括在服务管理的内容之内。

众所周知，城市公共交通是城市的产物，这就决定了城市公共交通受城市规模及其发展的制约，具有很强的地方性。在全国乃至世界范围内，城市公共交通还没有、并且在短时间内也不可能形成一个统一的经营管理模式。本节侧重于北京市的具体情况、兼顾全国各大中城市的状况，对城市公共交通，特别是公共电汽车行业的服务管理内容做探索性的介绍。

服务管理的内容由服务质量管理和服务专业管理两部分组成。服务质量管理是指对乘务人员在运营车厢内为乘客提供服务的优劣而进行的管理。服务质量管理的内容包括：乘务人员管理、质量监控管理、质量监督管理、票务制度管理、先进集体管理、车辆清洁管理、站台秩序管理和服务设施管理、特殊线路管理。

服务专业管理是指服务专业管理部门和人员的管理。服务专业管理的内容包括：服务质量管理、服务基础管理。

为避免与其他章节重复交叉，本节分别介绍乘务人员管理、票务制度管理、先进集体管理、车辆清洁管理、站台秩序管理及特殊线路的管理。服务管理的其他内容将在本章第四节和第三、四章中分别介绍。

一、乘务人员管理

乘务人员是指在运营车辆上直接为乘客服务的人员。在车辆运营过程中，乘务人员通过直接的服务使乘客的乘行要求得到满足，又以监督刷卡、投币或出售车票的形式为企业回笼投资。乘务人员的工作体现了城市公共交通服务过程和生产过程的统一，他们的岗位最充分地体现了公共交通企业服务过程的基本特征。

（一）乘务人员的地位、作用

乘务人员是公交企业的主体服务人员，每一名乘务人员在运营车厢内的言行都直接代表企业的形象，反映城市的文明程度。作为企业社会效益和经济效益的直接体现者、作为企业形象的直接代表者，乘务人员在城市公共交通企业中居于十分重要的地位。

多年来，公交乘务人员在平凡的岗位上，潜心研究乘客心理和服务规律，利用标准的普通汉语、外语、手语、民族语言、地方语言为各界乘客服务，使乘务人员的工作不再是简单的劳动，而是业务知识与服务技巧有机地结合的服务活动。乘务人员的辛勤劳动受到了乘客的尊重和社会的认可，涌现了一大批先进模范人物，为企业输送了大批管理人才，有的还当选为人大代表。可以说，乘务人员岗位是公交企业培养锻炼人才的摇篮。

乘务人员作用具体表现在 4 个方面。

1. 服务和维护作用

城市公共交通的社会服务性质决定了乘务人员与乘客的关系必然是服务与被服务的关系，决定了乘务人员的主要职责是服务。乘务人员通过开关车门、报站售票、解答询问、扶老携幼、清洗车辆等形式直接向乘客提供乘行服务。乘务人员的维护作用主要表现在照顾乘客的乘车安全、维护乘车秩序和行车安全。

2. 联系和传递作用

乘务人员在运营车厢内直接与乘客接触，为乘客提供服务。他们的工作岗位是公共交通企业与乘客的接触点，起着乘客与公交企业、乃至与政府之间联系和传递的作用。乘务人员将企业的服务规范落实到车厢中，也要将乘客的意见反馈给企业的管理者，通过具体的服务传播社会主义精神文明，架起一座乘客与企业，乃至与政府间沟通的桥梁。

3. 向导和疏导作用

乘客来自四面八方，有着各自的乘行目的。乘务人员通过解答询问，引导乘客选择达到目的地的最佳乘行方式，做好乘客的向导。在运营车厢内乘务人员按照乘坐规则引导乘客乘行，疏导客流，维护乘车秩序。

4. 宣传和引导作用

城市公共交通是精神文明建设的窗口，乘务人员通过自己的服务，用自己的语言和行为宣传精神文明，引导乘客文明乘车，创造舒适、和谐的乘车环境。

（二）服务素质的培养

培养服务素质是乘务人员管理的一项重要内容。乘务人员的服务素质主要包括服务意识、职业规范、业务技能、服务态度4个方面。

1. 服务意识

服务意识是指乘务人员对自身提供的服务的社会价值的基本看法，是乘务员提供优质服务的思想基础。城市公共交通的地位、对社会发展的作用及其具体贡献，充分显示了乘务人员所提供的服务的社会价值。充分认识这一价值，可以激发乘务人员热爱公交、立足车厢、服务乘客的思想感情，从而形成高度的责任感和事业心。乘务人员服务意识树立得是否牢固，直接决定着公交企业服务质量的水平和稳定程度。

2. 职业规范

职业规范包括职业道德、职业纪律和服务规范。乘务人员的工作直接和人打交道，服务的方式又是单车作业、流动分散。讲究良好的职业道德既是精神文明的需要，也是企业发展的需要。自觉地用职业纪律约束服务行为，认真执行服务规范是提供优质服务的可靠保证。

3. 业务技能

业务技能是乘务人员运用业务技术的能力，是提供优质服务的基础。乘务人员的业务技能主要包括熟练掌握服务规范、作业规程和操作技能，熟悉城市地理和交通环境，具备必要的法规常识和调解处理问题的能力，掌握服务设施的使用方法等。

4. 服务态度

服务态度是指乘务人员在服务过程中的态度，是乘务人员对本职工作、对乘客由情感而生成的语言、动作的外在形象表现，带有浓厚的职业色彩。人的喜、怒、哀、乐是一种心理反应，影响着人们彼此之间的关系和交往。乘务人员服务态度的好坏直接影响着服务质量和企业形象，端正服务态度，使用文明敬语，既是培养乘务人员服务素质的需要，也是乘务人员管理的重要内容。

（三）工作质量的考评

考评乘务人员的工作质量既是乘务人员管理的一项重要内容，又是服务管理的一个重要环节。通过考评工作质量可以激发乘务人员的服务热情，落实企业的服务目标，为改进服务管理、提高服务质量提供可靠的依据。乘务人员工作质量的考评主要包括制定考评标准、确定考评方法、评定工作质量三个环节。

1. 制定考评标准

乘客满意是考评乘务人员工作质量的最终标准，围绕最终标准要制定具体的标准，标准应做到符合实际、量化。考评乘务人员工作质量的主要标准包括“七项规范”《无人售票线路服务管理办法》《车厢（站台）标准化服务规范》《车辆清洁检查标准》《服务纪律》《票务制度》以及乘客监督等。

2. 确定考评方法

对乘务人员工作质量的考核方法应做到公开、公正、实事求是。目前采用的方法主要有三种：一是检验生产任务完成情况，通过统计指标来实现；二是进行定期检查和不定期的抽查，由专职检查人员和专业管理人员到运营车厢，用制定的标准实地检验乘务人员的工作；三是接受乘客监督，通过乘客的表扬、建议或投诉鉴定乘务人员的工作质量。

3. 评定工作质量

对乘务人员的工作质量要定期进行考核评定，一般分为月份和年度评定。评定就是综合检查、考核结果，对乘务人员的工作质量做出结论。通过评定可以发现典型人物、事例，也可以发现个性和共性的问题。对典型人物、事例要培养总结，对问题要采取措施纠正。对评定的结果还要按规定实施奖优罚劣。

二、站台秩序管理

公共电汽车的站台是乘客与公共交通的第一接触点，也是公共交通企业为乘客提供直接乘行服务的开始，因而站台秩序的管理也是服务管理的重要内容。井然的站台秩序不仅为公共交通的服务创造了良好的开端，还能够维护乘车秩序和运营秩序，更为重要的是展现了城市精神文明建设水平和城市管理水平。

（一）站台秩序的管理原则

公共电汽车的车站分布于城市的中心区及各个角落，数量之多、分布之广是有目共睹的客观存在。以北京为例，北京公交集团共有运营线路近八百条，设置上万个站位。这些站台的秩序、面貌不仅是公交企业关心的问题，更是各界乘客和市政府关注的问题。公共电汽车是北京居住人口出行的主要交通工具，客流量一直保持在较高水平，"方便乘客出行"也是政府和公交企业多年致力解决的问题。但如此规模、如此分布的站台仅靠公交企业来维护秩序是根本不现实的，按照实事求是的原则，遵循"人民公交人民办"的宗旨，公共电汽车的站台秩序采取了不同的管理方法。公共电汽车线路首末站的秩序由公交企业负责管理，运营线路的中途各站由首都文明办组织各城区（县）乘车管理部门负责管理、公交企业协助管理。

（二）中途站站台秩序的管理

中途站台秩序的管理是由各城区（县）乘车管理部门派专人维护秩序，公交企业和乘务人员积极配合。这项活动是城市精神文明建设的一项内容，以北京为例，首都文明办设置了必要的管理机构——公共文明引导行动办公室，负责组织协调。公共文明引导行动办公室与公交企业共同选择换乘客流大的枢纽站作为管理对象，由社会或乘车单位派人或雇佣人员维护站台秩序。公共文明引导行动办公室负责制订站台秩序维护人员的职责并对工作质量进行检查考核。公交企业负责配合，一是负责教育乘务人员执行进出站规定，主动协助维护站台秩序人员的工作；二是经常走访派人单位和维护秩序人员，听取意见，改进工作。

（三）首末站站台秩序管理

首末站站台秩序由公共交通企业负责管理，设置专人维护秩序。管理的内容包括以下各项工作：

1. 站台的分类和站台服务员的设置

根据客流情况和实际需要，公共电汽车的首末站共划分为三类。一类站是指商业区、旅游点、枢纽站及全日客流量最大的首末站；二类站是指工业区、居民住宅区、早晚高峰客流集中的首末站；三类站是指全日客流量较小且稳定的首末站。

首末站站台应配置必要的候车设施，应设置供乘客候车的站台，特别是一、二类站应配置遮雨、遮阳的站棚和排队候车的栏杆。

一类站设置专人全日维护站台秩序，一般自早高峰起至晚高峰过后，分为二班上岗。二类站设置专人早晚高峰维护站台秩序，一般自早高峰起至早高峰止、自晚高峰起至晚高峰止，配备一班人员上岗，上岗时间全日累计不应少于 4h。三类站不设专人维护站台秩序，根据需要临时组织运营线路管理人员维护站台秩序。每个站台在上岗时间应配置两人以上维持秩序。

公共交通企业应设置站台服务员的工种，配备足够的专职人员维护站台秩序。随着市场经济的发展，很多单位尝试雇佣小时工维护站台秩序，取得了很好的效果。伴随改革的深入，公交企业还可能探索其他方式解决专职站台服务人员的设置问题，但探索成功与否的标志就是有没有井然的站台秩序。

2. 站台服务员的职责和检查标准

站台服务员的基本职责是督促乘客排队、依次上车，照顾乘客下车安全和车辆进出站安全，维护站台候车、乘车秩序。站台服务员的具体职责是：

（1）有栏杆的站台组织乘客排队候车，无栏杆的站台组织乘客在便道上候车。

（2）车辆进站时提醒乘客注意安全，协助老、幼、病、残、孕乘客安全上下车。

（3）疏导乘客有秩序地乘车，协助乘务人员关好车门。

检查站台秩序的标准是：候车不下路、乘车有秩序、不混乱、不拥挤、不发生交通事故和乘车纠纷。

检查站台服务员工作质量的标准是：准时上岗，佩戴标志，认真负责，照顾重点，文明执勤，秩序井然，站区安全，遵守纪律，站区卫生，调解纠纷。

3. 站台秩序的日常管理

站台秩序的日常管理应设置专人负责，其主要工作职责如下。

(1) 经常进行调查研究，了解站台客流变化和道路状况，及时调整站台类别，检查站台设施状况，督促有关部门维修。

(2) 经常对站台服务员进行业务和职业道德的培训，解决站台秩序管理中的问题。

(3) 考核站台服务员的工作质量，奖优罚劣。

(4) 培养先进，总结经验，开展争创文明站台活动。

三、车辆清洁管理

公共交通运营车辆的清洁程度不仅直接反映了乘务人员的精神风貌、工作责任心，而且反映了企业的服务质量水平，展示了城市的环境和面貌。因此，车辆清洁的管理是服务质量管理中一项重要的内容。

(一) 制定车辆清洁管理制度

由于天气和道路的变化，搞好车辆清洁便成为一项经常性的工作，这种反复重复的工作最容易因忽视而产生漏洞。针对车辆清洁自身的特点，在管理中必须推行制度化，通过制度的贯彻，使搞好车辆清洁成为乘务人员自觉的行动，从而养成良好的职业习惯。

(1) 车辆清洁管理制度首先应该明确车辆清洁的标准。标准的主要内容应当包括运营车辆的各个主要部位达到的清洁程度，这种程度通过目视直接感受或通过触摸检验，能够比较衡量，又能够符合运营条件并被乘客认可。

(2) 车辆清洁制度还应该明确责任。搞好车辆清洁是驾驶员、乘务员义不容辞的责任。在实践中较好的做法是以车组为单位整体考核，以劳动班次为单位划分责任，明确规定在劳动班次之间交接班时必须交接清洁车辆，特别是车身、地板、玻璃、脚踏板等主要项目必须达到规定的清洁标准。

（3）车辆清洁管理制度还必须明确规定奖罚内容。奖罚应当按照以责论处的原则，对不尽职不尽责的要严格绩效业绩扣罚。除经济处罚外，辅之以曝光制度，在精神范畴内处罚，从而使职工养成良好的职业习惯，使车辆清洁保持经常。

（二）实行车辆清洁专业化

从管理实践中看，一方面由于运营条件的制约，特别是因道路交通拥堵造成运营间隔时间难以保证，驾驶员、乘务员很难有足够的时间清洁车辆，仅仅依靠接班前、下班后清洁车辆又难以使车辆清洁保持经常。另一方面伴随公交 IC 卡全面使用，公共交通大力推行无人售票和准无人售票，让驾驶员或准无人售票监票员承担车辆清洁的任务就更加困难。为了确保车辆清洁，也为了减轻驾驶员和乘务员的劳动强度，针对一部分线路自发聘请专业保洁公司的做法，公交服务管理部门审时度势，全面实施了车辆清洁专业化。在实施过程中应当注意以下问题。

1. 明确责任

明确划分专业保洁人员和运营车组的责任。正常天气下或一般情况下，专业保洁人员重点承担车身、外顶、玻璃、轮胎等部位的清洁，兼顾车厢内顶和内饰的清洁；运营车组人员负责监督专业保洁人员的工作质量，同时驾驶员承担电瓶仓、驾驶舱、仪表盘部位的清洁，乘务员承担车厢地板、座椅、脚踏板等部位的清洁，兼顾内顶、内饰的清洁。特殊天气或节日、重大政治活动期间，运营车组人员和专业保洁人员共同承担突击车辆清洁的任务。

2. 聘请专业保洁人员

实行车辆清洁专业化应当聘请专业保洁人员，专业保洁人员可以在企业内部聘请，也可以聘请专业保洁公司承担。

企业内部聘请专业保洁人员时，应当订立劳动合同。明确规定专业保洁人员的工作职责、工作时间、工作形式、工作效果和劳动报酬，还要规定违反劳动合同的相应条款，包括奖励和处罚的具体标准、办法。

聘请专业保洁公司时，应当通过招投标办法选择适当的保洁公司，原则上不宜由一家保洁公司承担，以免保洁公司出现问题时车辆清洁难以保证。

选择好专业保洁公司后应当签订合同。合同应当明确规定保洁公司和运营公司各自的责任、义务，明确车辆清洁的责任范围、承包方式、质量标准、检查办法和清洁费用支付标准及方式，还应规定违约的相应条款。签订合同时应当议定专业保洁人员的数量，一般情况下每名专业保洁员承担的车辆应有限定，单机车不超过12辆、通道车不超过8辆。

3. 专业保洁人员的管理

企业内部聘请的专业保洁人员由公交企业基层单位主管服务质量的人员负责管理，严格按照劳动合同和企业的规章制度进行考核，表现优异的应当给予奖励，确实不能履行工作职责的应当及时更换。

专业保洁公司的保洁人员应当由专业保洁公司的管理人员和公交企业基层单位主管服务质量的人员共同负责管理，运营公司应当经常召开信息沟通会，确实不能履行工作职责或不能保证工作效果的，应当责成保洁公司更换人员。

（三）加强检查考核

加强检查考核是车辆清洁保持经常的重要手段。检查分为定期检查和不定期抽查两种。基层管理要进行定期检查，对运营车辆的主要部位要每日检查，每周对运营车辆清洁进行全方位的检查，可以固定时间，形成制度。

不定期抽查也是车辆清洁检查的主要方式之一。在特殊天气及道路特殊变化后，基层管理者要组织职工及时搞好车辆清洁，并进行抽查。中层和高层管理要不定期地对所属运营车辆的清洁进行抽查。抽查应统一标准，但应不固定时间，无规律可循，以充分发挥检查的效能，促进车辆清洁经常化。

（四）适时组织突击

由于运营条件的限制，专业保洁人员和乘务人员进行车辆清洁的时间并不充裕，特别是冬季，寒冷的气温大大增加了搞好车辆卫生的难度，因此适时组织突击也是搞好车辆卫生的一种手段。

车辆卫生的突击一般在节日、重大活动前夕和雨雪天气后进行，特别是冬季雪后组织突击的效果更突出。突击可以采取增加专业保洁人员、组织运营车组间的协作和组织管理人员、非生产人员参加等方法。管理人员适当参加突击车辆卫生活动，既可以搞好车辆卫生又可以密切干群关系。但这种突击不宜组织过多，不能以干代管。北京公交集团于 2013 年起，每月 20 日组织各基层单位开展“车辆卫生清洁日”活动，对车辆内外卫生进行重点治理。

（五）适当组织竞赛

适当组织竞赛可以调动乘务人员的劳动热情，激发运营车组的生产积极性，使车辆清洁保持经常。劳动竞赛的形式多样，在车辆清洁的管理中多采用流动红旗、单位时间内免检制、标兵示范车、优胜线路等形式，这些形式的共同特征是给予优胜者物质和精神奖励，发挥榜样的示范作用，对车辆清洁的管理起到推动作用，能收到较好的效果。

此外，积极探索车辆清洁管理的新途径、新方法也是管理者义不容辞的责任。特别是高新技术的应用，北京公交集团于 2013 年起在有条件的场站建设专用洗车库，为车队配发大功率吸尘器，进一步提高了车辆清洁的科技化水平以及车辆清洁的效率。

四、票务制度的管理

公共交通企业的票务管理是企业管理中直接涉及经济收入的重要内容。公共电汽车的票务管理由两部分组成：一是制订票制、核准票价、配发车票、回收车票、回收票款，这部分由企业运营部门管理。二是乘务人员执行票制、出售车票、检验车票、处理违章车票以及由上述内容形成的从领票到售票、交接班、上交票款及剩余车票的具体程序，这部分构成了票务制度管理的内容，由企业服务部门负责。

票务制度的管理是服务质量管理的一项重要内容，在公共电汽车票务制度管理过程中，曾经做过多次尝试与探讨。例如，曾经试行过将普通车票出售给每个乘务员，每个乘务员再出售给乘客。其结果是省去了交账交款和交接班分账的程序，但乘务员需预交票款，还要携带大量车票上下班，不仅操作不方便而且不够安全。伴随准无人售票线路和无人售票线路的推行，采取了由乘客向投币机内投币的方式，从而形成了票务管理的新办法。已经大面积推广的IC卡刷卡乘车的办法是高科技在城市公共交通中的具体应用，促进了公交企业票务制度的深化改革。就目前而言，多数公共电汽车上还配备乘务员，出售车票、检验车票仍然是服务过程中的一项内容。因此只要存在着普通车票的出售，票务制度的管理就依然会存在。票务制度的管理涉及5项内容。

（一）票务制度的主要内容

城市公共电汽车一般线路票务制度应包括以下主要内容：

（1）乘务员在本班次出车前必须持本人的领票卡或工作证到票务室领取当日车票，领票后必须当面核对、点清。遇有票本缺少张数、号码重复等差错应退交票务室处理。

（2）乘务员、准无人售票线路监票员、无人售票线路驾驶员上岗前要签注私款。应将所携全部私款交由当班调度员清点，当班调度员清点后在票单上签注并加盖印章（未配备票单的线路在行车路单上签注）。

（3）车辆每次运营至首、末站时乘务员须签注售止票号。每个单程运营结束时，乘务员所持各种车票的票号为售止票号，签注售止票号是为了区分售出车票的有效范围。单机车乘务员由当班调度员签注，无调度员的站由驾驶员签注，通道车两名乘务员互签，签票号码不得少于4位数。

（4）乘务员收取乘客票款后要问清上、下车站名，唱收唱付，付给车票。遇有乘客下车补票或处理其他违章车票时，应让乘客按规定补交票款，乘务员当面撕票、交付乘客。

（5）乘务员出售车票时要认真划线。首站发车划红线，末站发车划蓝线；实行单一票制的线路按当日日期划线，其他线路按所收票款最终有效站号划线；集体票可统一撕口代替划线；划线应当准确，不得同时划两个以上的站号。

（6）乘务员售错票或划错线时，应立即向同班乘务员或驾驶员声明，声明后方可继续出售。未能及时出售的要在单程运营结束时向当班调度员说明并由当班调度员签注，签注后方视为有效车票。

（7）乘务员交班时要做到票、款、账“三清”，少款补齐、多款上交。接班乘务员应认真核对票、款，因未认真核对造成的后果由接班乘务员负责。

（8）乘务员上岗时必须使用统一配备的票袋，票台内、票袋中、票板上严禁存放废车票。

（9）乘务员要认真执行票制，按规定收取票款。乘客随身携带物品超过规定客位面积时，应收取包裹费。北京市规定，乘客携带物品占用客位面积超过 0.125㎡，要另购车票一张。

（10）乘务员出售车票时不得以任何理由拒收零币、旧币及其他法定流通的货币。遇乘客使用残币购票时应耐心劝其更换。

（二）违反票务制度的划分标准

违反票务制度的现象较多，目前，北京公交集团依据具体情节、程度和对企业造成的损失，基本上划分为分三类，即票务过失、违反票务制度、严重违反票务制度。

（1）出乘时发生下列现象属于票务过失：

①丢失车票或票款。

②未按规定领票、交票。

③未按规定签注售止票号。

（2）出乘时发生下列现象属于违反票制：

①售票时未按规定划线。

②未按规定签注私款。

③拒收零币及其他法定流通人民币。

④出乘中无人售票车不配足票款凭证。

⑤出乘中无人售票车投币口长时间滞留票款。

⑥出乘中私存废票。

⑦出乘中票款长出本线路一个最高票面（含）以内。

（3）出乘时发生下列现象属于严重违反票务制度：

①未按规定收费（包括包裹费）。

②出乘中私款长出签注数额。

③出乘中票款长出本线路一个最高票面（不含）以上。

④出乘中出售私存废票。

⑤收钱不撕票或多收钱少撕票。

⑥乘客补交票款后不交付票据，私留补交票款。

⑦收取乘客财物，允许其乘车不购票。

⑧无人售票车乘务人员直接收取票款，不投入投币箱。

⑨从无人售票车投币箱内私自截取票款。

⑩出乘后长款不上交。

⑪私自涂改票单。

（三）违反票务制度的处罚

违反票务制度必须给予处罚，处罚包括经济处罚和行政处罚两种。处罚时应注意以下问题：

（1）掌握适当的处罚幅度。处罚时根据主观上是否有故意动机和给企业造成的损失综合考虑。属于票务过失或违反票务制度的，责任者要写出检查，给予一定的经济处罚。属于严重违反票务制度的，除了责任者写出检查外，经济处罚要加重，同时给予行政处分，或依法解除劳动合同。

（2）按照实事求是的原则，掌握确凿的证据。要防止因证据不足导致的错误处理；同时要积极获取证据，防止姑息错误行为的现象发生。

（3）处罚要建立一定的程序，严格执行处罚程序。比如处罚的规定要经职工代表大会通过，要报政府有关部门备案。同时处罚的办法不能与国家及地方政府的法规相冲突。

（四）违章车票的处理

乘客乘坐公共电汽车，按照政府有关部门核准的价格和实际乘坐的里程购买车票，这本是一个权利与义务对等的关系，但是在这个过程中却存在使用违章车票乘车的现象。解决使用违章车票问题是一项政策性、法规性很强的工作，公交企业应当依靠当地政府，通过颁布法规、加强法制宣传和精神文明建设等途径解决。

1. 违章车票的种类

（1）无票乘车。即乘车时未购买当次车普通车票，也未刷公交 IC 卡。

（2）越站乘车。即实际乘坐里程超过所购车票里程。

（3）使用废票乘车。

2. 违章车票的处理

违章车票的处理办法只能由政府制定颁布，由公交企业行使处理权。北京市由市长办公会决定，由市政管理委员会以《通告》的形式于 2006 年向社会颁布了《北京市公共汽车电车车票使用办法》（以下简称《办法》），《办法》属于地方性法规。

公交企业是政府颁布的《办法》的执行者，乘务人员及其管理人员依据《办法》对使用违章车票乘车的乘客实行补款处理。《办法》规定违章的乘客向公交企业补交应交而未交的票款，而不是行政罚款。

处理违章车票必须严格按照政府颁布的《办法》执行，任何人无权让乘客超过《办法》的规定补款，无权扣留乘客，包括扣留乘客的财物，更不能对乘客进行人身、人格的侮辱。否则就会超越职权，进而导致违法。

（五）票务制度的管理

票务制度管理的根本目的是规范乘务人员的票务行为、增加企业的票款收入，对外防止跑、漏票，对内防止企业应收的票款流失；票务制度管理的重要性也是显而易见的。

票务制度的管理办法主要包括两项内容。一是制定并根据运营生产的实际需要不断完善票务制度，使乘务人员的操作有章可循，对违反票务制度的处罚有据可依。二是加强检查。检查的渠道有两条，一条是依靠专职检查人员和专业管理人员定期检查和不定期抽查，另一条是依靠乘客进行监督。对乘客反映的有关乘务人员违反票务制度的现象，要认真调查核实，特别是职工中揭发的违反票务制度的现象更要引起高度重视。不管什么渠道发现的问题，坚决按照规定进行处罚。

（六）自动售验票系统的应用管理

自动售验票系统是综合运用机械电子技术完全代替人工售票、验票服务的系统，它可以设在公共电汽车上或电汽车停靠站上。系统包括确定适用的电子车票，发行电子车票，数据汇总处理和系统管理几个部分。由于其具有的先进性，自动售验票系统已越来越引起世界各城市、特别是公共交通企业的关注。北京市已经广泛推广以 IC 卡为电子车票的自动售验票系统，我们重点介绍其操作规程和服务程序。

根据国家建设部和市政府的要求，经过北京公交集团等部门长时间的调研、考察、开发、研制、试验，北京推出了公交 IC 卡系统工程，它的技术选型方案为 MIFARE TYPEA，技术实现过程为 MIFAREI 兼容 CPU，采用了技术上先进实用、工程上便于启动、功能上易于扩展、发展兼容的符合国际标准的技术模式。

1. IC 卡系统的基本运作模式

(1) 由政府授权“一卡通公司”向社会公开发行 IC 卡，IC 卡为北京公交一卡通，能够在公共电汽车、地铁、出租等具备条件的公共交通工具上使用。

(2) 由公交等有关企业设立 IC 卡发售、充值站，其分布非常广泛，方便乘客使用。

(3) 在运营工具上安装读卡机，读卡机为非接触式。

(4) 乘客购买 IC 卡后，顺序上车，依次刷卡付费。

(5) 由数据采集机将运营工具上读卡机的数据采集，统一汇总到企业系统结算中心，各企业系统结算中心再汇总到北京交通一卡通结算中心。

2. IC 卡系统的基本服务程序

使用 IC 卡的公共电汽车，其驾驶员或乘务员的服务程序与普通公共电汽车的出乘规范大体相同，只是根据自身特点增加或去掉了部分内容，我们只介绍有变动的内容。

(1) 出车前

要开启读卡机并测试，在提前进站时要监督乘客刷卡。单机车动员乘客在前门上车、后门下车，通道车动员乘客在中门上车、前后门下车。

(2) 运行中

要使用报站机报站，宣传、监督乘客刷卡、购票或投币，检验票证。

由于弱化了售票的内容，在运行中要突出疏导作用，一般讲上下车不在同一个车门，乘客流动会有一定阻力，要劝导乘客按照要求遵守乘车秩序。

读卡机发生故障又不能及时排除，应立即停止上客，做好宣传解释工作，将车上乘客送达目的地后，立即驶回报修。

（3）收车后

收车后要检查服务设施，并将车停放指定地点，以便采集数据。专业采集人员要按照规定时间采集所属运营车辆读卡机数据后上传，直至汇总到一卡通结算中心。

3. 大力提倡使用 IC 卡电子车票

（1）IC 卡电子车票的使用是高科技手段在公共交通票务系统成功的应用，它取消了公交使用多年的纸制月票制度，伴随企业性质的再次准确定位，引发了公交票制的重大改革。市区线路统一实行单一票制，即不论乘车距离均以 1 元计价；郊区线路实行分段计价，按照 12·5·5 票制计价，即 12km 以内 1 元起价，每增加 5km 增加 0.5 元。

（2）鼓励乘客使用 IC 卡乘车。凡使用 IC 卡乘车给予打折优惠，成人刷卡打四折，学生刷卡打两折。学生 IC 卡是政府和公交企业专门提供给学生的一种优惠，价格与成人存在较大的差异。

五、先进车组的管理

先进车组是先进群体的代称，其管理是指对为乘客提供服务的过程中产生的先进个人、先进车组、先进车队的管理，先进车组的管理也是服务质量管理中一项重要的内容。

（一）先进车组的作用

在任何有人群的地方都存在着左中右，都存在着相对的先进与后进。广大乘务人员、运营车组、车队在为乘客提供服务的过程中，服务质量、管理水平客观存在着差异。认识这种客观存在的差异，解决这些差异，去纠正和弥补存在的问题，巩固和发扬广大乘客最需要的服务质量和服务精神是管理者义不容辞的责任。不断扩大先进群体的规模，充分发挥先进群体的示范、引领作用，全面提高服务质量，是先进车组管理的最终目的。先进车组的作用可以归纳为以下几点：

(1) 可以充分调动乘务人员为乘客提供优质服务的积极性。乘务人员中本身就蕴藏着这种积极性，他们愿意通过自己的劳动向乘客提供优质的服务，也希望自己的劳动被社会、特别是企业的管理者所认可。乘务人员的组成不断变更，以先进车组的形式肯定成绩，可以充分调动乘务人员的服务积极性，以更高更大的热情为乘客服务。

(2) 可以发挥示范和引领作用。先进车组只是乘务人员的一小部分，但他们通过自己的服务影响周围的人员，榜样的力量可以使整体服务质量提高到一个新的水平。

(3) 可以塑造和展示企业的形象。公交企业是公益性的服务企业，社会各界乘客对企业所提供的服务是否认可，对于企业的发展有着至关重要的意义。先进车组以他们优质的服务向社会展示企业的形象，实践中可以明显地看到，乘客表扬绝大多数是对先进车组的表扬。

(4) 可以促进精神文明建设。先进车组在运营车厢中通过热情的服务，创造和谐、温馨的乘车氛围，使人与人的关系得到了改善，中华民族优良传统得到弘扬，促进了精神文明建设。

(5) 可以促进企业经济效益的提高。先进车组的优质服务会吸引大批的乘客，同样的价格条件下，乘客自然会选择乘坐优质服务的车组。同时先进车组的优质服务中还包括主动售票和认真检验车票，在热情洋溢的氛围中，人的心灵能够被感化，个别想逃票的乘客也会主动买票。实践证明，连扒手也不愿到先进车组上作案，这样的服务可以增加票款收入，确保企业经济效益的提高。

(二) 先进车组的创建及分布

1. 先进车组的范围

先进车组是先进群体的代称，先进车组的范围应当包括：

(1) 服务专业的先进个人。

(2) 企业命名的优质服务车。

（3）城市有关部门命名的先进车组。包括共青团市委命名的“青年文明号”，市总工会命名的“工人先锋号”，市妇联命名的“三八红旗号”，市民族事务委员会命名的“民族团结模范号”，市其他部门命名的先进车组。

（4）国家有关部门命名的先进车组。包括共青团中央命名的“青年文明号”，全国总工会命名的“工人先锋号”，全国妇联命名的“三八红旗号”“巾帼立功号”，国家有关部门命名的其他车组。

（5）市和国家有关部门命名的先进线路。目前，主要有团市委命名的“青年文明号”线路，团中央命名的“青年文明号”线路，市总工会命名的“工人先锋号”线路，全国总工会命名的“工人先锋号”线路，国务院有关部门命名的“民族团结线路”，全国残疾人联合会命名的“扶残助盲线路”，全国老龄委命名的“助老尊老线路”等。

2. 先进车组的分布

先进车组指的是先进群体，为了更好地发挥先进的示范作用，先进群体在企业中应当按一定比例均衡分布。

服务专业先进个人应该按照乘务人员及专业干管人员总数的一定比例培养选拔，在企业中均衡分布。

先进车组的数量也应该占运营车组的一定比例，但其分布只能是相对的均衡。其中，市级、全国级先进车组应占先进车组总数的一定比例，基本上呈现出自然分布的状态。

先进车队的数量以控制在运营车队的 20% 以内为宜，应按照标准严格考核验收，因此，分布上也呈现不均衡状态。

3. 先进车组的创立

先进个人应该按照标准严格考核，经过民主评议、组织审查的程序选拔。

先进车组、车队的创立应该按照逐级申请、循序渐进的程序选拔。

基层服务管理部门应接受车组的申请，严格按照先进车组的标准进行检查考核，对存在的问题要积极辅导，指出车组努力的方向。经过一段时间的考核后，基层服务管理部门应向上一级服务管理部门提出申请。

中、高层服务管理部门接到申请后，应按照统筹兼顾的原则考虑名额分配，派专人对提出申请的车组进行验收，并会同企业有关部门考核该车组一段时间内的工作质量和各项指标完成情况。全部验收合格后，由企业正式命名为“优质服务车”，命名后由中层服务管理部门再次进行复验，复验合格后享有先进车组的待遇。

市级和全国级先进车组一律从企业“优质服务车”中选拔。企业有关部门要主动和市有关部门联系，积极争取名额。获得名额后，由企业基层管理部门推荐，逐级考核后向市和国家有关部门申报，市和国家有关部门综合考评、验收后予以命名。

先进车队的创立首先由企业制定标准，在企业所属车队中按一定比例选拔。中层管理部门经过对车队按年度进行综合考评后，将选拔出的先进线路，向上级管理部门正式提出推荐申请。

企业高层管理部门接到申请后，应该严格按照标准进行考评，遵循统筹兼顾的原则，验收达到标准的车队，验收合格后命名为“企业先进车队”。这些企业级的先进车队是市和全国级先进车队的预备队。公交企业先进车队应按逐级选拔的原则审批，没有被选拔为“先进车队预备队”的车队不能命名为企业级“先进车队”，不是企业级“先进车队”的车队没有资格被命名为市级先进车队，不是市级先进车队的车队不能被命名为全国级先进车队。

企业有关部门要主动与市有关部门联系，积极争取先进车队命名名额。同时企业应有计划，有目标地培养重点车队，积极争创市级和全国级先进车队。

（三）先进车组的日常管理

先进车组命名后的日常管理是一项经常性的工作，对于确保先进车组质量，发挥先锋模范作用有着重要的意义。先进车组的日常管理应当按照优胜劣汰的原则，实行动态管理。日常管理的主要内容有：

（1）先进车组的日常管理由基层服务部门负责，实行基层、中层服务管理部门两级考核。

（2）先进车组的荣誉牌悬挂应统一位置。遇有车辆大中修时要妥善保管荣誉牌，荣誉牌丢失或损坏要及时上报，责任者负责赔偿，上级相关部门负责补发。

（3）中层服务管理部门要按月对先进车组进行考核，考核时要会同企业有关部门对车组各项生产指标进行综合考评。

（4）中层服务管理部门要采取抽查与普查、明查与暗查的形式定期对先进车组进行复验，复验不合格的车组要限期整顿，经整顿仍不合格的车组要报请有关部门撤销荣誉称号。

（5）先进车组成员调整应由基层服务管理部门申报，中层服务管理部门负责审批。一般情况下，自然年度内车组成员调动不应超过三分之一。

（6）在验收和日常检查中，先进车组成员一人不合格视为该车组不合格。发生行车事故、服务纠纷及受到乘客投诉也视为该车组不合格。

（7）基层和中层服务管理部门应分别建立先进车组档案，详细、准确记录先进车组的工作业绩和有关情况。

（8）先进车队的日常管理参照先进车组各项内容进行，同时要会同有关部门对车队管理工作进行定期综合考评验收。

（四）先进车组、线路的奖励与扣罚

（1）先进车组自命名之日起，由命名单位授予统一制作的荣誉标志。

（2）被命名的先进车组自命名次月起由企业奖励优质服务津贴，按月发放。奖励的具体标准由企业自定，各级先进车组的津贴应保持一定的差距。

（3）在日常检查考核中，先进车组服务质量不合格或其他生产指标未完成的，除按有关规定扣罚外还应终止优质服务津贴的发放。新调入先进车组的成员从次月起享受优质服务津贴的奖励。

（4）先进线路被命名后由企业给予一次性奖励，奖励标准由企业确定。经综合考评，先进车队达不到标准要限期整顿，经整顿仍不合格的，由企业报请命名单位撤销荣誉称号。被撤销荣誉称号的车队在一定时间内不得重新命名。

六、特殊线路的管理

城市公共电汽车按照规定的线路行驶，形成了线路网络。所谓特殊线路是相对于一般线路而言。一般线路的共性是按照规定的线路和起止时间、间隔时间，在首末站和中途各站之间按规定的走向运营，按规定的票制收取费用。特殊线路除具备上述共性特征外，还具有其单独的个性特征。本节主要讨论准无人售票线路、无人售票线路、专线线路、旅游线路、定制公交的服务管理。

（一）无人售票线路

公共电汽车实行无人售票是国际现代化城市普遍采用的方式。在我国有许多城市，如深圳、广州、上海、北京等数十个城市相继推行了无人售票和准无人售票，并取得了显著的社会效益和经济效益。

1. 无人售票

无人售票是以机器代替人工售票的乘车售票方式。其服务过程是：乘客依次从规定的车门上车，主动刷卡或向投币箱投币，到站后从规定的车门下车。由于无人售票方式的特殊性，乘客应配合在车下准备好零币，以免造成乘车秩序的混乱。

2. 无人售票线路的服务管理

针对无人售票线路特殊的服务方式，应从三个方面加强管理。

（1）不断加强舆论宣传

无人售票运营服务模式的特殊性必须得到社会、乘客的理解和支持。无人售票服务质量的高低，很大程度上取决于企业的管理水平和社会各界的理解与支持，而乘客是否按规定乘车则直接影响无人售票的运营秩序和服务质量。因此，与新闻单位紧密配合，坚持不懈、进行长期的舆论宣传，坚持正面引导，严格执行有关法规，促进乘客形成高度的自觉性是服务管理的一项重要内容。

（2）对驾驶员进行培训、增强服务意识

无人售票车不设乘务员，全部服务过程由驾驶员一人承担。驾驶员不仅工作量增加了，还由过去单一的安全行车变化到直接与乘客接触，处理乘务过程中的问题，为乘客提供服务。让无人售票车驾驶人员及时适应这一变化，就要经常性地进行培训，增强服务意识。培训的主要内容有：

①进行职业道德教育，树立敬业爱岗、一心为乘客的服务意识。

②遵守票务制度的有关规定，监督乘客自觉刷卡、投币，准备足够的票据，以便乘客索取。

③礼貌待客、文明服务，在条件允许时耐心解答乘客的询问。

④正确使用语音合成器，按规定报清行车方向、到达站、预报下站和其他语言提示，宣传无人售票乘车规则。

⑤积极疏导乘客上下车，维护乘车秩序。

⑥主动照顾老、幼、病、残、孕，确保特殊群体安全乘车。

⑦搞好车辆清洁。

无人售票车驾驶员的上述职责要在反复培训的基础上认真考核，使广大驾驶员认真执行并被乘客所接受，为无人售票线路的发展奠定良好的基础。

（3）建立健全规章制度

规范化、制度化、科学化的管理是现代化企业管理的方向，无人售票线路特殊的服务方式更需要建立健全规章制度。北京公交集团于 2012 年制订了《无人售票线路服务管理办法》，对车辆服务设施、车辆清洁、日常管理、驾驶员工作职责、流程进行了规范，具体内容见附录 1。

（二）准无人售票线路

准无人售票是无人售票的过渡形式，准无人售票车配备一名乘务员，监督刷卡、投币、验看票证、疏导宣传等。准无人售票线路的服务管理主要是针对乘务员的管理。

准无人售票车配备的乘务员的服务规范主要包括以下内容。

（1）上岗前按规定佩戴胸卡，以便乘客监督。

（2）出车前检查语音合成器、车厢扩音器、投币箱等服务设施，做到完好。

（3）按规定签注私款，禁止携带书包上车。

(4) 首站提前上车监督刷卡、投币，疏导乘客。

(5) 正确使用语音合成器，车进站前距站15m按动语音合成器，报清行车方向和到达站，出站后预报下站，并宣传乘车规则。

(6) 监督乘客刷卡、投币、验看有效证件，必要时走出票台请未投币的乘客投币。

(7) 随时清币入胆，投币口不得留有钱币，乘务员不准直接接触票款。

(8) 热情为乘客服务，及时疏导乘客按规定车门上下，耐心解答乘客询问，宣传乘车规则。

(9) 照顾特殊乘客上下车，积极为老幼病残孕乘客找座位。

(10) 协助驾驶员照顾行车安全，执行开关车门的有关规定。

(11) 搞好车辆清洁。

(三) 专线线路、定制公交

由于重大政治活动或集会、赛事的需要，公共交通要开辟临时专线。专线线路的特殊性在于客流集中、线路走向及设站不熟悉，易引发乘客误解。针对这一特点，专线线路服务管理要重点进行积极宣传、耐心解释的教育。

定制公交，也称商务班车，采取按月预订座位的方式，采用一人一座、一站直达的服务方式，所有班车均使用配备空调的公交车。广大乘客可通过定制公交平台可以提出各自的出行需求，公交集团将根据乘客出行需求和客流情况设计商务班车线路，并在定制公交平台上招募乘客、预订座位、在线支付，根据约定的时间、地点、方向开行商务班车。商务班车在通勤出行的便捷性和经济性上优势明显，可以走公交专用道，具备优先通行的优势，比自驾车将大大节省早晚高峰的出行时间，每日出行费用也将远远低于自驾车和乘坐出租车。一部商务班车的开行可以替代20～30部私家车的使用，能够有效缓解交通拥堵，减少尾气排放，为广大市民提供安全、快捷、舒适、环保的公交多样化服务。

七、服务设施、标志的管理

城市公共交通服务设施和服务标志都是满足乘客乘车需求必不可少的物

质条件，是公交服务“硬件”的组成部分，表现为公交服务质量中的物质质量。服务设施和服务标志的完善、齐全与否，与公交服务质量密切相关，因此，服务设施标志的管理，也是服务质量管理的重要内容。

（一）服务设施、标志的基本含义

广义的公共交通服务设施主要是指城市，公共交通线路在运营服务活动中所使用的各种机械设备和土木建筑的总称，通俗或概括地说，是公交服务的“硬件”。

根据我国目前地面（公共电汽车、小公共汽车、出租汽车）、水面（轮渡、游艇）、地下（地下铁道）、空中（索道缆车）等城市公共交通方式所使用的各种设施按其用途划分，主要有以下3类。

（1）运载设施。即运载工具，主要有公共电汽车、出租汽车、小公共汽车、地铁列车、渡船、缆车等，这些设施以直接实现乘客位移为目的，称为一线设施。

（2）候载设施。即供乘客候乘用的设施，主要有候车亭（棚、廊）、站台、码头等，称为二线设施。

（3）辅助设施。主要包括线路的首末站调度室、乘务人员休息室、办公室、修理间等房屋建筑。其功能是供公交职工使用，为运营活动提供指挥管理和后勤保障服务，称为三线设施。

狭义的公共交通服务设施则是指公共电汽车运营车辆上和站台候乘设施上配备的直接为乘客所使用的各种设备和为乘客提供服务信息的设施。对服务专业来说，服务设施、标志则特指在客运车辆、候乘站台上安装使用的服务设施、标志 ，以下简称“设施”“标志”。

公共交通服务标志一般是由字母或图形组成，便于乘客识别公交线路、车站、车辆、服务人员，或引导提示乘客文明乘车、安全乘车所设置的专用标记。服务标志的设计应有利于乘客的识别和记忆，同时又能体现公交企业的文化。根据国家和行业标准的规定，公共交通服务标志主要有公共交通标志、客运车辆标志、运营线路标志，站牌标志、禁令标志和一般标志等12类60余种，本节仅就与服务专业关系密切的服务设施、标志及其管理进行介绍。

（二）服务设施、标志的分类

服务设施、标志与服务质量有着密切的联系，了解和掌握服务设施、标志的分类就十分必要。下面就服务设施、标志的分类作一简要介绍。

1. 服务设施的分类

服务设施又称为公交服务的“硬件”，按其不同的功能和作用可分为客运车辆设施、站台设施和清洁卫生设施3种。

（1）车辆设施

客运车辆是城市公共交通中地面运载工具的统称，主要包括市区、郊区线路的公共电、汽车、小公共汽车、出租汽车、双层车、旅游车、包、专车等。

所谓车辆设施是指在客运车辆上安装配备的满足乘客对乘车物质需求和乘车安全的各种设备。按照车辆设施的性能作用大致可分3类。

①功能性设施

车辆的功能性设施是指作为载客车辆必须具备的，不可缺少的基本设施，主要包括车门、踏板、座椅、车窗玻璃、灯光、信号等。这些设施的设计、安装、配备应当遵循方便、实用、坚固、美观、舒适的原则，并严格执行国家颁发的技术标准。

a. 车门

车门是乘客上下车的出入口。对车门的设计、技术性能要求是：宽度适中、开关灵活、牢固可靠。因为车门的技术性能与乘客的乘车利益、人身安全息息相关，紧密相连。大开度的车门使乘客上下方便，节省上下车时间，可以提高车辆正点运行的系数和概率；同样，车门开关灵活，不发涩、不犯勊，不仅能够提高运营效率，还可以减少和避免夹摔乘客。车门的牢固性和车门关闭后的缝隙及车门与扶手之间的间隙都直接关系到乘客的人身安全。车门关闭后，两门之间的硬边距离不小于10cm，防止夹伤乘客的手、脚；车门开启后车门与扶手之间的间隙过小，也会夹伤乘客的手；特别是一些双折车门的中缝护革（皮）要保持完整、严密，否则，乘客误将手指插入缝隙，车门关闭时，必然会对乘客造成严重的伤害。

b. 踏板

踏板是车门处供乘客上下车用的台阶。一般客运车辆的踏板有两级，即一级踏板和二级踏板。乘客蹬上二级踏板后再上一步就是车厢地板。两级踏板的高度和进深度在设计上都具有科学性和适用性，特别是第一级踏板的高度和第二级踏板的进深度是很关键的。因为乘客在上车时接触的第一点就是一级踏板，其高度若与马路便道的路牙相一致或是降低高度，会使乘客感到上下方便。第二级踏板的进深度保持在半个步幅左右，会使乘客感到上下车的轻松，这不但增加了乘车的舒适感，同时也会提高上下车的速度，这对车辆的正点运行也能起到积极作用。进入 21 世纪，北京公交加快了车辆更新的步伐，大批的清洁燃料车替换了老旧车辆，新型车不仅在首都的环境保护方面做出了积极贡献，而且在车辆设施上的人性化设计和改造，增加了乘车的舒适性，特别是具有可供轮椅上车的无障碍设施公交车辆的投入使用，受到残疾乘客的欢迎和社会各界的好评。

值得注意的是两级踏板的防滑措施，这在冰天雪地的冬季，越发显得重要，也是关系乘客安全和服务质量的大问题。

c. 座椅

乘客座椅又称客座，是公交客运车辆内安装的供乘客使用的坐具。乘坐公交车辆是否舒适，与座椅的选材、设计、安装有着直接的关系。座椅的安装数量对车辆的载客量有制约和影响，大致形成反比例关系，即在车厢面积一定的情况下，座椅安装数量越少，车辆载客人数越多；反之，座椅安装数量越多，车辆载客人数越少。座椅安装数量与车辆载重之间的科学比例，是避免车辆超载，提高行车安全系数的保障。

d. 风窗玻璃

风窗玻璃是安装在车辆前后和两侧的防风透光设施，风窗玻璃的主要作用是防风和透光，因而要求风窗玻璃既要坚固又要有良好的透明度和密封性。

运营车侧窗玻璃一般采用普通玻璃，而作为驾驶员“视窗”的前后风窗玻璃，则普遍采用胶粘双层玻璃或钢化玻璃，不仅能保证驾驶员有良好的视线、观察清晰不失真，而且对减少驾驶员的人身伤害起到重要作用。

客运车辆的两侧窗玻璃的安装高度应适中，以便既能充分满足车厢内足够的采光和通风，又使乘客在车厢内不论是站立或是在座椅上坐着都有视线开阔和舒适安全的感觉。侧窗玻璃还应保持推拉（升降）轻便灵活，关闭时密封性能好。

e. 灯光照明

灯光照明是客运车辆内外不同的部位根据特定的需要安装的用电设备。如车头前面安装的大灯（分远光、近光）、小灯、雾灯、转向灯，车外顶四角的角灯，车尾部的制动灯、倒车灯等，这些灯具的作用分别为：大灯为夜间行车照明；小灯示宽；雾灯用于雾天示警；转向灯示方向；角灯示高；制动灯提示制动；倒车灯用于倒车时的示警和照明。服务性的灯光照明设施主要有车门顶部的门灯，为晚间乘客上下车照明；车厢内的顶灯，供乘客乘车时照明和乘务员验收车票时所用；车厢服务台（售票台）上安装的工作灯，供乘务员售票时所用。

车辆灯光照明设施的电源，一般由客运车辆自身配备的蓄电池（电瓶）或车上的直流发电机供电，车辆行驶中，由发电机供电，车辆停驶时，由蓄电池（电瓶）供电。

灯光照明是车辆重要的服务设施之一，在使用中要注意维护、检查和保养，灯泡损坏时要及时更换，不要乱接电源线，以防造成短路、损坏用电设备。

f. 信号显示

信号显示是客运车辆内安装的供乘务员与驾驶员或乘客与驾驶员取得联系的信息传递设备。主要由按钮（开关）、线路、讯响器（灯光显示）等组成。

信号显示的主要用途是当车门关好后，乘务员通知驾驶员走车或车上发生意外情况时通知驾驶员停车。若是无人售票的车辆，信号显示则可成为乘客与驾驶员传递信息、沟通联系的重要设施。

进入21世纪，随着电子技术的快速发展和各种高科技应用领域范围的不断扩大，带有视频监视系统的公交车逐步投入使用，一种可供公交客运车辆作为车厢乘客上下车情况监视系统的微型屏幕监视器研制成功，并在公交车上大面积推广、使用，收到了不错的效果。

g. 售票台（服务台）

售票台是车厢内安装的供乘务员使用的工作台，也称服务台。售票台的安装位置应能保证乘务员可以坐着或站立工作。售票台应设有报话装置，台面形状应能满足存放票夹和硬币的要求。台面的高度距地板约1.2m，刚好是儿童购票高度，便于乘务员观察和掌握儿童购票的情况和标准。

h. 电脑报站机

目前，我国各城市的公共电汽车普遍使用了电脑报站机，实践证明电脑报站机不仅可以大大减轻乘务员的劳动强度，更重要的是可以为乘客提供标准化、规范化服务，促进服务质量的提高。

运营车辆配备电脑报站机后必须加强管理，根据公交企业运营生产的实际情况，电脑报站机的安装和维修工作一般应由技术部门负责，服务部门负责使用和保管的管理。

电脑报站机的使用应制订相应的管理规定，规定包括两个部分：一是技术上的使用。按照操作说明规定操作程序，规范操作，防止因操作不当损坏电脑报站机，这就需要岗前培训，教会乘务人员使用电脑报站机的方法。二是服务上的使用。在出乘过程中凡已配备电脑报站机的车辆，乘务员必须使用。通道式运营车由前门的乘务员使用，后门乘务员仍须口报服务规范规定的内容。单机式运营车的乘务员、无人售票车驾驶员也必须使用。在使用过程中，必须按照运行顺序每站正确播报，站与站之间以运营线路为单位统一播报规定的服务用语，行车过程中随时使用电脑报站机协助驾驶员照顾安全。

i. 废票筒（箱）

废票筒是客运车辆内存放废票的容器，也是目前公交客运车辆上不可缺少的服务设施之一。

废票筒一般悬挂（安置）在售票台右侧的挡板上部（后门位置的售票台在左侧挡板上），用于专门存放从乘客手中收回的废票或票根，其作用和目的就是为了保持良好的车内、外环境卫生。虽然随着城市公交IC卡的普及，普通车票的销售大幅度减少，但是只要城市公共交通尚存有人售票，那么它所使用的客运车辆就应该配备废票筒，以增强和提高乘客和乘务人员的环保意识，做到废票入筒，不随手乱扔，保持车厢和城市环境的清洁美好。

②享用性设施

客运车辆的舒适性服务设施是指在车厢内安装的增强舒适感和娱乐感的各种设备。主要有：

a. 车厢空调设备

车厢空调设备是指车厢内温度、湿度及通风调节设备的总称。

城市公共交通以马路为车间，单车分散在室外作业，一年四季运送乘客，工作强度较大，工作环境较差。车厢内的温度随季节而变化，夏天热似蒸笼，冬季冷若冰窖。20 世纪 80 年代，在驾驶舱内安装了电风扇，初步改善了驾驶员夏季的工作环境。随着我国社会经济的发展，人民生活水平的提高，20 世纪 90 年代中期，带有空调装置的公共汽车开始在公交线路上运行，进入 21 世纪，带有空调设备的公交车得到了广泛普及，为城市生活增添了新的色彩，在满足乘客乘车需求的同时，使公交职工的工作条件也得到了较好的改善。

b. 音响视频设备

音响视频设备是在客运车辆中安装的供乘客乘车中享用的收音、收视和放像设施。主要由微型收录机、视频接收和播放系统组成。

目前，在北京公交运营车辆上，普遍安装了移动电视机，使得乘客短暂的乘车过程不再枯燥，受到了乘客的欢迎和好评。为了减少公交企业因增加车辆设施带来的支出负担，采取公交提供载体，厂家安装维护，商业广告赞助等手段进行运作，收到了商家得利、企业受益、乘客满意的三赢效果。

c. WiFi 设备

WiFi 是一种可以使乘客在乘车过程中将个人电脑、手持设备（如 PDA、手机）实现无线方式上网的设备。2013 年起，北京公交集团与中国移动达成战略合作，多条线路的公交车均开始陆续安装 TDFI 设备，截止到 2013 年年底，已有 248 条公交线路、5828 辆公交车配有 TDFI 设备，实现公交 WiFi 全程免费上网功能。

③安全性设施

安全性服务设施是指客运车辆上安装配备的保证乘客乘车安全的各种器

材和设备。

a. 安全扶手

安全扶手是在客运车辆车厢顶部或侧壁及车门处安装的供乘客上下车或在车内站立时扶用的设施。

安全扶手是客运车辆中不可缺少的安全性服务设施，尤其是对城市公共电汽车来说更为重要。因为城市公共交通客流量大，客运车辆座位较少，车内绝大多数是站立的乘客，若没有安全扶手，车辆在转弯或制动时，乘客就会站立不稳。车门处若没有扶手，也会使乘客上下车感到不方便，所以城市公共电汽车的车门上或车门处都安装有扶手，使乘客上下车时有个抓手，这对行动不便的老年人更为需要，对保证他们的上下车安全，作用是十分明显的。

安全扶手一般多采用杠式结构，通常以铁管或强力尼龙管为原料，安装在车厢通道两旁的内顶上和单人座一侧的车窗上沿处和后风窗的上沿处。

安全扶手的安装位置应遵循易于乘客接近、便于乘客扶、拉的原则，安全扶手最重要的是保证安装牢固，否则就失去了其安全性能，形同虚设了。

b. 安全门

安全门是客运车辆备用的紧急疏散乘客的出口，一般长途客运车、旅游车都设有安全门，城市公共电汽车很少有此设备。安全门只有在发生意外险情的情况下才开启使用，这是在紧急情况下为乘客开辟的救急、救险、救生的安全通道。

c. 灭火器

灭火器是客运车辆上配备的消防器材，客运车辆在运行中往往会因为漏油、电源短路、摩擦或接触火源（未熄灭的烟头等）引起失火。随着车辆的猛增，客运车辆的起火事故时有发生，因此，在客运车辆上必须配备灭火器材，以防万一。

客运车辆灭火器的配备数量和放置位置要合理，确保取用方便。同时还要注意维护和保养，正确存放，保持灭火器的清洁，定期进行质量检查，保证使用效果。

（2）站台设施

站台是提供乘客上下车的平台，有首末站和中途站之分，是广义公共交通服务设施的重要组成部分。站台服务设施是指在公共电、汽车的首末站或中途站的站台上为乘客提供候乘条件和服务信息的各种设施。

①候车廊（棚、亭）

候车廊是在公共电、汽车站台上设置的为乘客候车时遮阳、避雨的服务设施。乘客出行首先要到站台候车，是与公交客运服务的第一接触点，为乘客提供良好的候车环境，既是服务质量的内涵，也是公交企业服务宗旨的体现。

②候车座椅

候车座椅是安装在候车廊内提供候车人使用的坐具，也是候车廊的配套设施。

城市公交客运车辆的运行间隔虽然不大，但对于老、幼、病、残、孕乘客来说，在候车时能有个可坐之物，暂时缓解一下旅途中的疲劳，其作用是很大的，特别是我国已进入老龄化社会，随着老年人的增多，候车廊中安装座椅，意义更为重要。

③客运提示（业务宣传）

客运提示是指在站台上为乘客提供的乘车服务信息。

为了使乘客出行方便、乘车便利，在候车廊内的可利用空间悬挂或张贴业务性或服务性宣传品。例如“乘车须知”“线路图”“换乘图”“票价表”等。随着近几年我国经济建设的快速发展，许多城市公共交通的站台设施有了很大改善，北京公交集团公司已将四环路内的候车廊全部改换为不锈钢结构带有市区公交线路图、票价和首末车时间的多功能站廊，为乘客乘车提供了很大的方便。

④通信与运行显示

通信与运行显示是指在站台上为乘客候车时提供的客运车辆运行信息，这是站台上的高档服务设施，是公交站台设施的发展方向。在站台上安装了通信和运行显示，使乘客不论在哪个站，都能通过站台上的通信与运行显示，即时获得公交线路的车辆运行状况，把被动的等车变成主动的选择，这是城市公共交通实现智能化的最高阶段。

⑤站台护栏

站台护栏是站台上安装的供乘客排队候车的围挡设施。

为了维护良好的乘车秩序和乘客的乘车利益，保证乘客的乘车安全，在有条件的首末站和中途大站上都应安装站台护栏。站台护栏的高度以1.5m左右为宜，护栏排队口的间距以1m左右为宜，安装要牢固。

（3）清洁工具、设施

车厢既是乘务人员的服务现场，也是乘客的消费现场，维护现场的环境卫生，是服务质量的内容，是公交职工的职责和义务。搞好车辆卫生，除了需要公交职工的工作责任心和辛勤劳动外，还需配备必要的清洁工具。清洁工具是指乘务人员搞车辆卫生时使用的专用工具。在机械清洗、清扫设备尚不完全具备的时候，乘务人员搞车辆卫生还是离不开传统的笤帚、抹布、墩布和水桶、梯子等。虽然这些传统工具目前还在发挥着主导作用，但随着公交企业的发展，终将会被机械化清洁设备所取代。

近年来，智能洗车库已经逐步投入使用，用其冲洗车辆外表具有快速、干净和节水的特点。还有自动上水擦车拖把，也是一种新型的擦车工具，具有不用电、携带方便、使用灵活等特点。大功率吸尘器的使用，既提高了工作效率，又可避免扬尘。

在今后的清洗工具开发研制中，还应针对公交换代新型车车厢高度增加的特点，开发研制擦洗车辆内顶的适用工具，使乘务人员搞车辆卫生越来越轻松。

2. 服务标志的分类

公共交通服务标志是便于乘客识别车辆、线路、车站等设施所使用的专用标记，一般由字母或图案组成。服务标志的设计既要体现公共交通特点和企业文化，又要便于乘客掌握和识别。根据国家和行业标准的规定，共有车辆标志、线路标志、站牌标志、禁令标志和一般标志等12类60余种。为了适应2008年北京奥运会交通服务保障工作的需要，根据上级的要求，北京公交集团对所有运营车辆的服务标志进行了重新设计和中英文双语化改造，共计分为禁令、警告、引导、提示和规定性标志等20余种。摘要介绍如下：

(1) 禁令标志

禁令标志是为维护公共利益和秩序、保证乘客安全、对乘客和乘务人员的某些行为进行制止、劝导、提示、警告的宣传标志。

禁令标志一般是由红色圆圈和用红色斜杠覆盖的黑色被禁止行为的图形组成。常用的禁令标志有3个：

①请勿与驾驶员闲谈（图2-3-1）

在图2-3-1中，左侧为驾驶员与谈话的人被红色圆圈和斜杠覆盖，右侧为中英文对照的红底白字“请勿与驾驶员闲谈”。功能：禁止在车辆行驶时与驾驶员嬉笑闲谈。

图2-3-1　“请勿与驾驶员闲谈”标志

②综合禁令标志（图2-3-2）

在图2-3-2中，将“禁止吸烟”“禁止头手伸出窗外”“禁止携带易燃易爆等危险品乘车”和“请勿携带宠物”等禁令标志合为一体，每项标志下面均有中英文字说明。

功能：禁止在车内吸烟、禁止乘车时将手头伸出车外、禁止携带易燃、易爆、有毒、辐射等危险品乘车（船）和不准携带宠物乘车。

③请勿倚靠（图2-3-3）

图2-3-2　综合禁令标志

图2-3-3　“请勿倚靠”标志

在图2-3-3中，被红圈内红色斜杠覆盖的黑色倚靠状态人形的图形和红底白字的“请勿倚靠”中英文字。

功能：一般用于通道车铰接篷处，禁止乘客在此倚靠。

(2) 警告标志（图2-3-4）

警告标志一般为黄底黑色正三角框和黑色惊叹号或图形组成。公交车上常用的是“请勿手扶”标志。

功能：防止乘客夹伤手指。

(3) 指引提示标志

指引提示标志是对乘客起到提示、指引作用的标志。一般由蓝底白字和相关图形组成。

①无人售票车标志（图 2-3-5）

图 2-3-4　警告标志

图 2-3-5　无人售票车标志

功能：表示该线路为无人售票线路。

②投币机标志（图 2-3-6）

该标志由持钱币的右手和指向汽车轮廓的箭头组成。

功能：提示乘客主动投币。

③上车门标志（图 2-3-7）

该标志由上车的人形和向上的指示箭头组成。

功能：提示上车门。

④下车门标志（图 2-3-8）

图 2-3-6　投币机标志

图 2-3-7　上车门标志

图 2-3-8　下车门标志

该标志由下车的人形和向下的指示箭头组成。

功能：提示下车门。

⑤下车门指示标志（图 2-3-9）

图 2-3-9　下车门指示标志

该标志由“请后门下车”中英文双语组成。

功能：提示车车内乘客按规定车门下车。

⑥下车刷卡提示标志（图 2-3-10）

图 2-3-10　下车刷卡提示标志

该标志由“下车请刷卡”中英文双语组成。

功能：提示乘坐分段计价线路的乘客下车刷卡。

⑦梯形票价表（图 2-3-11）

图 2-3-11　梯形票价表

梯形票价表由线路站名和票价组成。

功能：为乘客了解乘车票价提供依据。

⑧线路站名表（图 2-3-12）

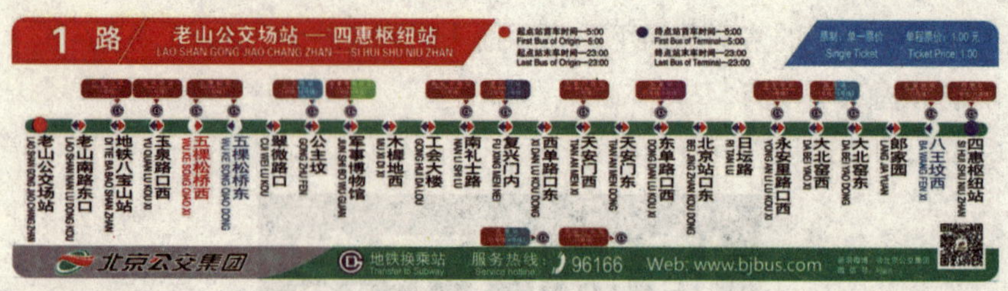

图 2-3-12　线路站名表

该标志由线路首末站、首末车时间、全部站名、导向箭头和监督电话组成。

功能：为乘客乘降和出行提供方便。

⑨无障碍车辆标志（图 2-3-13）

该标志由残疾人和轮椅图形组成。

功能：提示运营车辆具有无障碍设施。

⑩老幼病残孕坐席标志（图 2-3-14）

图 2-3-13　无障碍车辆标志

图 2-3-14　老幼病残孕坐席标志

该标志由老年人、母婴乘客、残疾人和孕妇等图形组成，并有中英文字提示。根据专座颜色不同，分别由黄色、橙色和红色三种专座标志。

功能：表示该处为老、幼、病、残、孕坐席。

⑪包裹票标志（图 2-3-15）该标志由收包裹费标准文字组成。

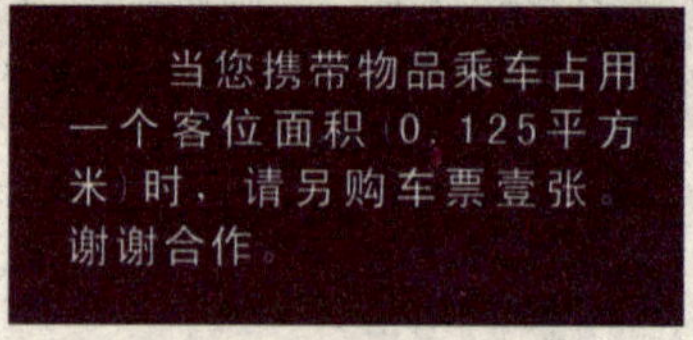

当您携带物品乘车占用一个客位面积（0.125平方米）时，请另购车票壹张。谢谢合作。

图 2-3-15　包裹票标志

功能：为乘客了解包裹费收费标准提供依据。

(4) 荣誉牌标志

荣誉牌标志是指由公交企业或政府有关部门命名的不同级别、不同称号的先进车组悬挂的特制牌匾。

荣誉牌按照命名的级别不同大致分为两种，一种是公交企业自行命名颁发的荣誉牌，一种是由市政府有关部门或群众组织命名颁发的“工人先锋号”“三八红旗号”“青年文明号”“民族团结模范号”等荣誉牌。

(5) 乘务员识别标志

乘务人员识别标志是指乘务人员佩戴的胸牌或统一的着装（识别服），便于乘客识别乘务人员，并监督乘务人员的服务工作。

员工胸牌包括星级标牌和工号标牌。既是服务人员的标志，又是达标上岗的凭证，公交职工统一佩戴胸牌或着装上岗，既展示公交整齐划一的规范服务和精神风貌，又便于乘客识别和监督，同时也能增强公交职工的职业光荣感、责任感和对自身服务行为的约束力。

(6) 规定性标志

规定性标志是指在车厢内张贴或悬挂的《乘务人员工作守则》《乘客文明守则（乘客须知)》和《车票使用办法》等宣传标志。其内容是对乘客的乘车行为和乘务人员的服务行为所做出的相应规定，其作用是指导约束乘务人员与乘客的服务行为和乘车行为。

(三) 服务设施标志的管理

服务设施、标志与公交服务质量密切相关，因此，加强对服务设施、标志的管理，就是加强对服务质量的管理。由于服务设施、标志的管理涉及不同的专业，所以服务设施标志的管理必须遵循专业归口、分级负责的原则。

1. 服务设施的管理

服务设施管理涉及技术、保修、行政、运营、服务、安全等多个部门和专业，按照管辖职能划分大致如下。

(1) 车辆设施管理

车辆设施中的车门、踏板、座椅、车窗玻璃、灯光照明、信号显示、售票台、废票筒等应由技术部门协调车辆生产单位（厂家）按照用车需求和特定的技术标准设计制造，并进行整车的技术性能鉴定验收。

保修单位负责在用车车辆的维修保养，保证车辆设施的齐全完好。

技术、安全、服务专业部门负责教育乘务人员整车爱车，注重车辆的检查，发现设施损坏及时报修，消除故障隐患。

服务专业部门还要侧重对车辆设施的保洁和报站机的使用管理，为了避免报站机扰民，要严格遵守使用时间。

(2）站台设施管理

站台设施中的候车廊、候车座椅、站台护栏应由基建或行政部门负责设计、安装，并定期油饰。

站台设施中的客运提示、通讯与运行显示应由运营部门协调科技部门负责管理，确保服务功能的齐全和服务信息的准确。

(3）清洁卫生设施的管理

大型清洁机械设备应由行政、技术部门统筹购置并负责管理。

小型清洁工具应由服务部门协同有关部门选型购置并进行使用管理。

车队服务管理干部要制定清洁工具的领用制度，指导监督乘务人员做好保管、维护和使用各个环节中的具体工作，确保清洁工具的有效使用寿命，避免人为的损坏或丢失。

2. 服务标志的管理

服务标志的管理主要涉及技术、保修单位及运营和服务专业，运营专业主要负责对公共电汽车站牌、路牌、区间（快车）标志牌的管理。

技术专业负责车辆相关服务标志的喷印和更新，保持相关服务标志的清晰、完整。

服务专业负责对乘务人员识别标志和服务标志的管理，并协同工会、共青团做好荣誉牌标志的管理。

乘务人员胸牌要纳入服务管理的内容，建立检查考核制度，确保乘务人员佩戴胸牌上岗，胸牌破损的要及时更新，丢失的及时补发。

对规定性标志的内容，由服务专业部门负责修改，并协同有关部门安装（张贴）。

第四节　服务管理的标准

城市公共交通是以为乘客提供乘行服务为特征的“窗口”行业，公交企业应该怎样为乘客服务，对提供服务的过程如何管理，应该达到什么样的目标，实现什么样的效果，这些都离不开标准。本节主要讨论服务管理所依据的具体标准。

一、标准和服务标准

（一）标准的含义和划分

标准是衡量事物的准则，也是可以供同类事物比较核对的准则性事物。标准一般包括4个方面的含义：

（1）标准的对象是重复性事物或概念。

（2）标准的基础是科学技术和实践经验的综合成果。

（3）标准经协商由主管机关批准发布。

（4）标准的法规性是共同遵守的准则和依据。

按照适用的范围划分，标准分为国际标准、国家标准、地方标准、行业标准和企业标准。

按照属性划分，标准分为管理标准、工作标准和技术标准。

管理标准以“事”为对象，即企业生产经营活动中为实现管理职能、对企业管理有关的重复性事物与概念所做的规定。

工作标准以“物”为对象，即对人或人群的工作范围、责任、权限以及工作质量等所作的规定。

技术标准以“物”为对象，对技术事项所规定的检验尺度。

（二）服务标准的特性

服务标准是以服务为内容的标准，是服务管理的主要依据，也是服务管理工作应达到目标的衡量尺度。它具有以下特性：

1. 突出“人”的特性

服务工作的对象是人，提供服务的也是人，因此，服务标准本身与“人”的特性、特点紧密结合，包含着对“人”的必要约束，体现着对“人”的灵活管理，使面对面的服务有章可循。

2. 突出定量与定性的结合

服务标准既要对服务满足人的物质需求的质量提出定量标准，更要对服务满足人的精神需求的质量提出定性标准。如服务过程中的热情、诚恳、周到和照顾等，常常由被服务者的感受做出判断。定量与定性标准结合才能更实际地反映服务质量。

3. 具有约束性和稳定性

服务标准对服务者与服务对象都具有一定的约束性。标准制定后执行者必须接受并付诸行动，服务对象在接受服务的同时也必须接受服务标准。因此，服务标准无论对服务者还是被服务者，都不依他们的意志为转移。服务标准也要求具有相对的稳定性，服务标准一经制定并被大多数服务者与被服务者所认同，就不能轻易改动。

（三）服务标准的作用

服务标准在服务管理中具有以下作用：

(1) 服务标准是高效组织服务管理活动、实现企业服务管理科学化、制度化、规范化的前提，没有标准就不可能进行有效的管理。

(2) 服务标准是为提高服务水平和提供质量保证的依据。

(3) 服务标准是提高服务管理水平、树立良好的企业形象的必要手段。

二、制定服务标准的原则

服务标准是进行服务管理的依据，制定公共电汽车服务标准应遵循以下原则。

（一）适应运营生产的需要

城市公共电汽车的根本任务是满足乘客的乘车需求，为乘客的乘行提供服务。城市公共交通企业的运营生产是为乘客提供服务的基本组织形式。任何事物都具有一定的规律性，公交企业的运营生产也不例外，它是多工种联合作业，有其内在的规律和外在的表现形式。服务标准是衡量企业提供的服务质量的尺度，也是检验管理工作质量的尺度，制定服务标准时首先要符合企业运营生产的基本规律，适应运营生产的需要，有利于运营生产的顺利进行。反之，违背了运营生产的基本规律，与运营生产的需要背道而驰，服务标准根本不可能得到贯彻执行，更不会被执行者和被服务者所接受。比如，公共电汽车是以首站或末站为起点、按照规定的方向，途经中途各站、到达另一首站或末站的方式运营的，服务的方式是通过这样一个个的单程运行来实现的，服务标准必须符合这样的过程性需要。制定服务标准既要考虑到每一个劳动班次的过程，又要考虑到每次出乘的具体过程。运营生产是通过每一单程、每一劳动班次循环往复地进行的，服务标准也必须符合这一基本形式。以一个单程和一个劳动班次为单位时间制定标准，于是相应产生了《车厢标准化服务规范》“七项规范”和《无人售票线路服务管理办法》等，无论是规范还是规程中制定的标准，它的基本时间单位都是由接班、出乘前、行车中、收车后、交班几个部分组成。又如，城市公共电汽车的服务者与被服务者都是活生生的“人”，服务标准必须突出人的特点，以满足乘客的物质和精神需求为检验尺度，同时又要充分考虑到服务的提供者在运营条件下可能达到的程度。显而易见的是，不能要求无人售票车驾驶员必须耐心解答乘客询问，因为交通法规禁止驾驶员行车谈话，所以标准只能要求无人售票驾驶员在停车时简短解答乘客的询问，这个标准显然有别于乘务员的服务标准。

（二）具有严谨性和整体性

作为服务管理的依据和准则，服务标准首先应具有严谨性，因为标准是具有权威性的准则。因此，制定标准必须采取谨慎的工作态度，制定出的标准本身也应该具有严密的逻辑性。

城市公共电汽车是多工种的联合作业，制定服务标准时还应遵循整体性原则。服务标准要与运营标准、安全标准和车辆技术标准、服务设施标准、后勤保障标准紧密衔接，组合配套、相互作用。特别应防止标准间的矛盾，即在客观上形成执行此标准就必然不能执行彼标准的现象。配套组合的系列标准有利于标准的贯彻执行，有利于提高整体服务水平和企业的管理水平。

（三）具有合法性

制定服务标准必须遵循合法性原则。所谓合法性原则有两层含义：其一是制定的服务标准必须符合法律法规，不能与法律法规有任何的抵触，这里的法律法规不仅包括国家颁发的法律、条例、规定，也包括地方性的通告、通知等，同时还包括企业主管部门、企业的上级单位和企业整体性有约束力的文件。其二是制定的服务标准在逻辑上要符合标准的从属关系，不能有任何的矛盾与抵触。行业标准要服从于国家标准，企业标准要服从于行业标准，服务标准要服从于企业整体标准。

三、服务标准的内容

服务标准的内容十分丰富，多年来各地的城市公共交通企业制定了一系列服务工作标准、管理标准和技术标准，这些标准具有地区特色和很强的可操作性，遗憾的是这里不能一一归纳介绍。本节主要介绍行业标准和以北京地区为代表的企业标准，以及与公共电汽车相关的守则、纪律、法规。

（一）行业标准

1. 工作标准

1993 年建设部颁发了《市政公用行业服务性关键岗位服务规范》（建设部城建［1993］第 181 号文），包括驾驶员、乘务员、调度员、服务质量检查员（稽查员）的岗位工作规范。下面摘录乘务员和服务质量检查员的岗位工作规范。

（1）乘务员

①上岗必须有明显的服务标志，衣着整洁，仪表大方。

②做好例行保养，保持车厢服务设施齐全完好和车厢内外整洁。

③带好售票工具，备足客票，检查三牌（路、尾、腰牌）是否齐全。

④报清路别和行驶方向，听调度指令关门发车。

⑤讲普通话、语言文明、态度和气、礼貌待客，耐心解答乘客问询。

⑥主动关心老、弱、病、残、孕、怀抱婴儿的乘客，宣传动员乘客让座。

⑦主动售票，验看车票，做到不漏票、不跑票。补票按规定执行。

⑧遵守票务制度，严禁挪用和贪污票款。

⑨关心乘客安全，开关车门应注意车厢内外情况。

⑩积极疏导，满员劝阻，有条件时照顾赶到的乘客上车。

⑪夜间行驶应开启车厢灯。

⑫交接班时，接班人员做到人等车。

⑬车辆因故不能继续行驶时，应向乘客说明情况，并安排转乘同线路后车。

(2) 服务质量检查员（稽查员）

①上岗应携带值勤标志或证件，仪表大方。

②认真检查、掌握和如实反映被检查车辆的服务质量情况，对违章违纪情况，做到按规定处理。

③查、验票时，态度文明礼貌，补票按规定严格执行。

④遵守工作纪律，值勤时不擅离职守，不得将值勤标志或证件转借他人，严禁徇私舞弊。

2. 管理标准

1995年建设部颁发了行业标准《城市公共汽车、无轨电车乘务服务标准》(CJ/T 3024.2—1995)（1995年10月）。该行业标准规定了城市公共汽车、无轨电车乘务服务的基本内容和质量要求。标准的颁布，使全国城市公共交通的乘务服务管理有了统一的可靠的依据，为服务管理进一步规范化、科学化、制度化提供了必要的条件。

(二) 企业标准

1. 工作标准

企业工作标准中各地的共性内容一般包括驾驶员、乘务员、调度员、站台服务员、综合检查员、专业管理人员岗位的基本要求和先进车组、无人售票服务基本要求等。

2. 管理标准

(1) 车厢服务管理标准：依据乘务员服务规范、规程检查考核乘务员服务质量的标准。

(2) 站台服务管理标准：用以评估站台乘车秩序方面的服务质量标准。

(3) 车辆清洁管理标准：对公共电汽车车身、门窗玻璃、轮胎、外顶、内顶、地板、脚踏板、驾驶舱等部位提出的清洁程度标准。

(4) 票务管理标准：对乘务员的领票、售票、结算程序的标准以及票务制度和规定，用以规范乘务员的票务行为。

(5) 服务质量监督管理标准：对乘客来信、来访、来电和服务纠纷提出相应的划分标准、处理程序、管理办法，对每个服务管理层次提出转送、处理、回访答复等具体处理程序和标准，以此考核管理工作。

(6) 中层服务管理部门管理标准：对中层服务管理部门提出的工作质量及效果的标准。

3. 技术标准

(1) 服务设施、标志标准。

(2) 无人售票车服务设施、标志标准。

(3) 乘务人员技能等级标准。

(三) 相关的守则、纪律、法规

1. 守则

与服务管理相关的守则是公交企业制订的《乘务人员工作守则》。它的主要内容包括：提前进站、准点发车、正点运营、停稳开门、关好门走车、主动售票、认真验票、按规定收费、衣着整洁、服务设施齐全、接受乘客监督。

2. 纪律

与服务管理相关的纪律主要包括运营纪律、服务纪律、票务纪律。纪律是企业为了维护运营生产制定的、要求每个成员遵守的规章。纪律带有强制性，它规定了乘务人员在服务过程中不做与工作无关的事。

3. 法规

即与服务管理相关的法律、法令、条例、规则、章程，分别是：

(1) 建设部、公安部共同颁布的《城市公共交通车、船乘坐规则》。1994 年 1 月起执行的该规则主要规定了乘客乘坐城市公共交通时应遵循的秩序和票务、携带物品等方面的事项，以及违反规则的处罚办法。

（2）地方政府颁布的有关公共交通经营服务的规则。主要有《公共汽车、电车乘车规定》《公共汽车电车车票使用办法》《无人售票公共汽车管理规定》《维护乘车秩序的通告》等以及其他有关规定。

（3）与服务管理相关的法规、条例。如《中华人民共和国治安管理处罚法》，革命伤残军人乘坐公共电汽车的地方性条例，有关优待老年人乘车、照顾残疾人乘车的地方性条例。

第三章

城市公共交通服务质量管理

第一节　服务质量概述

通常所说的质量是指产品或服务应当达到的标准，服务质量是指商业、饮食业等服务性行业和其他公用事业为顾客服务的优劣、好坏程度。公共交通的服务质量则是指公交企业在运营生产过程中为乘客提供乘行服务的优劣、好坏程度。

公共交通服务质量涉及城市居民和广大乘客的切身利益，影响着公交企业的形象和信誉，决定着企业的经济效益和社会效益。不断提高服务质量，是公交企业更好地为市民出行服务的需要，是公交企业与时俱进不断发展的需要，是城市加强精神文明建设的需要，说到底，就是更好地发挥城市基础设施功能和作用的需要。因此，质量管理是公交企业重要的经营与管理活动，也是服务管理的主要工作内容。

一、服务质量的含义

公交企业的服务质量，主要表现为为乘客服务过程中的物质质量和劳动质量。因为公交企业为社会提供的服务是依赖必不可少的物质条件（如站务设施、运营车辆等）和调度员、驾驶员、乘务员的劳动来完成的。物质条件是公交服务的基础，物质质量是指站务设施、运营车辆等物质条件能够满足服务对象在乘行过程中的需求。公交服务的劳动质量是指乘务人员的服务态度能够满足服务对象在乘行当中心理或精神上的需求。在同样的物质条件下，劳动质量的差异，直接影响着服务质量，是决定公交服务质量和水平的重要因素，本章仅就劳动质量进行阐述。

对任何企业而言，质量声誉和企业形象是密切相关的，二者可以说都是企业的“无形资产”，在某种意义上来说代表企业的“潜在销售额”。如果说“树精品意识，创名牌产品”是生产实物型企业的经营理念的话，那么“内强素质，外树形象”则是公交企业提高服务质量的指导思想。这是因为制造业的产品质量可以通过产品的形象来体现，而产品的形象又可以通过各种销售渠道的流通作用得到广泛的传播和扩大，而公交企业形象的树立和传播，由于受服务产品特殊性（无形性，非储藏性）的制约，只能靠公交物质条件的改善和服务人员劳动质量的提高，满足乘客的乘行需求来实现。

二、服务质量的基本要求

公共交通服务质量由于包含着物质质量和劳动质量两个方面的因素，所以必然受到国家经济实力和所处城市的客运交通方针、政策的影响。各地公共交通企业的经营和管理水平不同，服务质量的侧重点各有差异，但是公共交通的服务质量，都应以满足乘客需求为前提，从公交企业整体服务的大前提出发。其根本要求是：为乘客提供安全、迅速、方便、准时、舒适、经济的乘车条件，最大限度减少乘客的出行时间。

具体内容是：

（一）安全

安全是服务质量的重要内容，也是做好服务工作的前提。主要体现在以下几个方面：

（1）行车安全。在运行当中乘务人员要遵守道路交通法，防止发生交通事故，维护正常的运行秩序。

（2）设备安全。要求运营车辆的技术性能和状况良好，避免发生机械故障和意外事故而影响乘客的乘车时间。

（3）乘坐安全。在开关车门和乘客上下车时给予提示，避免发生夹摔事故。车厢各种服务设施，如扶手、座椅要保持完好，以免发生意外事故。

（4）财物安全。提示乘客携带好自己的物品，保管好自己的财物，避免遗落或丢失。

（5）乘务人员自身安全。乘务人员在离席售、验票时，应选择好时机，把握好姿势，避免因转弯或紧急制动时造成的意外伤害。

（二）迅速

迅速是乘客乘车的基本要求，也是现代交通的特点和优势。时间就是效益，因此，公共交通应最大限度地节省乘客的出行时间。这就要求在运营服务中一是要科学地确定运送速度，规定合理的运送时间，严格执行运行计划和调度命令。二是乘务人员要积极疏导乘客，妥善处理乘务矛盾，不因个别情况延误乘客的乘车时间。

（三）方便

方便既是乘客乘车的根本要求，也是公共交通服务质量的重要内容。主要包括线网密度与布局合理，交通工具的多样化，站点设置方便换乘等方面，与服务管理相关的是在条件允许的情况下，提供车等乘客、就近下车等服务。

（四）准时

准时虽然是乘客乘车的基本需求，但由于受自然气候，道路交通状况的制约，公共交通的准时只能是相对的。这就要求准时发车，特别是首末车的发车时间确保准时，运行中尽量减少停站时间，严禁乘务人员个人占用运营时间，保证车辆在中途站和终点的到达时间误差在规定的范围之内，以此提高服务信誉。

（五）舒适

公共交通为乘客提供舒适的乘行服务，主要表现为尽可能地满足乘客对乘车的物质需求和精神需求两个方面，具体有以下内容。

（1）站务设施、车辆设施齐全、完好、实用、有效。

（2）运力充足，均衡满载，缓和拥挤。

（3）根据季节和气候的变化调整车窗玻璃，夜间开启车厢照明灯，使用空调调节车内温度，播放声像音乐等，使乘客把枯燥的乘车变为享受。

（4）保持车厢内外和设施的清洁，为乘客提供良好的乘车环境。

（5）乘务人员用语规范、待客诚恳、礼貌热情、文明服务，尊重、体贴、谅解乘客，照顾老、幼、病、残、孕及有特殊需求的重点乘客。

(6) 驾驶员驾驶车辆做到精神集中、行车平稳，转弯、进出站不急停猛拐，给乘客以舒适的感受。

(六) 经济

公共交通是城市居民出行的首选交通工具，我国大中城市的公共电、汽车一般采取低票价标准。公交票价的确定是由政府依据国家规定的收费标准，根据公交提供的服务质量、水平和社会的承受能力进行调控的，因此，公交企业和乘务人员必须严格执行收费标准和票务制度，严禁多收费、乱补款，或巧立名目变相加价。保持公共交通的经济性，才能充分发挥公交的优势，满足群众的乘车需求，体现公共服务功能。

上述6项公共交通服务质量的基本要求，是靠相应的服务规范来实现的。随着社会的发展和城市物质文明、精神文明建设水平的提高，乘客对公共交通服务质量的需求也不断发生变化，因此，制定和完善公共交通的服务规范是公共交通服务质量管理的重要内容和长期任务。

三、服务规范与考核标准

服务规范就是服务的主体（服务性企业或单位）对服务的客体（服务对象）所提供质量的内在标准和外在表现形式，是根据服务对象的基本要求制定的，是服务质量的出发点和归宿点。

公共交通的服务规范是在市场调查的基础上，将乘客的各种需求进行整理和归纳，以成文的形式确定下来，将服务质量具体化、标准化、程序化，便于操作。

公共交通的服务规范主要是对公交服务人员的服务程序、服务语言、服务方法等方面提出的具体要求。

2010年，北京公交集团公司依托《车厢（站台）标准化服务规范》，研究制定了《公交文明用语、文明行为、文明行车、仪表仪容、饰品佩戴、车质车容、服务设施七项规范（试行)》(以下简称《七项规范》)，适用于公交乘务人员、调度员、站台服务人员和管理人员。内容如下：

(一) 文明用语规范

1. 文明敬语

（1）文明敬语包括：“请”“您”“谢谢”“对不起”“没关系”“不客气”“再见”等。

（2）乘客尊称。

①年长乘客，统称：“老师傅”“老先生”“老同志”。

②年轻乘客，统称：“女士”“先生”“乘客”。

③年少乘客，统称：“同学”“学生”。

④年幼乘客，统称：“小朋友”。

2. 报站用语

（1）报路别方向：“××路，开往×××，请您前（中）门刷卡上车。”

（2）预报站名：“下一站×××，请您准备下车。”

（3）报到达站：“××站到了，请您在前（后）门下车。”

3. 售验票用语

（1）售票、监督刷卡用语

①“没卡乘客请您买票（投币）”“持卡乘客请您刷卡”。

②遇找零时，应说：“您这是××元（块）钱，收您××元（块）钱，找您××元（块）钱，请拿好钱和票。”

（2）查验票用语

①分段计价线路要提示乘客“下车请刷卡，请出示车票”。

②对持有效票证乘客，查验后应说：“谢谢”“请收好”。

4. 解答询问用语

（1）无人售票车驾驶员在行车中不便解答乘客询问，可婉言谢绝——“请稍等，我到站为您解答。”

（2）当乘务人员不清楚如何解答乘客询问，应向乘客诚恳解释：

①“对不起，我不太清楚，我帮您问问其他乘客。”

②“谢谢哪位乘客能帮忙解答。”

5. 疏导乘客用语

（1）“各位乘客，现在是乘车高峰时间，请您抓紧上下车。”

（2）“路远的乘客请您尽量帮忙往里走。”

6. 温馨提示用语

（1）开关车门提示：“站在车门处的乘客，请您注意，（我）要开（关）车门了。”

（2）雨雪天防滑提示：“上下车乘客，请您小心，脚下防滑。”

（3）高速路提示：“车辆驶入高速公路，请您扶好坐好。”

（4）车内、外安全提示：“车辆拐弯，请您扶好坐好”“车辆进站，请您注意安全”。

（5）车内防盗提示、携带物品提示：“各位乘客，请您携带（保管）好随身物品，以免丢失。”

7. 节日问候语

在“元旦”“春节”“五一”“十一”等节假日期间向乘客祝贺节日的用语。“各位乘客，新年好”“各位乘客，过年好”“各位乘客，节日好”。

8. 处理问题用语

（1）发生机械故障或交通事故

①“各位乘客，非常抱歉，本车发生了机械故障（交通事故），无法继续运行。我们将帮助您换乘本线路下一辆车，您所购买的车票（刷卡）依然有效。”

②分段计价线路：“持卡乘客上车时不需再刷卡，下车时照常刷卡即可。”

（2）发生客伤事故

“各位乘客，非常抱歉，刚才遇到突然情况驾驶员紧急制动，有受伤的乘客，请您及时向我们说明。”

（3）当乘客妨碍安全视线

“对不起，请您让一下，谢谢。”

（4）遇重大活动或交通管制，造成车辆受阻

“各位乘客，前方遇有临时勤务，车辆需要避让，请您给予理解和支持，谢谢您的合作。”

（5）遇乘客无正当理由要求中途上下车

“对不起，我们有规定，不能中途上下车，请您谅解！”

（6）当妨碍、打扰乘客

“抱歉”“对不起”“请原谅”“不好意思”“请多包涵”等礼貌用语。

（7）遇65岁以下和外地老年人要求免费乘车

“根据市政府文件精神，目前65周岁以下老年人和外地老年人暂不享受免费乘车政策，请您谅解。”

（8）当车已满载

“乘客朋友，这趟车人太多了，如果您还有时间，请您等候下次车好吗？谢谢您的合作。”

9. 接听来电用语（略）

（二）文明行为规范

（1）乘务员要坐姿端庄，站姿挺拔，面向乘客。

（2）乘务人员要按规定时间使用报站机、报话器。报站时坚持先使用报站机，再口报，口报时坚持按照三报要求报清路别、方向，预报站名，报到达站。对沿线换乘信息和公益性单位进行宣传。

（3）乘务人员监督刷卡，要面向乘客，目视读卡机，提示刷卡。

（4）车辆进站，乘务员要伸手示意，提示乘客、行人注意安全。

（5）遇老年乘客，要做到视情搀扶、积极找座、提示安全，并允许在就近车门下车。乘坐双层车时，要安排老人在下层就坐。

（6）遇乘坐轮椅乘客，配备无障碍踏板车辆，要放下无障碍踏板，乘务人员（含无人售票线路安全巡查员）要下车协助乘客把轮椅推上车。未配备无障碍踏板车辆，乘务人员（安全巡查人员）要动员其他乘客一起主动搀扶。上车后妥善安置轮椅，（轮椅不得收取包裹费）问清下车地点，到站时要提前提示，严格执行开关车门制度。

（7）遇盲人乘客，乘务人员要妥善引导，积极宣传，找到座位，问清下车地点，提醒下车或委托顺路乘客协助照顾。

（8）遇肢体残疾乘客，有条件要搀扶，积极宣传，找到座位。下车叮嘱安全或委托其他乘客协助照顾。遇到无家人陪伴的智障乘客，要耐心询问去向，细心叮嘱乘车安全。

(9) 遇孕妇乘客，小声宣传让座位，温馨提示安全。遇抱小孩乘客，积极宣传找座位，并叮嘱家长注意照顾好小孩乘车安全。

(10) 车辆开关车门，应注意观察车内外乘客动态，无人售票车驾驶员应看好监视器，防止夹摔乘客，严禁未关好车门启动车辆。

(11) 接听电话，应主动向来电人礼貌问好，做到吐字清楚、控制音量、语速适中、态度平和。接到乘客投诉、表扬、询问等各类来电，要耐心解答，切忌说话粗鲁。

(三) 文明行车规范

(1) 遵守交通安全法律、法规和企业规章制度。

(2) 禁止随地吐痰、吸烟、闲谈、接打手机及一切有碍安全的行为，晚间按规定开启车厢灯。

(3) 行车平稳，通过人行横道要提前减速，做到匀速行驶，安全礼让。

(4) 按照交通标志、标线行驶，遵守“公交专用道”使用规定。

(5) 进出站不截挤，严格执行“七必须、七不准”的规定，在有条件的情况下，做到跑来等。

(6) 停站靠边、停靠到位，遵从站台文明乘车引导员的指挥。遇到串车，必须做到二次进站，雨（雪）天停车避开积水。

(四) 仪表仪容规范

1. 仪表

仪表应做到着装规范，穿着得体。

(1) 职业装着装标准

职业装应保持干净、平整、无破损、无异味。穿着应做到端正、规范，按照季节更换职业装，各季服装不得混穿。

①夏装

夏装为短袖衬衫和西式长裤，应整套穿着。衬衫领口平整，衣扣除领口第一颗扣子可敞开外，其他全部系上。西裤应干净平整，系好拉链和扣子，衣袖和裤腿不能挽起。不准穿拖鞋或凉鞋拖穿。

②春秋装

春秋装为长袖衬衫、马甲、猎装和西式长裤，应整套穿着。猎装外衣的纽扣须全部系好，不得敞胸露怀。衬衫领口平整，衣扣除领口第一颗扣子可敞开外，其他全部系上；衬衫下摆须掖入裤内，袖扣系好，袖口不得卷起，衬衣内可套穿其他衣服，但不得外露。

着衬衫，领口不系，上身可视情不穿马甲。

③冬装

穿着冬季防寒服，应系好门襟拉链。防寒服外不得套穿其他服装。

（2）职业装标识及饰物佩戴

①胸牌、星级卡

上岗时必须佩戴胸牌和胸标。胸牌应戴在左侧上衣口袋上沿居中位置处。星级卡应正确悬挂在胸前，正面向外，不得将胸卡装在衣兜内，不得随意挂在纽扣上或其他位置。胸牌和星级卡无破损。

②领带、领花

在重大节假日、重要活动、重要会议或其他规定场合，必须佩戴领带、领花。佩戴领带、领花时应系好领口。领带系端正，领花贴近领口。

（3）职业装换季时间

春秋装着装时间分别为 4 月 ~5 月、9 月 ~10 月；夏装着装时间为 6 月 ~8 月；冬装着装时间为 11 月 ~次年 3 月。

2. 仪容

（1）男员工

①发型

保持头发清洁，修剪得体，两侧鬓角不超过耳垂底部。前不遮盖眼睛，后不超过衬衣领底线。不刻意留怪异发型或光头。

②面部和胡须

保持面部清洁，剃净胡须，修剪鼻毛。

③手和指甲

保持手部干净，无污浊斑迹。指甲清洁无污垢，修剪整齐，长度不超过 2mm。身体纹身部位不得外露。

（2）女员工

①发型

短发须梳理整齐，长发过肩须束起。不刻意留怪异发型。

②化妆

工作时间可化淡妆，保持容貌的清雅、秀丽、自然。切忌浓妆艳抹、香味刺鼻。

③手和指甲

保持手部干净，无污浊斑迹。指甲清洁无污垢，修剪整齐，长度不超过2mm。身体纹身部位不得外露。

（五）饰品佩戴规范

1. 男员工

工作时间、工作场所不得佩戴耳（鼻）环、耳钉、脚链等饰物。允许佩戴的饰品要求从小、从细、从一。

2. 女员工

工作时间、工作场所不得佩戴鼻环、脚链等饰物。佩戴耳环（钉）、项链、戒指等饰物要得体，要求从小、从细、从一。佩戴发卡、头饰应美观得体。

（六）车质车容规范

1. 设施完好

（1）车门完好、部件齐全、开关灵活、开度正常。

（2）车窗玻璃无缺损。侧窗推拉灵活，推手和卡口完好有效。

（3）天窗开关灵活，闭合后不漏水。

（4）铰接篷完好。

（5）扶手杆牢固不缺损。

（6）地板完好。地板盖齐全完好，盖合平整。

（7）运营车辆要在售票台处配备废票桶，无售票台的单机车应在车门附近配备废票桶。

（8）灭火器齐全有效，安装牢固。

（9）投币机、读卡机完好有效。

（10）空调车出风口篦子（球形出风口）齐全完好。

2. 车容整洁

（1）车身蒙皮完好，漆皮光亮，无龟裂、脱落。运营车辆严重龟裂（$500cm^2$ 以上）、车身广告脱落、刮撞未修复禁止上路运营。雨、雪后 4h（路面已干）车身净。

（2）玻璃明亮。车窗玻璃须透亮，无污迹。

（3）车辆蒙皮外围、两侧、顶部均无明显污痕（垢）。

（4）轮胎无积泥。轮胎内侧无明显油污或陈旧积泥。

（5）扶手、座椅无污渍；扶手杠（吊环拉手）无陈旧污渍；坐垫、靠背无尘土。

（6）地板无废弃物、无污迹，踏板无积物。

（7）窗帘、座套要完好清洁；遮阳帘（板、膜）无尘土或残损；车门内外无油泥或明显污迹。

（8）驾驶舱干净整洁。驾驶座周边、前风挡处、操作台处禁止存放杂物，发动机罩外部无陈旧油污。

（9）车内顶部、侧壁、前后挡板、空调车回风口没有污渍或积尘。

（10）随车携带清洁工具摆放合理、整齐。

（七）服务设施规范

1. 电子设施完好

（1）报站机播报准确、声音清楚，按键、话筒灵敏有效。

（2）显示屏字迹清楚、无乱码错字或汉字笔画短缺问题，并同步显示报站机报站信息。

（3）移动电视图像清晰，音量适中，音质清楚。

（4）监视器图像清楚。

（5）摄像头能够采集有效图像。

（6）前、中、后路牌齐全完好、字迹清楚，与行驶线路一致。

2. 服务标志齐全

（1）老幼病残孕专座及标志

车厢内老幼病残孕专座数量达标质量合格，并有明显的专座标志，无缺损。

（2）儿童购票标志

运营车辆要在上车门处的扶手立柱上，安装标高 1.2m 的永久性儿童购票标志。

（3）规章标志

在车厢内规定的位置张贴《北京市公共汽车、电车车票使用办法》《包裹票购票标准》等规章标志。

（4）监督标志

在车厢内规定的位置张贴“服务监督电话”，号码应准确无误。

（5）提示标志

在车厢内规定位置张贴“禁止与驾驶员谈话”“禁止危险品上车”“禁止吸烟”“当心夹手”等提示标志。

（6）荣誉称号标志

获得不同级别荣誉称号的先进集体，荣誉称号标志应放置方向盘前的风挡下端。

（7）线路站名表

在车厢内规定位置张贴站名表，单机车至少 2 张，通道车至少 3 张。

（8）车厢广告

车厢内、外的广告，要求规格统一，位置得当，安装牢固并保持整洁。

3. 站务设施达标

（1）站杆、站栏、站棚的基础（底座）稳固。

（2）站杆垂直、不倾斜、不倒伏、无丢失。

（3）站牌安装规范、字迹清楚、无错别字、无锈斑、无污垢、无丢失。

（4）站杆、站栏、站棚要保持清洁，无非法张贴物。

为了加强站台服务管理，公交集团公司还制定了《站台服务员标准化服务规范及考核办法》，内容如下：

（一）站台标准化服务规范

1. 岗前准备

（1）准时到岗，清扫站区。

（2）规范着装，佩戴标志。

标准：按照不同类别首末站的上岗时间，提前 10min 到岗，清扫站区，做好上岗准备。

2. 文明值勤

（1）语言文明，举止端庄。

（2）站位准确，认真负责。

（3）引车进站，送车出站。

（4）手势清楚，旗语规范。

（5）解答询问，照顾重点。

（6）调解纠纷，遵章守纪。

标准：使用文明敬语组织乘客有序乘车；按照规定的站位上岗值勤；面对来车，挥动小旗，引导车辆进站，提示乘客注意安全，车门关闭后，挥动小旗，目送车辆出站；遇到乘客询问，做到有问必答，解答清楚，不知代问，照顾老、幼、病、残、孕乘客优先上车；乘客之间出现争执，要善意介入，稳妥调解，息事宁人；与乘客发生矛盾，要做到失礼道歉，得理让人，以理服人，严守纪律，顾全大局。

3. 秩序良好

（1）提前进站，开门待客。

（2）协助刷卡，积极疏导。

（3）有序乘车，确保安全。

标准：组织乘客排队候车；车辆进站靠边，对准站位；实行 IC 卡后，协助做好刷卡工作，引导乘客按规定车门顺序上车；栏外不站人，排队不下路；劝阻不文明乘车行为，消灭乘客投诉和站台事故。

4. 站区清洁

（1）宣传到位，清扫及时。

(2) 场内站内，清洁卫生。

(3) 场站周边，环境协调。

标准：积极宣传政府“两禁”规定和文明礼仪知识，(包括音响或标志标牌宣传) 站区无废弃物；站区周边无杂物和非法小广告。

5. 设施完好

(1) 站台护栏，牢固美观。

(2) 站区地面，平整无损。

(3) 服务标志，醒目清楚。

标准：站台护栏高度适宜，选材实用，安装牢固；站区无坑洼积水；站杆、站牌、站棚等站务设施、标志字迹清晰、整洁完好。

(二) 检查考核办法

1. 检查扣分标准

(1) 岗前准备 (10 分)

不准时到岗、不穿识别服或标志不齐全的扣 5 分，迟到 5 分钟 (含) 以上扣 10 分。

(2) 文明值勤 (40 分)

不使用礼貌用语、不按规定站位、不引车进出站、手势、旗语不规范、不解答询问、不照顾 5 种人、不调解乘客纠纷的一项扣 5 分，出现违纪行为的扣 15 分。

(3) 秩序良好 (30 分)

不提前进站开门待客、站台秩序混乱扣 5 分，出现乘客投诉的扣 10 分，发生站台事故的扣 15 分。

(4) 站区清洁 (10 分)

没有“两禁”规定宣传、不及时清扫站台废弃物的扣 5 分，站区环境脏乱的扣 10 分。

(5) 设施完好 (10 分)

站台设施不齐全、不完善、地面破损、站务设施残损的每项扣 5 分。

2. 检查方法

（1）每月组织专职稽查队检查，覆盖面不低于站台总数的50%。

（2）站台标准化服务人次合格率指标为90%。

（3）检查评定方法。按照检查内容和标准进行检查，达到90分为合格。

3. 考核管理

站台标准化服务人次合格率指标应纳入公交企业“考核考评指标”，每月进行统计。

第二节　服务质量指标管理

服务质量指标是检验和衡量服务性行业服务质量水平优劣的尺度，是考核企业经营成果、工作效率、评价职工生产业绩的主要依据。

一、服务质量指标的含义

公共交通服务质量指标是公交企业在一定的物质条件下，为乘客提供服务的质量目标，是公共交通服务质量管理的主要内容，直接体现公交企业的管理水平。公共交通服务质量指标直接反映公交运营服务生产全过程的质量状况，从广义上说是一个综合的质量指标体系，其中包含着公交运营生产的物质质量和人员的劳动质量，是公交运营、安全、技术、服务等专业质量指标的集合。从狭义上说，则特指服务专业质量指标。本章仅就狭义的服务质量指标进行阐述。

二、服务质量指标确定原则

服务指标是服务专业计划中规定达到的质量指标，是公共交通服务指标体系的重要组成部分，是服务专业进行质量管理的重要依据。服务指标的确定是以服务专业管理范围为界限，以专业管理对象为内容，以服务规范为依据的，因此，服务指标应当具有专业性、科学性和权威性。

（一）专业性

服务指标的专业性是指指标的确定必须符合服务专业管理的特点，服务专业管理的重点是对车厢、站台（大厅）服务中的人和事进行管理，各项服务指标的确定必须体现这一特性。

（二）科学性

服务指标的科学性是指指标的确定必须符合服务管理的客观实际，一是服务指标的内容确定要完善合理，避免漏洞和失控；二是量化指标要与服务水平相适应，不能超越公交企业运营服务的物质条件和人员素质条件。

（三）权威性

服务指标一经确定，就必须严格执行，不得随意更改。各级专业部门制订的服务指标，具有同等的权威性，要通过组织的、行政的、经济的手段确保指标的完成。

三、服务质量指标的构成

服务专业指标的内容，根据服务专业管理的范围可以分为服务管理指标和服务考核指标。服务管理指标是衡量专业基础管理工作质量状况的统计指标；服务考核指标则是检验为社会提供服务“产品”的质量指标。

（一）服务管理统计指标

由于服务专业大量的管理是针对人和事进行的，所以提高服务人员的素质，以规范化的管理促进规范化的服务是服务管理的主要特点。建设部在建设系统推行规范化服务中提出了“四率”标准，确定了服务管理指标的主要内容：

1. 职工培训率。

职工培训率是指专业部门对上岗职工进行必要的岗前和岗位培训设定的。为了提高服务质量和水平，必须对公交职工进行职业道德、服务意识、服务规范和业务技能等多方面的培训教育，培训率要求达到100%。其公式为：

职工培训率 =（实际参加培训人数 ÷ 应参加培训人数）× 100%

2. 规范知晓率

规范知晓率是为检验对职工培训情况的实际效果而设定的。其公式为：

规范知晓率 =（规范考核合格的人数 ÷ 参加规范考核的人数）× 100%

3. 规范执行率

规范执行率是为检验上岗服务人员执行服务规范的情况而设定的。其公式为：

规范执行率 =（上岗人员执行服务规范项次 ÷ 检查服务规范总项次 ）× 100%

4. 乘客（用户）满意率

乘客满意率是为了解乘客对公共交通提供服务满意程度而设定的，是评价公交服务质量的统计指标。其公式为：

乘客满意率 =（被调查乘客满意人数 ÷ 被调查乘客人数）× 100%

北京公交集团在实施规范化管理中还制订了一系列服务管理统计指标，内容如下：

（1）违纪率

违纪率是反映车厢、站台（大厅）服务中违反服务纪律人员的比率，是检查服务人员遵章守纪情况的统计指标，是确定服务管理工作重点的依据。其公式为：

违纪率 =（被检查人员违纪人次 ÷ 被检查人员总人次）× 100%

（2）佩戴标志合格率

佩戴标志合格率是反映服务人员上岗佩戴胸牌、包括规范着装的比率，是检验服务人员上岗仪表仪容规范合格的统计指标。其公式为：

佩戴标志合格率 =（被检查人员佩戴标志合格人次 ÷ 被检查人员总人次）× 100%

（3）报站机完好使用率

报站机完好使用率是反映运营线路所配备报站机完好使用情况的比率，是检验服务设施完好使用情况的统计指标。其公式为：

报站机完好使用率 =（报站机完好使用车次 ÷ 报站机配备总车次）× 100%

（4）优质服务车组合格率

优质服务车组合格率是反映被授予各种称号的不同级别的先进车组，经复查复验保持优质服务水平和先进性的比率，是对先进车组进行管理的统计指标。其公式为：

优质车组合格率 =（被检查优质车组合格车次 ÷ 被检查优质车组总车次）× 100%

（5）跑漏票率

跑漏票率是指车上未购票乘客与应购票乘客之比，是检验乘务人员售验票责任心和技能熟练程度，反映乘客跑漏票情况的统计指标。其公式为：

跑漏票率 =（未购票乘客人次 ÷ 应购票乘客人次）×100%

根据服务管理的内容，服务统计指标的细化分类还有很多，如服务用语合格率、售验车票合格率、重点照顾合格率、开关车门合格率等，这些细化的服务统计指标都是制订服务考核指标的基础和依据，在此不一一列举。

（二）服务管理考核指标

1. 服务规范执行率

服务规范执行率是反映公交服务人员劳动质量水平的指标，也是服务质量考核的主要指标，通过被检查总人次与检查合格人次的比率关系，可以衡量公交企业在一定时期和阶段的服务质量状况。

按照服务管理对象的划分，为车厢服务规范执行率和站台（大厅）服务规范执行率。其计算公式分别如下：

（1）车厢服务规范执行率

车厢服务规范执行率 =（检查合格人次 ÷ 检查总人次）×100%

（2）站台（大厅）服务规范执行率

计算公式同上。

鉴于服务规范执行率是由检查服务人员的各项服务规范执行情况确定的，还可以通过设定服务规范项次合格率来更为具体地反映服务规范执行的总体水平和存在问题，以及治理方向。服务规范项次合格率公式如下：

服务规范项次合格率 =（检查服务规范合格项次 ÷ 检查服务规范总项次）×100%

2. 车辆清洁合格率

车辆清洁合格率是反映运营车辆清洁卫生的质量标准，也是考核乘务人员劳动质量的主要指标，可以按车辆清洁项次和车辆清洁车次来进行考核。其公式如下：

（1）清洁项次合格率

清洁项次合格率 =（检查合格项次 ÷ 检查总项次）×100%

（2）清洁车次合格率

清洁车次合格率 =（检查车辆清洁合格车次 ÷ 检查总车次）×100%

3. 乘客原始意见控制率（件次/百万人次）

乘客原始意见是考核公交服务质量水平，评价公交综合服务质量的重要指标。乘客原始意见是乘客投诉、建议件次与公交运营客运总量之比。其计算公式为：

乘客原始意见控制率 =（一定时期内乘客原始意见总件次 ÷ 客运总量）×1000000

4. 票制执行率

票制执行率主要是检验乘务人员遵守票务制度，堵塞内贪外漏，完成票款任务，确保企业经济效益的考核指标，是检查执行票制合格人次与被检查人员总人次之比。其计算公式为：

票制执行率 =（检查执行票制合格人次 ÷ 被检查乘务人员总人次）×100%

5. 责任纠纷、严重批评（零指标）

责任纠纷是指当班乘务人员在运营服务过程中，与乘客发生矛盾，造成乘客物损人伤，影响运营秩序，我方负有主要责任的纠纷。

严重批评是指：

（1）当班乘务人员在运营服务过程中，违反运营服务纪律，被媒体曝光造成一定社会影响的服务问题。

（2）当班乘务人员在运营服务过程中，违反运营服务纪律，造成社会影响，上级领导作出处理批示，经查证属实的服务问题。

（3）当班乘务人员在运营服务过程中，违反运营服务纪律，造成社会影响，集团公司召开现场会或通报批评的服务问题。

责任纠纷和严重批评是服务质量考核中的重要指标，北京公交集团公司对责任纠纷和严重批评的考核为零指标，即杜绝发生。

四、服务质量指标的评定

服务指标的评定就是对服务指标进行判别，具体表现为对乘务人员服务劳动进行定量的分析、比较和鉴定，是提高服务质量的重要工作内容。做好此项工作的前提是：

（一）制定服务指标的评定标准

一般来说，服务指标的评定标准是服务规范。对车厢服务指标的评定，依据乘务人员的服务规范、规程，对站台服务员的服务指标评定依据站台服务员服务规范。下面就乘客投诉和服务纠纷的评定标准作一简要介绍。

1. 乘客投诉定性标准

按投诉性质划分可分为两种：

（1）一般投诉：服务不规范，工作不认真，态度生硬；照顾不周到，解答不耐心，不虚心听取乘客意见；因工作失误，失礼不道歉；处理违章车票不按章办事或不按规定补款；工作中做与工作无关的事，引发乘客投诉。

（2）严重投诉：严重违反服务纪律或因不履行工作职责，引发服务矛盾；歧视、谩骂乘客，造成较严重后果；因接待、处理失当，致使矛盾激化，造成乘客投诉；新闻批评属实，在社会上造成一定影响。

2. 服务纠纷的定性

服务纠纷是乘务人员在服务过程中与乘客发生争执，造成一定后果的服务质量问题。是反应服务质量问题的主要标志，也是服务指标考核的重点控制指标。

服务纠纷按性质划分，可分为一般服务纠纷和恶性服务纠纷。

（1）一般服务纠纷。因处理乘务矛盾不当，形成影响正常运营服务的服务纠纷。

（2）恶性服务纠纷。造成恶劣影响的服务纠纷；造成乘客人身伤残或较大财物损失的服务纠纷；造成车辆停驶，严重影响运营秩序的服务纠纷；当事乘务人员被公安部门刑事拘留的服务纠纷；非当班乘务人员盲目介入，致使矛盾激化，引起严重后果的服务纠纷。

对各类服务纠纷应逐件登记。

（二）明确各级服务专业组织和人员的质量职责

所谓质量职责是对服务专业的各级组织、部门及各类专业人员在服务指标管理工作中应承担的任务、责任和权限所做出的具体规定。具体地说来，就是要明确中、高层机关管理部门，主要负责人及基层车队管理人员对服务指标评定、控制所担负的职责、任务及权限。如车队服务专业干部和管理人员有权对车组和乘务人员的服务指标完成情况进行评定和控制；中层专业管理部门的职责是对基层车队服务指标完成情况进行监督和控制，高层专业管理部门负责对中层管理部门的服务指标完成情况进行指导、协调、考核。

服务管理的实践证明，只有明确各级服务专业管理部门和人员的质量职责，才能对服务过程中的服务指标进行有效的评价和控制，保持服务质量的稳定、服务水平的提高。

第三节　服务质量监控管理

服务质量监控管理是服务质量管理的主要手段之一，服务质量监控管理的核心是企业通过内部一定的组织形式对服务质量信息进行收集、整理、归纳、分析、处理、反馈的管理，也就是把来自公共交通服务现场（车厢、站台、大厅）的服务质量信息，经过加工整理，以数据、文字、记录和图表等形式反馈、传输到服务管理部门，为改善公交服务，加强服务质量信息管理，是企业利用内部力量对服务质量进行的管理，换句话说，是服务质量管理的内部形式。

一、服务质量监控的作用

公交企业的性质决定了公交服务方式的多样性，公交服务的特点决定了公交服务质量信息的广泛性、复杂性和多变性，公交服务质量信息的特性，决定了实施服务质量监控的必要性和艰巨性。服务质量监控的作用主要有：

（一）传输、反馈服务质量信息

伴随着公共交通的运营服务活动，每时每刻都有大量的服务质量信息，反映着公交运营服务全过程的质量状况。服务质量信息集中在公共交通的服务现场，即车厢、站台（大厅）。服务质量监控的首要作用就是及时捕捉到服务质量信息，迅速传输和反馈质量信息。质量信息是客观存在的，是普遍的，但又是可以流失的，只有发现它、采集它、利用它，才能充分发挥服务质量监控的作用。

（二）提供服务质量管理依据

服务质量监控的作用不仅仅局限于对服务质量信息的搜寻和采集，更重要的是经过加工整理后，通过传输和反馈，使之成为服务质量管理的可靠依据。没有质量监控，就无法掌握公交服务的质量状况，不明了质量状况，就会导致质量管理的盲目性，所以说服务质量监控的重要作用就在于为服务质量管理提供依据、把握方向。

（三）促进企业两个效益提高

通过服务质量监控，不仅能够掌握服务质量总体状况，还可以了解乘客对公交服务的需求状况，以此来调整公交的服务结构，完善服务方式，改善服务管理，提供优质服务，对开拓和占领客运市场，具有积极的促进作用。同时还可以通过对服务质量的监控，进行劳动力的优化组合，堵塞服务管理中的漏洞，调动职工的劳动积极性，最大限度地挖掘增收节支的潜力，促进企业经济效益的不断提高，为公交企业的生存和发展奠定基础。

二、服务质量监控的方法

实施服务质量监控，是服务质量管理的需要，是提高服务质量的需要，是服务管理的核心内容。怎样对服务质量进行有效的监控，是服务质量管理的中心课题，也是服务管理的长期任务。在公交服务管理的实践中，总结摸索出一些服务质量监控的方法，简要介绍如下：

（一）专职稽查队伍监控

生产企业为把好产品质量关，一般都设有质量检验员，为的是确保产品质量合格，维护企业信誉。公交企业要把住服务质量关，就必须组织、建立一支负责检查服务质量的稽查队伍，按照规定的检查内容和标准，开展稽查活动。这是目前公交企业实施服务质量监控的基本方法，也是公交服务质量实施内部监控的主要途径。

利用专职稽查队伍实施服务质量监控的方式是多样的，根据需要可灵活掌握。

（1）从时间上分，可以是定期或不定期的。

定期稽查可以按周、旬、月为周期，具有一定的规律性，便于对比同期的质量状况，作为服务质量考核的依据。

不定期的检查，灵活性、随机性比较强，有利于捕捉到所需要的质量信息，发挥质量监控的作用。

（2）从时段上分，可以是全天候的，也可以是单一时段的。

一般来说专职稽查队伍的检查活动，多数是单一时段的，一是对不同线路进行单一时段检查，可比性强，二是不同的时段获取的质量信息各有不同，三是每个检查组受工作量所限不可能检查线路的全部时段。

实施全天候的服务质量监控，可以通过每次进行不同时段的检查来实现，但为了质量监控的特殊需要，组织专职稽查队伍对个别线路进行全时段、全天候的检查也是可能的。

（3）从检查内容上分，可以是单项的，也可以是综合的。

组织专职稽查队进行检查，常规性的多以综合检查为主，即在一次检查活动中考核多项内容，例如，在检查车厢服务中同时检查车辆清洁和票款执行情况，这样可以提高检查效率，扩大检查面。

根据需要，可以按车厢、站台（大厅）、清洁和票制分单项进行，使得重点突出。

（4）从检验方式上分，可以采取明查、暗查、互查、自查、抽查和普查。

暗查是指在不通知被检查线路的情况下进行的质量检查，目的在于发现重点问题，反映真实的质量状况和服务水平。

明查是在事先通知被检线路的情况下进行的，目的是为了检查阶段工作的落实情况，或为完成特殊服务任务起到督促和保障作用。

互查是指线路或单位之间的调位检查，可以起到相互学习、相互监督的作用。

自查是指本单位自己对自己进行的检查活动，是自我摸底，自我控制的一种手段。

抽查是针对普查而言的，组织专职稽查队实施服务质量监控，抽查是普遍的方式，是常用的检查方式。普查是相对的，绝对的普查是不现实的，也是很难达到的。特别是在大、中城市公交线路线网密度较大的情况下，进行普查的可行性是很小的，只有靠增加检查频率，提高检查效率，加大检查覆盖面来弥补普查的不足。

（二）专业管理人员监控

专业管理人员监控主要指各层专业管理人员深入服务现场进行的检查活动。

车队作为公交企业的最基层组织，是运营服务的实施组织者，服务现场的大本营，车队干部和服务专业管理人员的主要任务和职责就是对服务现场——车厢、站台和服务人员的服务质量进行监控。

车队服务专业管理人员每天要深入到车厢、站台，检查服务人员的工作质量，车队干部每天也要利用一定的时间，了解运营服务情况，掌握服务质量信息的第一手资料，反馈、传输质量信息，制定改进质量管理的对策，有效地监控服务质量。

综上所述，服务质量监控的方法，是目前各地公交现阶段对服务质量监控的基本手段，其实质是企业内部的自我评价，自我控制的质量监控体系，要充分发挥质量监控的作用，还必须有一整套质量监控程序。

三、服务质量监控的程序

服务质量监控的程序就是指实施服务质量监控的先后次序，即进行服务质量监控的操作过程。公交服务质量监控的程序大致如下：

（一）确定监控重点

公交的服务质量表现在许多方面，涉及运营、安全、技术、服务等各个专业，仅就服务专业来说，与服务质量有关的就包括车厢服务、车辆清洁、站台（大厅）秩序三个主要方面，每一方面又是由多项服务内容构成的，每一项服务内容又都对服务质量有直接影响。公交运营服务“马路车间、点多面广、流动分散”的特点都给服务质量的监控造成了困难，因此，对公交服务质量进行监控，首要的问题就是要确定监控重点。确定监控重点就是抓住了主要矛盾，抓住了主要矛盾，其他次要矛盾就会迎刃而解。

监控重点的确定，可以根据不同的需要，把某些单位、某些地区、某些线路、某些车组、某些人员确定为重点，也可以将某些规范内容作为重点。确定监控重点是以确保服务质量为前提的，准确地确定监控重点，将会对质量监控的效果起到事半功倍的作用。

（二）拟定监控方案

监控重点确定之后，就要根据监控对象的特点拟定相应的监控方案。监控方案就是对监控重点实施质量监控的计划，在监控方案中要明确实施监控的时间、方式、任务、内容等。

拟定监控方案的基本原则是：

（1）根据监控对象的不同，确定监控的时间。监控对象的范围越大，在监控力量一定的情况下，监控时间必然会长；监控对象不变，要求监控时间一定，就必须加大监控力量。

（2）根据监控需要，决定监控方式。如果是常规质量监控，应采取暗查的方式，以便获得真实的质量信息；如果是为了促进阶段性的工作，可以采取明查的方式。

（3）根据监控任务，确定监控内容。监控任务是指监控的目标，也就是监控车厢服务还是站台秩序或是车辆清洁，再根据监控任务确定具体的监控内容，也就是监控的项目，如车厢站台服务和车辆清洁的各项具体内容等。

（三）执行监控方案

执行监控方案是服务质量监控的实质工作，按照拟定的监控方案，对服务质量实施具体的监控，也就是各级专业管理人员、专职稽查人员对服务质量进行的检查、考核过程。

（四）分析监控信息

分析监控信息就是对执行监控方案过程中获得的服务质量信息，进行统计、分析、加工、整理成数据或文字资料，使之能够反映出服务质量的状况。

经过对监控信息的分析，从中总结出保持服务质量稳定的经验和方法，通过树立典型和通报形式进行宣传推广。对存在的问题，通过查找原因，制订措施加以改进，并把每次监控得到的问题作为服务质量监控的重点，为下一轮监控方案的拟定提供依据。服务质量的监控程序就是“确定监控重点—拟定监控方案—执行监控方案—分析监控信息”4个步骤的无限循环，每一次循环都应该对服务质量的提高起到促进和推动作用。

第四节　服务质量监督管理

公共交通是面向社会的，公交服务的开放性，决定了服务质量无条件置于社会各界监督之下的必然性；公交服务的流动性、分散性，又决定了服务质量离不开乘客监督的必要性；公交由乘务人员为乘客提供人对人、面对面的服务，因此，乘客对公交服务质量的评价又最有权威性、客观性和公正性。所以说，加强服务质量社会监督，就是虚心接受乘客的批评和建议，认真听取社会各界的意见和建议。

所谓服务质量监督管理，就是对社会监督的管理，其实质是对乘客批评、意见和建议的管理。服务质量监督是与服务质量监控相辅相成的，是公交服务质量管理的重要组成部分，是企业利用社会力量对服务质量进行的管理，换而言之，就是服务质量管理的外部形式。

一、服务质量监督的作用

服务质量监督的作用与服务质量监控的作用既有共同点，又有不同点。其共同点是都能反映服务质量信息，促进服务管理，其不同点主要表现为：

（一）评价服务质量

一个产品的质量如何，不是单纯地靠企业内部质量检验和外部广告宣传就能够定性的，最重要的是看产品在使用者和消费者当中的评价如何，“有口皆碑”受到认可，才能称得上是“质量信得过”。公共交通的服务质量也应由乘客——公交服务的消费者来进行评定。当公交服务质量能够满足乘客乘车的物质需求和精神需求时，乘客的表扬就会增多，投诉、建议就会减少；反之，投诉、建议就会增多，表扬就会减少。因此，服务质量监督的重要作用就在于体现乘客对服务质量客观、公平、公正的评价。

（二）反映服务需求

公共交通作为社会生产的第一道工序，把社会各界的人民群众紧密地联系在一起，各界乘客对公交服务的需求，可以通过服务质量的监督直接反映上来。例如，公交线路的开辟、调整、延长，站址、站位的设置、增移，都是以乘客对服务质量监督当中呼声最高、反映最大、需求最旺的信息为依据的。同样，公交为老、幼、病、残、孕等乘客提供的优待服务，也是根据乘客在质量监督过程中的不同反映逐步改进、提高和完善的。如果说乘客的表扬是对公交服务质量的认可的话，那么乘客的投诉和建议则是从另一个方面反映了服务需求，也是公交研究服务对策，进行服务质量管理的依据。

（三）优化外部环境

公共交通运营服务质量不可避免地受到自然气候环境，道路交通环境和社会环境等多方面外部环境的制约和影响。公交是为乘客服务的，没有乘客，公交的服务也就失去了意义，这就是说公交企业与乘客之间服务与被服务的关系构成了矛盾的统一体，两者之间有着相互依赖、相互作用的关系，因而对于服务质量的优劣，公交企业和乘客双方都产生作用和反作用。公交为乘客服务，是服务的主体，是矛盾的主要方面，也是对公交服务质量产生作用的主要方面，但是接受服务的乘客也并不完全是被动的，乘客的乘行行为也会反作用于服务质量。例如，乘客在乘车过程中应当遵守的一些规定，排队候车，有序上下，自觉刷卡，及时购票，接受查验，协助照顾特殊乘客等，都会对服务质量产生影响。通过社会监督，可以更多地与社会各界沟通联系，增进企业与乘客之间的了解和理解，求得支持与配合，使社会环境得到优化，促进服务质量的提高。

二、服务质量监督的渠道

服务质量监督的渠道也就是社会监督的渠道，主要有以下三个方面：

（一）乘客（群众）监督

乘客监督就是群众监督，是对公交服务质量最普遍、最广泛的社会监督，是服务质量监督的主渠道，主要方式是市民乘客来信（包括公交企业社会监督员提供的情况）、来访、来电（包括“交通服务热线 96166”“12345 市非紧急救助服务热线”“政风行风热线”）。

（二）上级领导（机关）监督

上级领导和上级领导机关的监督，是指企业内部的领导（部门、机关）和企业的上级领导（部门、机关）、各级人大代表、政协委员的监督，包括人大代表建议、政协委员提案、企业领导批转的市领导和有关部门等信件。

上级领导的监督具有针对性、指导性和权威性。

（三）新闻媒体监督

新闻媒体监督是指包括报纸、电台、电视台、网络等新闻媒体（包括“公交网站”）对公交服务质量的监督，因为新闻媒体的报导具有舆论性，所以是对公交服务质量力度较大的监督。

三、服务质量监督的措施

服务质量监督的措施是指通过各种渠道接受社会监督的具体办法。社会监督的措施是多种多样的，采取什么样的社会监督措施，可根据不同城市公交企业的实际情况而定。北京公交集团公司在创建文明行业、开展规范化服务达标活动中，结合企业实际制定了十项社会监督措施，在实践当中收到了一定的效果，可以作为借鉴和参考。

（1）在运营车厢内公布服务监督电话。服务监督电话为“交通服务热线”，即 96166。

（2）在有条件的首、末站设置乘客意见箱。设置乘客意见箱是接受乘客监督的好方法，首末站的选择应该注重客流量的大小和乘客素质等特点，意见箱的设置位置要明显，并有专人管理。

（3）在客流较大的首、末站设置乘客意见征询台，定期开展征求乘客意见的活动。

这是公交利用社会监督进行调查研究的有效形式，是与乘客沟通联系的好方法。

(4) 聘请社会监督员。每条线路在沿线单位或社会上聘请 1～2 名经常乘坐公交车的乘客作为运营线路服务质量的社会监督员，这是充分发挥乘客监督作用，少花钱多办事，不花钱也办事的经济、实用有效的监督办法。

(5) 发放乘客意见调查表。这是请社会评价公交服务质量的基本方法之一，也是社会监督的基本措施，其操作方法是按照运营线路日普客量的千分之一，定期发放乘客意见调查表，请乘客评价公交服务质量。

(6) 与沿线单位开展文明共建活动。与沿线单位开展文明共建活动是接受社会监督，优化外部环境的有效措施之一。操作办法是在公交运营线路周边较大和有影响的单位开展精神文明共建活动，充分发挥公交企业和共建对子的优势，进行优势互补，共建文明乘车秩序，共创优质服务，共育“四有”新人，共同促进精神文明建设的发展。

(7) 各级管理机关设置乘客投诉接待室。公交各级管理机关设置乘客投诉接待室，公布监督电话，并实施领导干部、专业部门负责人接待日，直接听取和办理乘客的意见、建议，是受到乘客普遍欢迎的监督措施，对树立企业形象、维护企业信誉有重要作用。

(8) 加强同新闻单位的联系，及时办理新闻批评、建议。这一条监督措施要求公交服务专业部门经常与新闻单位取得联系，保持信息传递的畅通、及时，迅速办理新闻单位的批评、建议，对挽回影响，增强企业信誉都具有重要意义。

(9) 认真落实各级领导机关对公交服务的批评、指导意见。

对来自各级领导机关的批评和指导性意见，必须予以高度重视，及时办理，采取措施，认真整改，提高工作效率，树立行业新风。

(10) 认真办理各级人大代表、政协委员建议提案。各级人大代表、政协委员对公交服务的监督，代表着人民群众利益和社会各界的呼声，对人大代表、政协委员的提案和建议，必须做到件件有答复，这对赢得社会各界的支持，促进公交发展具有重要意义。

四、服务质量监督的办理

服务质量监督的办理，实际上就是对社会监督的办理，也就是对各种监督渠道、各种监督措施收集到的乘客意见，建议的办理。因此，服务质量监督，即社会监督的办理，是对社会监督内容的落实过程，社会监督办理得好不好，关系到公交企业的信誉和形象，并对企业的生存和发展产生直接影响。社会监督办理需注意以下几点：

（一）选派专人负责

服务质量监督的信息就是社会监督的信息，主要来源于乘客的来信、来电、来访，因此，社会监督的办理是一项政策性、业务性很强的工作，需要选派思想作风正派，政策理论水平较高、熟悉公交业务的专业干部或管理人员负责。

（二）热情接待，认真记录

办理社会监督中的乘客来电、来访，要求接待人员做到态度和蔼、热情诚恳，多从乘客的角度和维护乘客的利益方面去思考问题，这样就容易避免和克服乘客是“恶人先告状”“无理狡三分”的逆反心理，耐心地听取乘客的意见，给予满意的解释和答复，并对需要转办的问题，认真作好记录。

（三）及时转办，如实汇报

社会监督的办理，是一件时效性很强的工作，办理的越及时，效果越好。应该说办理社会监督的速度与其办理效果是成正比的。

乘客在乘车中遇到了不愉快，通过监督渠道向公交反映，公交迅速查办，并将结果及时反馈乘客，乘客的火消了，气顺了，心理平衡了，就容易得到满足，还会对企业认真、及时的办理产生好感，增加了对公交企业的信任，使问题的性质很快发生了转化。乘客由不满意到满意的转变，足以证明办理时间迅速的重要性，相反，乘客反映的问题迟迟得不到答复和解决，就容易激化矛盾，扩大事态，造成影响，这样的教训也是有的。

因此，在社会监督的办理过程中，务必要强调和突出时效性。当时能答复的，要即时答复，当时无法答复的，要及时转办，并向有关领导如实汇报。

一般来说，办理乘客来电、来访不超过 7 个工作日。有领导批示办理时限的信件，要在批示的时限内办理完毕。

遇有上级领导、领导机关、人大代表、政协委员、新闻单位等临时反映的突出问题，必须打破常规，按急件迅速办理。

在重大节、假日，重要活动期间，接到的服务质量监督问题，也要按照上述要求，采取应急措施，迅速办理，并以专业管理部门的纵向渠道向各级行政综合管理部门传递信息。

在办理社会监督过程中提倡小事当大事办，慢事当急事办，把乘客的事当成自己的事办，以提高办事效率和效果。

在信息传递上提倡，宁早报、勿迟报；宁重报、不漏报，杜绝信息倒流。

为全面做好服务质量监督工作，妥善处理乘客的各类意见，北京公交集团公司于 2013 年制订下发了《乘客原始意见管理办法（暂行）》，具体内容见附录 2。

第四章

城市公共交通服务基础管理

第一节　服务基础管理概述

服务基础管理工作是为公交企业实现服务工作目标，有效地执行管理职能，提供资料依据、工作标准、管理手段和管理条件的前提性工作；是实行服务科学管理的基本条件、基本环节，是为服务决策提供依据和服务的。

服务基础管理是整个服务管理工作的基础，因此，加强服务基础管理工作，掌握服务基础管理的内容，运用科学的管理方法，为服务管理提供准确的依据并创造条件，为落实政府职能，进一步加快公交的改革步伐，建立现代化企业制度，具有越来越重要的现实意义和战略意义。

一、服务基础管理的作用

服务基础管理作为公交企业服务管理的基础性工作，在加强企业科学化、规范化和系统化的管理工作中其作用主要反映在以下4个方面。

(1) 为服务质量管理提供各种数据分析、管理信息和参考资料。这些分析、信息和资料是服务管理工作进行决策、计划、组织、协调和监控的重要依据。如：通过对服务质量检查结果和社会监督信息的统计和分析，找出乘务人员在运营服务中存在的主要问题，并制定具有针对性的管理方法和预防措施，对不断改进和提高服务质量具有十分重要的作用。

(2) 制定、修改和完善服务各项管理规定、管理制度和考核标准，使管理更加科学规范。如：通过制定岗位责任制、工作标准和考核条件来实现对服务质量的规范化和科学化管理。

(3) 为企业落实政府职能，贯彻按劳分配的原则提供计算、考核的依据。

考核的依据就来源于服务基础管理中的检查、汇总、统计和计量工作。

（4）为企业实行现代化的管理，利用先进的管理手段，将原始资料、台账统计、计量工作实现程序化、标准化，使各类原始资料规范统一、数据齐全完整，为提高服务管理水平创造条件。

二、服务基础管理的内容

服务基础管理主要包括6个方面的内容。

（一）指标管理工作

指标是指运营生产计划中规定的各方面工作必须达到的目标。服务各项考核指标是根据服务管理的内容及社会的需求而确定的。服务基础管理的重要内容之一就是为考核指标的确定和实施提供依据。考核指标一旦确定后，围绕落实考核指标所进行的各类专项管理活动，均离不开基础管理。

（二）标准化工作

标准一般是指可以作为衡量事物的依据或准则。服务管理的标准化是为适应服务工作的发展和合理组织服务活动的需要，在服务工作程序、进度、效率、诸方面按统一的标准实施的管理工作。服务标准的确定、执行是管理标准化的基础，将服务的各项考核指标、乘务工作以及日常管理制定可行性的标准，作为考核的依据。如制定“服务规范”“服务纪律”“票务制度”等标准。这些标准，乘务人员执行的效果如何，就需要基础管理工作来进行收集、整理、归纳、分析，为科学管理提供第一手数据和资料。因此说，基础工作管理标准化是公交服务管理活动全过程更加科学、规范的重要步骤。

（三）建章建制工作

规章制度是指为保证运营生产活动正常进行而制定的员工必须遵守的行为规范和准则。服务管理工作正常进行的重要保证就是建立科学、合理的规章制度，它是企业科学管理的一项极其重要的内容。建章建制工作可以使员工的运营生产活动分工明确、各负其责，使管理工作有章可循、有据可依。如果没有一整套科学合理的规章制度作保证，即使管理机构再健全，也无法实现企业的科学管理。

（四）基础教育工作

基础教育工作是服务基础工作之一，是对员工正常履行岗位职责所需的思想教育和业务技能的培训。思想教育以企业理念、企业宗旨、职业理想、职业道德、职业纪律为核心内容，使员工牢固树立"以人为本、乘客至上"的思想。业务技能培训包括工作规范、工作标准和职业技能等方面应知应会的内容。

（五）资料信息工作

资料信息工作是指做出服务决策、制订服务活动计划，并予以实施所必需的资料数据的收集、处理、传递、存储和对决策执行结果的反馈，是服务基础管理不可缺少的内容。服务专业的原始资料、数据、统计报表等，是资料信息工作的基本内容和形式。

（六）计量工作

计量工作是指运用科学的方法和手段、对服务标准的执行情况进行质和量的测定、比较、分析，为运营生产和服务管理提供准确依据。做好服务计量工作可以使服务管理部门详细、准确了解服务动态，掌握乘务规律，制订预防和改进措施，及时堵塞管理漏洞，巩固和提高服务水平。

综上所述，服务基础管理作为服务专业管理工作最基本的要素，对提高服务质量起着至关重要的作用。不断提高公交服务质量是全面质量管理的目标。因此，服务专业基础工作的管理同加强服务全面质量管理有着密切的关系。可以说，服务基础管理作用于服务专业的全面管理工作，服务管理的规范化、科学化又促进了服务质量的提高，从而实现服务管理的目标。

第二节　服务专业机构设置

城市公共交通服务专业管理机构实行分级管理，并根据管理的范畴和职责的不同划分若干个层次。各个层次分别对本层次运营服务活动实行统一指挥和综合管理。各层次的服务管理部门是公交企业行政领导的助手、参谋和办事机构，协助企业行使服务管理职能。不同层次的服务专业管理部门担负着不同的管理职责，每一层次的服务专业管理部门对本层次的服务管理直接负责。城市公共交通企业最高层次的服务专业管理部门对全系统的服务工作负责。这种分级负责制是服务基础管理的基础。以北京公共交通控股（集团）有限公司为例，它根据服务专业管理的需要设定为三级管理。

一、高层管理（集团公司服务部）

职权范围如下：

（1）根据公共交通发展的方针、政策，制订服务专业年度工作计划。

（2）制定专业管理的标准、规范、规定、制度，组织专业课题研究。

（3）组织编写专业培训教材，培训下级专业管理人员，指导乘务人员的培训工作和技术等级的评定工作。

（4）组织开展专业检查，负责服务质量的指标考核和讲评。

（5）负责先进车组、车队（线路）、站台的推荐命名，指导日常管理工作，配合有关部门做好验收、监督、检查工作。

（6）接待、处理乘客来信、来电、来访、建议和办理人大代表、政协委员的建议和提案。

（7）参与重大服务质量问题的处理、审核、定性。

（8）指导服务专业稽查队伍的管理工作。

（9）负责公共电汽车首末站站台秩序的管理工作，开展文明共建乘车秩序的活动。

（10）了解、分析服务工作形势，总结推广先进经验，对解决薄弱环节提出工作意见。

（11）负责专业资料管理和指标的统计、上报和归档。

（12）配合有关部门对车内服务设施及标识进行管理。

（13）负责精神文明建设办公室的日常工作。

（14）按照 ISO9000 体系标准完成各项工作。

（15）完成领导交办的其他任务。

二、中层管理（客运分公司服务协调部）

职权范围如下：

（1）贯彻、落实上级服务工作计划、规章、要求，拟定本层级的服务工作措施及安排，并组织执行。

（2）制定服务管理的规章制度和管理办法，对基层服务工作进行专业指导和监督，协调基层管理工作。

（3）负责专职稽查队伍的日常管理，定期对车厢服务、票务制度、车辆卫生、站台秩序等工作进行检查与考核，掌握服务质量状况。

（4）对基层服务专业管理人员、专职稽查人员进行思想教育及岗位培训，指导基层对乘务人员的培训教育。

（5）负责乘客来信、来电、来访的接待、登记、下转、上报，指导基层车队处理影响较大的服务纠纷。

（6）负责各级领导机关、新闻单位、社会监督员对服务质量提出批评的调查、处理及上报等项工作。

（7）配合有关部门管理服务先进单位、车组、站台及个人，总结、推广服务先进事迹和典型经验。

（8）负责优质服务奖励的审核及发放。

（9）负责拟定各类服务竞赛方案及考核、评比工作。

（10）负责所属首末站站台秩序、乘车秩序的监督、管理。协调与沿线军、警、民等单位的共建工作，开展精神文明共建活动。

（11）负责服务原始资料、数据的统计上报及各类文件的归档和管理。

（12）负责车厢有关服务设施及标识的管理和考核。

（13）负责本单位精神文明建设的日常管理工作。

（14）搞好与有关部门和单位的协调与配合，为基层车队提高服务质量创造条件。

（15）按照 ISO9000 体系标准完成各项工作。

（16）完成上级领导交办的各项临时任务。

三、基层管理（运营车队）

职责范围如下：

（1）贯彻、落实上级服务工作计划、安排，拟定本单位具体工作方案和措施，并组织实施。

（2）对服务质量进行日常检查，定期分析服务指标完成情况，提出提高服务质量的建议、方法、改进措施，制订奖罚规定。

（3）负责组织乘务人员、站台服务员的岗位培训和业务考核。

（4）接待、处理乘客来信、来电、来访，做好服务纠纷的预防、处理和善后工作。

（5）负责乘客使用违章 IC 卡和车票的处理工作。

（6）负责管理本单位各级先进车组、个人，发现、培养和推荐服务先进典型，做好重点人员的帮教工作。

（7）负责本线路首末站站台秩序的日常管理。

（8）开展与本线路有关单位的文明共建活动，经常走访和联系新闻单位、社会监督员，自觉接受社会监督。

（9）负责管理电脑报站器、车辆服务设施的报修及售票工具、车辆清洁工具。

（10）负责服务原始资料、数据的统计、整理和归档。

（11）按照 ISO9000 体系标准完成各项工作。

（12）完成上级领导交办的各项临时任务。

城市公交企业服务专业实行分级管理，下级对上级的管理决策、工作安排、各项指标的考核要有严格的程序来落实，并对结果负责。

实行分级管理，上一级管理部门负责对下一级管理部门完成各项任务指标情况的指导、监督和检查，以提高其工作效率。

公共交通服务专业实行分级管理的核心是合理确定各层级管理部门的职责范围和权限，以确保服务工作计划、安排得到顺利地贯彻和落实。随着改革的不断深入和公交企业的快速发展，服务专业管理体系也要相应地进行完善，以利于服务专业管理部门职能的发挥，进一步加强企业管理，不断提高服务质量，更好地为乘客服务。

服务专业部门的管理职能是由服务专业管理人员来执行的，管理人员的综合素质是进行有效管理的关键因素，是提高管理效能的前提，因此，管理人员应具备较高的综合管理素质。

服务专业管理人员应具备的基本素质包括：思想素质、文化素质、业务素质和管理素质4个方面。

第一，思想素质。思想素质是服务专业管理人员任职的政治条件，包括：热爱公交企业，有科学的发展观和超前的思维方式，掌握马克思主义哲学、政治经济学和科学社会主义三大基础理论。具备较高的政治理论知识和正确掌握政策的能力，并能够深刻理解和认识城市公共交通在社会中的重要地位和作用。

第二，文化素质。文化素质是提高管理效能的基础。随着城市公共交通改革的不断深入和发展，现代科学技术已经运用到城市公共交通的服务管理工作中，这些现代科学技术对于服务专业管理人员的文化素质要求也越来越高。因此，对服务专业管理人员的学历、职称、经验、专业技能等也有较高的要求。就北京公交服务管理专业而言（三级管理人员），必须具备大学专科以上学历，助理管理经济师，具有一定的语言文字表达和书写能力、能够熟练使用常用办公软件、掌握一般英语水平、具备工商管理证书。对服务专业管理人员来讲，掌握的知识面越宽越好，如：必须要掌握党的路线、方针、政策，相关的法律法规常识、公交企业的规章制度等。对一些伦理道德、世俗观念、风土人情也应有一定的了解，这对提高管理水平是大有裨益的。

第三，业务素质。做好服务管理工作必须要掌握与职责相关的服务专业知识。不同层次，不同职务，不同岗位的管理人员对自己的专业知识不但要熟练而且更要精通，对本部门其他岗位管理的内容也要掌握，对公交企业内部其他专业的管理知识也要有一定的了解。

第四，管理素质。管理素质是指管理者为完成所担负的工作任务必须具备的决策、计划、组织、指挥、分析、指导、监督等方面的能力，并具备横向、纵向的协调能力以及分析、处理、解决问题的应变能力。在公交企业不断改革的形势下，企业正在逐步建立现代企业管理制度，公交服务管理已经由经验型管理转化为科学型管理，由粗放型管理转化为精细型管理，由突击式管理转化为规范化管理，这就需要管理者必须具备超前管理意识，强化目标管理、标准管理、系统管理和规范管理等现代管理素质。

服务专业管理人员综合素质的提高，除了组织有计划的政治、文化、业务等方面的培训学习外，管理人员还要在日常管理活动的实践中，善于总结，归纳和提高，通过管理实践不断充实自己，这样才能成为名副其实的现代公交企业管理人员。

第三节　服务专业部门岗位设置与职责

服务专业部门岗位设置与职责是搞好服务管理工作的重要基础，设置科学的管理体系是服务管理工作实行统一指挥、各司其职的组织保证。

一、服务专业部门的岗位设置

服务专业部门岗位设置是根据服务专业管理的内容来设定的。服务专业管理部门是一个由若干个工作岗位结合在一起的组织结构。以北京公共交通控股（集团）有限公司为例，服务专业部门的岗位设置分为：

集团公司服务部部长，副部长，车厢服务质量管理岗，精神文明建设站台管理岗，社会监督、指标统计管理岗，政风行风热线信息管理岗，公交网站信件办理和企业信息公开管理岗。

分公司服务协调部部长、副部长（兼精神文明建设）、信访纠纷（社会监督）管理岗、车厢（站台）标准化服务规范质量管理岗、内务（精神文明建设）管理岗。

运营车队服务副队长、服务管理员（行管员）。

二、服务专业部门各主要岗位职责及工作标准

服务专业各管理主要岗位的岗位职责和工作目标及标准。

（一）车厢服务质量管理

1. 岗位职责

（1）拟订相关规定：为提高车厢服务水平，拟订车厢服务有关规定和标准，掌握服务工作动态，总结服务工作中的先进经验，树立典型，指导工作。

（2）服务质量检查：为加强服务管理，组织服务质量检查活动，协调解决具体问题，参与乘务员严重违纪问题的处理和服务纠纷的复核定性。

（3）专职稽查管理：为搞好稽查工作，负责专职稽查队的日常管理，确定工作重点，制定工作质量标准，解决存在的问题。

（4）台账管理：为服务工作积累资料，建立和保存有关台账和原始资料，为本部门的管理工作提供依据。

（5）协调工作：为更好的开展服务工作，协助部门领导协调相关部室和专业部门的关系，共同解决管理工作中的交叉问题，搞好有关外部协调方面的工作，促进问题的完善解决。

2. 工作目标及标准

（1）规章完善严谨，标准适度可行，服务质量稳定，每年总结树立典型。

（2）每月对各客运单位的服务进行检查，组织工作严谨无疏漏，完成检查覆盖面，确定工作任务。

（3）稽查员队伍组织发展健全，作用发挥突出，对服务工作有促进。

（4）台账完善，数据准确率100%，检查工作结束后5d内报出。

（5）协调关系积极主动，密切配合，严谨细致无疏漏。

（6）按照ISO9000体系标准完成各项工作。

（二）精神文明建设站台管理

1. 岗位职责

（1）拟订计划：为促进整体服务水平的提高，拟定首末站台秩序，服务管理规定、精神文明建设的工作安排，撰写阶段和年度工作总结，制定修改

各项规章制度，编写培训教材，并指导协调开展乘车秩序共建活动。

（2）站台秩序综合治理：为保证良好的站台秩序，解决和查处站台服务管理上出现的重大问题，负责站台指标的完成，做好各类资料、数据的统计和积累工作。

（3）总结推广先进典型：为推广先进经验，推动服务工作上水平，及时完成情况简报和专项报告。负责上级文明单位、先进集体、先进站台、先进个人的评选、审核和推荐。

（4）日常管理：为提高站台秩序综合管理水平，参与市乘车办公室的管理工作，配合各城区乘办，加强对派出人员的管理工作，主抓首末站台乘车秩序及精神文明建设的日常管理工作。

（5）协调工作：为更好地开展服务工作，协助部门领导，协调相关部室和专业部门的关系，共同解决管理工作中出现的问题，做好有关外部协调方面的工作。

2. 工作目标及标准

（1）规章完善、严谨并具有科学性、指导性。完成季度对站台服务人员的培训计划。做到保质保量。

（2）综合治理站台秩序，搞好协调配合，解决处理问题迅速合理，一般性问题，一周内处理完毕。完成规定的考核指标。

（3）每月一期简报，按时完成半年、全年工作总结。推广有价值、有代表性的先进典型并做好档案保存管理工作。

（4）日常工作符合上级领导要求，协调好各方面关系，工作有序，共建、创建工作有成效。

（5）协调关系积极主动，严谨细致，按时完成、保证工作质量。

（6）按照 ISO9000 体系标准完成各项工作。

（三）社会监督、指标统计管理

1. 岗位责任

（1）信访管理：为了提高服务质量，加大考核力度，负责对乘客来信、来访、来电、服务纠纷、及日常工作的接待、处理和督办。

（2）监督办理：为加强管理，改进工作，对新闻媒介反映公交服务的问题进行督办查处，针对反映的问题提出解决办法，制订改进措施。

（3）信息管理：及时掌握情况，经常与二级单位联系，保持信息畅通，掌握一线动态，及时通报有影响的乘客投诉，为领导提供服务信息。

（4）内勤管理：加强部室基础工作管理，负责对部室文件资料的收存、归档工作，为领导提供有关资料和数据。

（5）统计分析：为加强服务指标考核，明确考核目的，每月对服务指标、乘客投诉指标进行统计，上报有关部室。根据集团公司有关规定，进行季度分析、年度考核。

（6）办理批示答复：为解决好重点问题，对有领导批示，上级单位要结果的信访件，按要求时限进行答复。

2. 工作目标及标准

（1）信访管理：对乘客来信、来访、来电进行登记、转办、监督，办结率100%。接待来访态度和蔼、语言文明、坚持原则、照章办事。及时转办，不推不拖。

（2）监督管理：针对新闻媒体对服务问题的报道，一周内督办查处完毕。搜集信息资料，下转及时，督办认真，登记清楚，原始资料无丢失。重要文件信息无泄露。

（3）信息管理：对乘客来信、来访、来电情况进行分析，转办期一般不超过24h。对发生有重大的受诉单位，进行通报批评。对信息倒流，造成影响的单位进行通报批评。

（4）文件资料管理：文件收存有序，便于查找，为领导提供有关资料和数据。

（5）服务指标统计分析：根据集团公司质量效益考核指标及实施细则，每月对车厢服务、乘客投诉指标进行统计、上报。

（6）做好对信访件的答复：对有领导批示、上级单位要结果的信访件，按要求和时限进行答复，办结率100%。

（7）按照ISO9000体系标准完成各项工作。

（四）政风行风热线信息管理

1. 岗位职责

（1）信息处理：对北京市“政风行风热线”网络信息进行签收、分类、转办、答复。

（2）信息分析：做好月、季、年的信息统计和分析，向有关领导和相关部室提供相关信息。

（3）监督办理：为加强管理，改进工作，经常与二级单位联系，保持信息畅通。对网民反映公交的热点、难点问题进行督办。

（4）办理答复：根据要求，对每一件行风信息做到件件有着落、事事有回音，严格按时限办理。

（5）协调沟通：经常与市纠风办、信息办相关人员进行沟通，负责参与政风行风热线“直播间”栏目材料的整理。

2. 工作目标及标准

（1）按市纠风办、信息办的规定，一个工作日内签收各类信息，无超时、无误签，及时登记、分类、转办相关部室及二级单位相关部室。

（2）定期对网民反映的问题进行分析、汇总，为有关领导和相关部室提供参考依据。

（3）每月对机关部室、二级单位相关部室未及时给予答复的信息进行催办。建立基础台账，做好信息的存档工作。

（4）对政风行风热线信息，按要求和时限进行答复，办结率 100% 。

（5）经常与市纠风办、信息办主管人员进行沟通。按工作安排，参加行风热线“直播间”栏目及“网络会议”，做到准时无漏开。

（6）按照 ISO9000 体系标准完成各项工作。

（五）公交网站信件办理和企业信息公开管理

1. 岗位职责

（1）信息处理：对公交网站的乘客来信进行签收、分类、转办、答复。

（2）信息分析：做好月、季、年的信息统计及分析，向有关领导及相关部室提供相关信息。

（3）监督办理：为加强管理，改进工作，经常与二级单位联系，保持信息畅通，对网民反映公交的热点、难点问题进行督办。

（4）办理答复：根据市信息公开领导小组的要求，按时限做好每一件依申请公开的回复工作。

（5）协调沟通：经常与市信息公开领导小组相关人员进行沟通，及时掌握信息公开工作的最新情况。

2. 工作目标及标准

（1）及时签收公交网站的乘客来信，按信件性质分类处理后转给相应部门和二级单位。

（2）定期对网民反映问题进行分析汇总，为有关领导和相关部室提供参考依据。

（3）对网民反映强烈的问题，督促二级单位做好沟通处理工作；建立基础台账，做好相关资料的存档工作。

（4）按照市信息公开领导小组的要求，建立相关管理制度，并做好依申请公开的办理工作。

（5）经常与市信息公开领导小组进行沟通，及时掌握政策动向，协调依申请公开的办理工作。

（6）按照ISO9000体系标准完成各项工作。

三、基层运营车队

（一）服务副队长

1. 岗位职责

（1）服务管理。为提高运营服务水平，完成上级下达的服务指标，制订车队具体的计划和实施措施。对服务质量、车辆卫生、站台秩序、服务基础台账进行规范管理。

（2）业务技能培训。为提高乘务人员服务质量，进行岗位职责、业务技能、服务用语的培训和管理。

（3）典型培养管理。为车队整体服务质量的提高，培养、推荐、考核先进典型，负责对先进车组、联组的日常工作管理。

（4）接待乘客投诉。为妥善解决服务纠纷，接待、查处因乘务人员服务不当导致的乘客投诉和服务纠纷。

（5）服务工具管理。为保证乘务员正常运营，负责报站器、报话器、售票工具、车辆清洁工具的日常使用管理和考核。

（6）协调关系。为确保服务管理工作的顺利进行，协调内部与外部工作关系。

2. 工作目标及标准

（1）落实服务指标。年度计划在 12 月 31 日前上报，季度安排最后一个月 20 日前上报。完成年度考核的各项指标。

（2）服务管理。按 ISO9000 体系文件标准的各项要求，完成各项工作，基础台账管理齐全、内容规范，原始资料保存完整，数据统计准确。

（3）业务技能培训。每月召开专业会。及时对新职工、转岗人员进行业务技能培训。职工上岗达标率 100% 。

（4）典型培养管理。培养先进个人、车组，推广有特色的先进经验。

（5）社会监督。年度完成乘客原始意见的指标，消灭严重批评和恶性服务纠纷。

（二）服务管理员（行管员）

1. 岗位职责

（1）协助服务副队长管理车队的车厢服务、车辆卫生、票务执行、站台秩序等工作，完成服务各项考核指标。

（2）协助服务副队长制定服务工作计划、规章制度、总结工作，组织服务委员会的日常工作。

（3）协助服务副队长对乘务人员、站台服务员进行岗位职责、工作规范、业务技能培训，组织开展各类服务活动，管理先进车组，先进个人。监控、帮教重点职工。

（4）检查、考核乘务人员、站台服务员的工作质量。

（5）协助服务副队长做好社会监督工作，定期走访社会监督员，适时召开监督员座谈会。

(6) 对乘客来电、来访认真记录并做好接待工作，对乘客各类投诉，认真查证处理。

(7) 记录、统计服务原始资料、数据。按时限要求保质保量地上报各种材料和处理报告，为管理评审提供依据。

(8) 完成领导交办的临时工作任务。

2. 工作目标及标准

(1) 定期分析服务指标完成情况，制订具体管理措施，按月、年度完成服务指标。

(2) 检查乘务人员、站台服务人员的工作质量，及时纠正问题，准确记录检查结果。

(3) 接待乘客来电、来访，处理服务纠纷，认真填写记录，按程序及时调查了解情况，向服务副队长汇报调查的情况，回访乘客，挽回不良影响，杜绝因接待、查处不当导致的乘客和职工投诉。

(4) 对乘务人员、站台服务人员进行业务辅导，对重点职工进行跟踪检查辅导。

(5) 汇报服务信息及时、准确，重要信息、问题无遗漏，经常与乘客监督员联系，主动征求意见并汇总向服务副队长汇报。

(6) 基础管理台账齐全，内容规范，原始资料保存完整，数据统计准确无误。

(7) 按时、保质、保量完成领导临时交办的工作任务。

第四节 服务资料管理

任何管理活动都需要对管理资料进行收集、整理、归纳和统计，本节介绍的服务资料是指服务专业质量管理过程中的原始记录、基础台账、文件、档案、统计报表的内容和管理要求。

服务资料在服务基础管理工作中十分重要，作为对企业和个人的绩效考核依据不能出现差错。因此，就要建立严格的管理标准和制度。

一、服务资料的管理原则

（一）集中统一的原则

服务资料的合法性、专业性都很强，因此，在服务专业管理部门内应有专人负责，建立必要的规章制度，统一服务资料管理的内容、工作程序和标准。

（二）精简实效的原则

服务资料为企业管理和服务专业管理服务，因此，在整理、归纳、保存中，要做到少而精，讲究实效。

（三）及时迅速的原则

在日常服务管理活动中，凡出现特别突出的服务质量问题，一般都有处理的时间要求。因此，作为服务资料管理人员一定要分清事情的轻重，缓急，对紧急事件的处理要及时，迅速，不得滞留或积压。其他日常的资料管理，虽然时间上的要求不十分明显，但也不可任意拖延。

（四）准确可靠的原则

服务资料的管理是一项十分严肃的工作，必须认真负责，各个工作环节和数据统计都要保证其可靠性和准确性。

（五）完整连续的原则

服务资料使用的价值取决于其完整性和连续性，这是服务资料管理的重要原则。在日常管理活动中，专业管理人员应注意收集和保存完整的原始资料、文件数据，并保证每项管理活动按日期、时期留存，使管理资料不间断。

只有遵守以上五项原则，服务资料对整个服务专业管理活动，才能起到指导工作的依据作用。

二、服务资料的分类及管理

服务资料根据基础管理的内容可分为基础台账、管理文档和统计报表三大类。

（一）基础台账的管理内容

1. 基础台账

基础台账是对服务活动的原始记载，是服务管理的第一手资料。包括文字记录、数据记录、各种服务质量检查表和服务管理活动记录。如：乘务人员车上检查记录、车辆卫生检查记录、先进车组验收记录，以及各种活动、会议、学习等原始文字记录。

2. 基础台账管理的要求

基础台账的基本要求是：准确、全面、及时、统一、实事求是。

以检查记录为例，首先要掌握准确的检查标准，其次要准确地反映时间和问题，做到记录详实、内容规范、数据准确。

原始记录中记载的问题要有时间、地点、人员、内容和结果，并能迅速地反映服务工作的变化，确保下情上达的及时性、准确性。

原始记录内容要做到前后连贯、实事求是，各个管理层标准一致、格式统一，并注意定期收集、整理、装订成册按规定保存。

无论是文字原始记录还是数字原始记录，要做到统一集中保管，不得遗失或销毁。如：各种原始记录表最少应保留一年，有价值的应保留三年，乘客来信、来访、来电的原始登记和处理结果要按规定妥善保管。

（二）文件、档案管理

1. 文件管理及要求

服务专业文件管理是指对在服务管理活动中所产生的各种文件资料的综合管理。它主要包括计划、总结、简报、决定、通知、通报、请示、批复等公文以及服务专业管理所需要制定的规章制度和管理办法、实施细则等。

服务管理的公文所涉及的形式很多，但基本结构应具备以下7个部分。

（1）文件的作者，即发文机关。

（2）文件的编号。

（3）文件的标题。

（4）文件的主送机关和抄送机关。

（5）正文。

（6）文件的签名或盖章。

（7）文件的日期。

服务管理所撰写的公文必须实事求是，其内容要符合国家的方针、政策、法律和上级的精神，文字要求准确、生动、精练、文体简短、格式严谨。

服务管理部门制定的和上级下发的各项规章制度、管理办法、实施细则是服务管理的依据，必须妥善保管，对这些公文的收集应注明发放范围。修改、补充或完善已有的规章制度、管理办法和实施细则应参照原文进行并做好记录。

服务专业文件的处理，是一项政策性很强的业务工作，也是一项具体、细致的机要工作。文件的处理一般分为收文、发文两个方面。上级机关下发的文件处理程序包括拟程、核程、签发、文印、校对、盖章、登记、封发、归卷等，这些环节的排列顺序不能颠倒。

2. 服务档案管理及要求

服务档案是服务管理活动中形成的并作为历史记录保存起来的具有保存价值的文字资料、图表声像等形态的记录。

（1）服务档案归档范围

归档范围主要有：各种计划、制度、办法、细则、标准、大事记、文件汇编、统计汇编、调查报告，重要的人民来信、来访、来电记录，领导批示，处理结果，人大、政协提案和建议办理结果，党和国家领导人、人民代表、政协委员、上级领导来本单位视察、检查工作时的重要指示、讲话、题词，非隶属单位与本单位联系、协商工作的重要来信文件等。

上级文件主要有：上级召开的需要本单位贯彻执行的会议重要文件材料，上级机关针对本部门下达的计划、指令、通知、通报、批复和其他需要执行的文件（含法规性文件）等，上级机关批转本专业的重要文件、文章等，上级机关工作组、调查组、检查组对本单位工作进行视察、调查、检查中形成的文件材料，上级领导在本单位所做的报告、讲话及召开的各种会议的材料。

下级文件有：下级报送的重要工作计划、报告、总结、典型材料、统计报告以及法规性备案文件。

（2）服务档案不归档范围

本部门文件不归档范围有：重复文件、无查考和利用价值的事务性、临时性文件，未经会议讨论、领导审阅和签发的未生效的文件，一般性文件的历次修改稿（重要、法规性文件除外），铅印文件的各种校对稿（主要领导亲笔修改稿和负责人签字的最后定稿除外），从正式文件、电报、电传上摘录的供工作参考的非正式材料，无保存价值的信件、电报、电传、建议、人民来信，从各方面收集、摘抄的文件材料，参加非主管机关召开的各种会议，不需要贯彻执行无参考利用价值的文件材料等。

上级文件不归档范围有：上级普发只供参考不办理的文件；上级机关下发的只征求意见的未定稿文件；上级机关下发的只供参考的抄件，不办理的文件；非隶属单位抄送的不需办理的文件材料等。

下级文件不归档范围有：下属部门报送的只需本部门了解情况的简报、情况反映，下属部门抄报备案的一般性文件，逐级抄送的一般性不需办理的文件等。

（3）服务档案管理要求

服务档案立卷应按照文件自然形成的规律，保持文件之间的历史联系，按照保管期限（年度）进行分类组卷。

服务档案归档的文件必须是主要领导批准的定稿和加盖有公章的正本。一份文件正本在前，定稿在后；正件在前，附件在后；批复在前，请示在后；转发文在前，原文在后，一并归档，不得分存。重要文件的历次修改稿依次放在定稿后；不同年度的文件，不得混在一起；来信文件归入收到日期年度；转发、转批及一般文件按制成年度；本级的请示，跨年度的批复归到批复的年度；法律，法令和条例的法规性文件，归入批准或公布生效年度；年度计划、总结及各种统计报表，归入其内容针对的年度；年度总结和第二年计划在一起的文件。归入计划针对的年度；长远规划，多年的工作总结、报告，归入写成的年度；文件上没有标明日期的，要考证和制订文件的准确或接近准确的日期，归入相应年度；其他部门文件与本部门文件有密切联系、保存价值相同的可以合并立卷，其他不同级别、不同保存价值的文件分别立卷。

服务档案归档应做到纸张优良、字迹清晰，用蓝黑或碳素墨水，钢笔或毛笔书写，装订整齐、牢固，无论任何金属物，案卷组合，薄厚适宜，正本用原始记录，采用复印件，凡不合格的文件材料不予归档。

服务档案管理是服务专业基础管理的重要内容，因此，要求从事服务档案管理人员要认真学习党的路线、方针、政策，企业的保密条例，了解本部门的业务和服务工作活动情况，掌握立卷工作的基本原则，熟悉立卷工作及有关规定和方法，按照案卷的质量要求，认真做好归档工作。在平时的立卷工作中，要根据本专业业务范围及当年工作的计划、任务制订文件分类的目标，随时将本专业已经办理完毕的文件材料归入有关条款中，分别放在相应的卷夹内，年底进行复查，将其中有价值的文件按照规定，规范地装订成卷保存起来，以保证归档材料的齐全完整。

服务档案每年5月底之前整理完毕，向综合档案室移交，移交时办理移交手续，借用未归档的文件资料时，主管人员应积极提供方便，并办理临时借用文件登记手续，归还时予以注销。

（三）统计报表

统计报表是指对服务指标、反映服务情况的数据进行记录、统计、汇总和制表并上报，是服务基础管理的主要内容之一。

1. 统计报表制度

统计报表制度的含义是：公共交通企业综合统计部门和各个专业职能部门为了取得系统的、全面的统计资料而对报表的名称、内容、统计范围、指标解释、计算方法、传送程序和传送时间做出的统一规定，自上而下地要求职能部门填报统计资料。而职能部门按照规定的指标内容，上报时间，程序，定期地自下而上地向主管部门报送报表。这种严格的统计报表制度是公共交通企业主管部门取得工作统计资料的根本途径。

2. 统计报表的原则

（1）满足公共交通经营发展的需求，把有关服务质量的指标要求统一纳入报表之中。

（2）报表的种类、内容、填报日期及程序，在满足需要的前提下力求精简，避免繁杂、重复、矛盾的现象发生。

3. 服务统计报表的内容

服务专业统计报表的种类较多，其中，服务专业指标统计月报表是服务专业自下而上报送的主报表。在各地的公交企业中有不同的统计项目和要求，但总体的要求大致相同。

4. 服务统计报表的要求

（1）服务统计报表要在本系统范围内统一格式。

（2）统计报表规定的范围、内容、统计数字、统计口径任何人都不得自行修改或变更，要按规定如实填报，不准虚报、瞒报。

（3）每月报送的时间要准时，不得延误，以免影响企业综合统计部门的需要。

（4）填写报表要做到字迹清楚、工整，计算准确无误，保证报表的质量。

（5）报表内容要齐全，不得漏项，表面要整洁，不要漏盖签章。

5. 统计报表的文字说明

统计报表的文字说明是统计报表的重要组成部分。统计文字在统计报表中大多反映在对考核指标、上报时间、考核的依据加以说明。其他类别的报表也有需要文字注释和简要分析的现象。统计报表的文字说明是帮助阅读和运用统计资料的人员正确了解和运用统计资料，防止误解和误用的手段。凡需要进行情况说明时，必须全部在报表上注释。文字说明力求简明扼要，通俗易懂。

为进一步强化服务专业基础台账管理，提高规范化管理水平。北京公交集团通过多次调研、座谈，本着易于操作、注重过程、强化细节、重视实效的原则，制定下发了《服务专业基础台账管理规范（试行）》，具体内容见附录3。随着公交企业科技水平、信息水平的不断提高，北京公交集团已经开发完成并推广使用了“服务管理系统软件”，在服务专业日常管理中发挥了积极的作用。

第五章

城市公共交通乘务心理与行为

所谓乘务就是乘务人员为乘客服务的过程。乘务是乘务人员和乘客共同的行为。乘务是一个过程，对乘客来说是由候车、上车、位移、下车和心理感受等环节组成；对乘务人员来说则是由辅助过程、服务过程、质量评价等组成。公共交通全部乘务过程是由准备、传递、控制三个阶段组成。本章从乘务活动实际情况出发，科学探讨贯穿乘务活动过程中的不同特点和人的行为规律，通过对人的心理活动的探讨研究，帮助乘务人员分析乘客心理活动特点，运用有效的服务方法，满足乘客不同服务需求，力求达到乘客在心理需求与精神感知方面的基本一致。

第一节　乘务心理、乘务行为概述及其研究

一、乘务心理

当乘务人员每天都在重复报站、向不同乘客反复说同一句话时，难免会在心理产生一种厌烦的情绪；乘客每天站在拥挤的车厢中，无奈的守候时，往往会在不知不觉中产生烦躁心理。在乘务活动中，人的心理产生和变化，都会导致人们形成各式各样的乘务行为。掌握乘务活动中人的一般心理规律，客观的看待乘务活动中出现的问题，加强人与人之间的相互理解，妥善解决乘务活动中遇到的矛盾，是研究乘务心理学的关键。

如果说心理学是研究人类心理现象发生、发展规律的科学的话，那么乘务心理则是在此基础上，对人们在乘坐公共交通工具过程中所发生的各种心理现象及其规律的探究。

心理现象产生包括人对事物的认知过程、情绪过程和意志过程，即知、

情、意三个方面。当然人的遗传因素、文化修养、职业和社会角色以及社会环境，都会对人的心理产生重要的影响。在乘务活动中，人是服务的主体。是人就会有心理，从婴儿的第一声啼哭开始，就伴随着心理的产生，每个人在成长过程中，要经过不同阶段的心理过程，每个过程随着年龄的不断增加，在心理需求上都会有所变化，这种心理变化是随着个人对客观环境的不断认识，在主观意识中形成的感受，然后经过整理加工，在人们头脑中形成不同判断，这种判断会通过一定的行为方式表现出来。如：人们乘坐公共电汽车和乘务人员提供服务是普遍的经常的社会活动，由于人的心理活动千差万别，因而形成了乘务过程中不同的心理现象和规律。我们常常看到，在乘务过程中，有的乘客上下车行动敏捷，有的则行动迟缓；有的乘客态度谦和，有的则傲慢无理；有的乘务人员服务热情，有的则服务一般。在个人身上表现出来的这些个性心理特征，反映出了人的心理活动不同，由此可见，每个人的行为都是通过心理现象表现出来的。

二、乘务行为

行为是个体受心理支配表现出的外部活动。乘务行为是乘务员在服务过程中语言、礼仪、职业道德、服务技能、文化素质的集中反映。在乘务活动中，“人”是活动的主体，人的行为千差万别、千变万化，但是，不管男女老少，哪个时代、何种阶层，都有其共同点。

（一）行为特征

1. 自发的

人的行为是自动自发的。外力虽然能影响其行为，但无法发动其行为。外在的权力、命令无法使一个人产生真正的效忠行为。

2. 原因的

行为的产生都有其原因。遗传和环境是影响其行为的因素，外在条件也可能影响其内在的动机。

3. 有目的的

人的行为不是盲目的，它不但有起因，而且有目标，有时候第三者看来毫不合理的行为，对其本身来说却是合乎目标的。

4. 持久性的

行为指向目标，目标没有达成以前，行为不会终止，行为会一直持续到完成目标。

5. 可改变的

人们为了达到期望的目标，不但会常改变其手段，而且会通过学习或训练改变行为内容。这与其他受本能支配的动物行为有所不同，因为人的行为具有可塑性。

（二）影响人行为的因素

任何事物的运动都有其内部和外部原因，人的行为也毫不例外，在乘务活动中，受特殊环境的影响，个人主观内在因素和客观外在环境因素都会对其行为进行影响。

1. 知觉与行为

知觉与感觉不一样，感觉是人脑对客观事物的直接反映，知觉是对事物整体的反映，这种反映不是孤立的，是对事物的内涵做出的全面判断。知觉是一个人的思维窗口，与思维紧密联系。

2. 个性与行为

个性是指一个人的整体面貌，是经常出现的、比较稳定的心理倾向性和非心理倾向性特征的总和。由于个性差异存在，导致每个人的行为不同。

3. 价值观、态度与行为

价值观是一个人对周围事物的评价和看法，有什么样的价值观就会有什么样的态度。

研究乘务行为不可避免地要涉及到乘务人员与乘客乘车时的行为。在乘务活动中人们受各种环境制约，人的行为往往表现出社会性，受到自然环境、社会环境以及个人的生理环境影响，人容易产生心理的波动，这些心理活动会支配其乘务中过程的各种行为，表现出个人的行动倾向。如：遇到交通堵塞或长时间候车时，人的心理容易产生烦躁情绪，这种情绪可能就会导致乘务人员与乘客之间产生矛盾。由于个人的行动倾向不同，在乘客方面表现为：

烦躁、易怒、发牢骚；在乘务人员方面表现为：不耐心、不理解、不谦让等。

三、乘务心理与行为之间的相互关系

在乘务活动中，乘务心理与行为，是同一活动中不可缺少的两个重要环节，两者互相联系，同时发挥作用。辩证唯物主义观点告诉我们“内因（心理）在事物发展过程中起决定作用，外因（行为）是事物发展变化的条件，外因（行为）通过内因（心理）而起作用”。换句话说，有什么样的乘务心理就会产生什么样的行为。如：过路口等红灯时间过久、车辆晚点等，驾驶员心理就容易产生急躁情绪，在行为上就会出现驾驶车辆不规范的情形，个别驾驶员还会采取强行进出站、侵占非机动车道等不利于安全行车的违法行为；而乘客在漫长的堵车中，也会出现烦躁心理。如：不顾及驾驶员违章行车可能引发交通事故，从而对自己或他人造成人身伤害的因素，希望驾驶员车开的越快越好，在心理上认同驾驶员道路违章的合法性，在行为上不仅不进行制止，还表现出支持。从以上乘务过程中双方人员在心理与行为方面表现出的不同反映可以说明，需求是人们心理活动的推动力量。需求如果得不到满足，人们的心理活动就会十分活跃，并不断加剧，以支配行动来实现自己的需求。

人总愿意去做一些能够满足需求的事，需求的满足是每个人实现目标的精神享受。好的心理需求，能够促使人形成良好的心理品质，促进人的价值观、人生观、世界观和道德观念、法律观念的健康发展，从而做出正确的行为；反之不好的心理需求，则会导致错误的行为，并产生负面效应。

四、乘务心理与乘务行为的研究

研究乘务心理与乘务行为是以构建人与人和谐交往、建立文明有序的乘行服务环境为追求目标，通过对乘务活动的不断总结，逐步提高服务质量，达到在精神需求与服务感受上的最佳效果。

（一）乘务心理、乘务行为研究的意义

1. 有利于建立乘务人员与乘客之间的良好关系

在服务活动中，存在着显性服务和隐性服务。显性服务是乘客在感官上能感觉到的服务；而隐性服务是内在的，是乘客在经历被服务过程之后，在精神上的收获，是高标准的服务需求。了解乘客的服务心理需求，掌握服务行为对策，无疑可以使乘务人员用人性化服务方法满足不同乘客的乘行需求，并赢得乘客对公交服务工作的理解和支持，形成乘务人员与乘客之间良好的人际关系。

2. 有利于营造和谐有序的车厢环境

由于公交服务环境的特殊性和心理需求所具有的复杂性、多样性，看似简单的日常服务活动，实际上在小小的车厢中充满着各种社会矛盾。所以，针对不同乘客的心理需求，在服务中增强心理的正确判断力和加强服务技巧的灵活性，就能够有效化解乘务矛盾，营造文明和谐的车厢环境。

3. 有利于调动职工的积极性

服务工作不是简单的体力劳动，而是脑力和体力的同时付出，也可以说是一种高层次、富有活力和创造性的工作。在乘务活动中，人是主体，乘务心理与行为就是要研究人的能力、优缺点、心理的特点。通过各种管理方法充分挖掘职工内在的工作潜力，激发出正确的服务动机，有助于管理者根据心理学的理论观点，挖掘员工内在的心理，充分调动他们工作的积极性、创造性。

4. 有利于提高服务质量

服务质量是服务工作的生命线，是公交企业在竞争中不断发展的决定因素。研究乘务心理学的目的，就是从两个方面充分发挥潜能：一方面是急乘客所急，想乘客所想，全面了解乘客的心理状态，并努力满足乘客的乘行需求；一方面是从更多方面掌握职工的心理活动，帮助他们答疑释惑，排忧解难，逐步提高心理素质，增强做好服务工作的软实力，不断提高服务质量，增强企业的竞争能力。

5. 有利于提高服务管理的科学性和艺术性

服务管理既要讲究科学性，又要追求艺术性。服务管理必须立足于员工的心理之上，重视对员工心理的管理，发挥员工的主观能动性，调动员工的积极性，因为员工是直接参与乘务活动的主体，是组织目标的实现者。管理者如果没有掌握乘务心理和乘务行为的知识，在进行管理时就必然是靠经验办事，或是凭主观，靠运气，而有了对乘务工作的科学管理知识，并将其熟练运用在实际管理活动中，对加强服务管理，提升管理的科学性和艺术性起着积极的促进作用。

（二）乘务心理与乘务行为研究的原则

任何事物的发生、发展和变化都是有规律的，乘务心理与行为现象也不例外。因此研究乘务心理、乘务行为必须遵循以下原则。

1. 客观的原则

客观环境是人类赖以生存、发展、从事生产和生活的外部客观世界。客观环境直接影响人的感觉器官，引起人特定的认知、情感和态度，对人的心理和行为产生影响，决定人对客观环境的适应方式，人们在不同环境条件下进行自我心理调试，以适应和创造一种有利于个体发展的环境。因此，研究乘务心理与行为的首要原则是客观性的原则。客观原则要求从事乘务活动的双方要依据社会环境发展变化，对获得的事实做出全面的客观分析和充分研究，以便找出其客观规律性。

2. 发展的原则

这是研究乘务心理和行为必须遵循的原则。这一原则要求，不仅要阐明研究对象的心理品质和行为养成的客观性，而且要用发展的眼光研究社会环境与心理之间的相互关系。随着社会不断进步，人类面临的环境问题表现得更加突出，因此，研究乘务心理，就要把注意力转向更加广泛宏观的发展环境，只有这样才能对乘务活动中可能出现的问题有正确的了解和预测。

（三）乘务心理、乘务行为研究的方法

1. 细心观察

这种观察是在自然条件下进行的。我们知道，人的行为是受心理支配的，这种心理活动会通过人的喜、怒、哀、乐和语言等行为方式表现出来。如：在乘务过程中，抱孩子的乘客企盼座位的眼神，老年人不肯向车厢里移动的固执，病人脸上痛苦的神情，外地乘客不了解地理环境的东张西望，都在向乘务人员

传递着需要帮助的讯息。乘务人员在服务过程中细心观察这些现象和行为表现，并在此基础上运用科学原理解释观察到的现象，制订相应的服务对策，不断改善服务方法，在细小的服务上见证服务质量，是体现窗口行业人性化服务的关键。

2. 认真分析

这种方法是建立在细心观察的基础上，通过分析来揭示人的心理行为特点和规律，从而找出实质性、规律性的东西，指导乘务工作。如：外埠乘客在乘行中往往会左顾右看，每到一站都会神情紧张的侧耳谛听乘务员报站，乘务人员如果通过观察，就可以分析出外埠乘客心理需求是对地理环境不熟悉的原因，在宣传疏导方面需要乘务员报站清楚、询问主动、到站提醒、解答乘客询问耐心，当好他们的向导，有针对性地开展乘务服务，就会得到乘客认可，取得良好效果。

3. 反复实践

在观察、分析基础上制订出的服务方法效果如何，要经过服务实践的检验，有的需要反复实践才能摸索出服务语言科学性和规律性。如：乘务活动中，乘务人员用什么样的语言更合适，如何把握好话语的音调、语气和节奏，在什么时候进行报站、宣传，注意到这些细节都能使乘客在乘行中感受到乘务人员贴心热情的服务，使乘客达到服务心理需求与精神感知上的一致。

4. 不断总结

许多乘务人员在工作实践中不断摸索，分析乘客心理特征及心理需求，为乘客排忧解难，提供人性化的服务，从中积累了很多好的经验。如：李素丽同志，是公交 20 世纪 90 年代涌现出的劳模，她在学习和继承几代公交人优质服务工作经验的基础上，融合了自己的乘务工作实践和掌握的知识加以创新发展，创造出了实用可行的《李素丽服务法》。书中贯穿了公交人辛勤工作、热情待客、不断总结探索服务方法的历史脉络。这些好的经验，积少成多，并上升为理论，再用于指导服务工作，对于城市公共交通发展和服务质量不断提高具有非常深远的影响。

第二节　乘客心理与行为

服务行业的特殊性决定，生产的产品不能储存，生产和消费需同时完成。在生产过程中，产品质量（服务质量）检验完全是通过乘客参与过程来实现的，产品的质量是伴随着乘务活动的全过程进行的。在产品生产和销售活动过程中，产品质量是通过被服务者的内心感受来反馈的，而内心感受是无形的、看不见的、摸不着的，是隐性的心理需求，是服务生产过程中极难控制的一个环节。因此，科学的了解乘务活动中乘客的心理需求，是提高服务产品质量特别关键的内容。

一、乘客的需要、动机与行为

（一）需要

需要是在一定条件下，人的有机体对客观事物的需求。如：人饿的时候对食物会有需要，渴了对水会有需要，成年人有对工作的需要等，人的这些需要既包括生理需求，也包含心理需求。在本节中我们通过对人的心理需求的了解，重点研究掌握乘务活动过程中乘客的心理需要。

1943年，美国心理学家马斯洛（A. Maslow）提出了人类的“需求层次理论”，即把人的需要归为五大类：生理需求、安全需求、归属与爱的需求、尊重需求和自我实现需求。在乘务活动中，按照重要性和发生的次序，乘客的心理需求也可以归为五级。

第一级：乘行中的便利需要。在乘坐公共交通工具时，乘客首先有如下基本需求：候车时间短，线网布局合理，可供选择的出行方式多，出行乘车步行距离不太远，乘车时不拥挤，准点到达等。现代文明城市的标志就是公共交通是否发达，线网布局是否合理，可供乘客选择出行的方式是否便捷。2008年奥运会后，北京市政府提出要以构建文明城市为目标，大力发展轨道交通，公共电汽车线路要衔接好轨道交通，可乘行接泊步行距离不超过500m

的宏伟规划。在公共交通线网基础布局上，尽量做到方便人性化。

第二级：乘行中的安全需要。当乘客出行第一级心理需要得到满足后，心理需求就会上升到安全方面，乘行中特别希望人身财产能受到保护。如希望服务设施牢固，驾驶员驾驶技术好、行车平稳、进出站安全，乘务员照顾乘客周到、不给乘客分家、不出现车门夹人、摔人等危害人身安全的现象。

第三级：乘行中的服务需要。当安全得到保障后，服务心理需求就逐渐开始。排队等候时，希望有人管理站台秩序，排队上车有序；上车后希望乘务人员能彬彬有礼、语言文明、工作热情、积极疏导、耐心解答，给予老人特殊照顾等。

第四级：乘行中的舒适需要。乘客舒适心理包括硬件环境和软件环境两方面心理需求。随着城市精神文明建设的发展，公共交通服务设施更加人性化，原来四处漏风的老旧车辆逐渐被智能化的新车型所替代，如：在车内增设残障服务设施、设置冷热空调等，使乘客置身于一个比较舒心的宽松环境中。硬件服务设施的不断完善，对软件服务标准要求就会更高，需要乘务人员服务态度好，车内环境整洁，视觉和听觉没有噪声污染等心理需求。

第五级：乘行中的尊重需要。每个人都有自尊心，即希望在他人面前或社会公众面前满足自尊心又希望得到合理的尊重。在乘行活动中，乘客希望乘务人员语言文明礼貌，不讲讽刺、挖苦的话，注重礼节，特别希望乘务人员能向待贵宾一样给予周到细致的照顾。这种受人尊重的心理需求，随着社会的进步会越来越明显。

以上 5 种需要是由低级向高级发展的，有时候，这五种需要对于每个人来说是不同的，其需要的先后顺序也有所不同。如工薪阶层乘客，他们工作的目的，首先是为了生活，解决衣食住行问题，在乘行中他们首先需要的是在上班时不迟到，不被扣钱，每月工资一分不少的拿回家，在经济上独立，在家庭里有地位；其次是在社会上希望受人尊重、乘务人员服务态度好、乘行安全、环境舒适等需要。而老年乘客则恰恰相反，他们大多数退休在家，工作一辈子不容易，闲暇时外出散心锻炼身体，希望在乘行中舒适不拥挤、乘务员服务态度好、安全行车有保障、受人尊重、时间上宽松等。

虽然需要可分为5个层次，但需要有其共同的特点：

(1) 这种需要总是具体的，是离不开一定条件的。如：乘客对服务设施的需要、对驾驶员安全驾驶的需要、对车辆舒适的需要等，都是指向一定的实物和对象，而这些需要的满足，都必须具备一定的条件。

(2) 已经形成的需要，决定着乘客的行动及其需要内容的选择。如：由于时间上的紧迫，乘客在选择出行工具时，他们往往以快捷的交通工具为首选，一旦乘客选择了代步交通工具，完成了乘行的目的，心理上达到了满足，就会在交通工具方面又有新的选择。

(3) 需要并不因获得满足而终止，有些需要还可以重新出现和产生。如：上班族，在早高峰，他们需要车辆能准时到达，在到达工作岗位后，这种对车的心理需求就慢慢淡化了，心理的需求转化到工作上。当工作结束后，对车的心理需要又重新出现，盼望能尽快来车，与家人团聚。这种情况，周而复始，对于上班族来说，车的需求永不终止。但由于工作地点的改变，出行的交通方式也会随之发生变化，步行或自行车代替了公交车，他们对车的需求也就停止了。如此可以说明，某些需要，是与周围环境的变化相适应的。乘客的需要是永无止境的，当一种需要达到满足后，会追求另一种心理的需要。

(二) 动机

(1) 动机是激励人们行为的原因。人的这种活动的原因，在心理上称为动机。了解动机对于了解人的行为具有重要的意义。正是人的动机的性质决定并制约着人们行动的性质、人们行动的效果、实现行动的不同方式以及在行动中的坚持性等。例如：一名外地乘客，他乘车的主导动机是为了浏览名胜古迹，那么在乘行中他会对乘务员的宣传、服务用语非常感兴趣，因而对乘务员的第一位的服务需求是热情宣传；反之，如果乘客只是乘车办事，就会对时间的心理要求较高，而忽略乘务员的热情宣传。动机由两种因素形成，其一是需要，在上文中已经陈述，其二是刺激。

(2) 动机由刺激产生。如：乘客由于工作中遇到了不顺心的事，在回家的途中，长时间等车不来，就会产生外部刺激，在心理方面就会形成不良的动机，上车后，采取过激行为，不主动刷卡，质问乘务人员为什么不来车，受情绪影响还极易与周围乘客发生矛盾，这种强烈的不满情绪还会导致其产生过激行为，甚至会引发严重的纠纷出现。

（三）行为

虽然人的行为是千差万别、瞬息万变的，但就乘客而言，其行为仍具有共同之处，主要有以下几点。

（1）行为是自发的。人的行为是完全自动自发的。外界因素能影响其行为，但无法发动其行为。如：乘客乘坐公交车是完全自觉自愿的，但由于候车时间较长，会迫使乘客改变乘行工具。因此，乘客选择乘坐什么样的车，是公交职工不能控制的。

（2）行为是具有原因的。任何一种行为的产生都有其起因，遗传和环境可能是影响其行为的主要因素，外部条件也可能影响其内在的动机。如：车厢乘行环境差，使乘客产生厌烦心理，相互间易产生摩擦。受外部乘行条件的影响，原本文质彬彬的乘客也会由于乘行环境条件差，在心理因素方面发生变化，表现出对小事计较，易与其他乘客或乘务人员发生口角等行为。

（3）行为是持久性的。任何一个人的行为，在没有达到目标时，是持久的，不会终止的。外部条件只会改变其行为方式，由外在的行为转为潜在行为，但仍会不断地向目标进行。如：许多老年乘客，喜欢乘坐他比较熟悉的乘务人员服务的车辆，宁愿候车时间长，也要坐上自己所喜欢的那辆乘务人员的车，只有这样，心里才会踏实，有安全感。这种候车行为是持久性的。

（4）行为是可以改变的。人们的行为受各种条件制约，具有可塑性。因为人的行为是动机性行为，心理学家认为，所有人的行为，都是朝着为了满足目标而进行的。人类为了达到一个目标，不但常改变其手段，而且经过学习或训练也可以改变其行为。

二、乘客的共性心理与行为

乘客产生乘车动机的时候，心里就会出现某些需求，这种需求具有共性的特点。在乘车过程中，安全、准点、舒适、尊重是乘客的共性心理，这种共性心理具有一定的规律性。

研究乘客的共性心理与行为，对于公交职工做好本职工作，提高服务质量，满足乘客服务需求，缩短乘客在乘务活动中感受与感知间的服务差距，使心理需求和服务享受达到基本一致。

（一）乘行中的安全心理与行为

随着社会环境不断改变，乘客安全意识逐步增强，这种安全心理需求，不仅仅是指驾驶车辆不出意外事故这种小范围的安全，还希望的是整个乘务活动过程中的大安全，希望从候车开始到服务过程结束，都处于绝对安全环境中。在外出时对车辆服务设施安全性、车辆驾驶安全性、人身财物安全免受侵害等方面希望有保障。希望法制环境能保护自己的权益不受侵害，遇到问题时，有法可依。如：一天下午，王先生乘坐公交车，由于人多，乘务员没有看见其刷卡，便对王先生说："您没刷卡，请您刷卡"，王先生告知乘务员已经刷卡了，乘务员回答说："我没听见刷卡机响"，并要求乘客出示IC卡进行核对，乘客说："下车我给你看一百遍都行，现在我不给你拿!"。乘务员的要求遭到乘客的拒绝，回到售票座位后，声音非常大的与车上其他乘客说："现在有的乘客就是不自觉，明明看见他没刷卡，可他就说刷卡了，没刷卡的人比谁都要横!"车上有几位乘客也随声附和的说："车上什么样的人都有。"听到这些话让王先生非常气愤，控制不住地大声对乘务员喊到："你有完没有，我告诉你，你现在正在侵犯我的权利，你知道吗?"车到站，王先生在读卡机具上进行刷卡后，再次叫乘务员说："你看着，我刷卡了"，乘务员不理智地回答说："没看见。"双方矛盾迅速升级，此时，王先生用非常不文明的语言辱骂乘务员。事后，王先生将乘务员投诉到服务热线，车队先后四次与乘客进行沟通，希望得到乘客的谅解，乘客不接受，并表示要将乘务员告上法庭，理由是乘行中自己人格受到侮辱，个人的合法权益受到侵害，要借用法律还其名誉，要让乘务员在法庭上公开给他赔礼道歉，同时在精神上给予补偿。其实在乘务活动中，乘务人员每天都会遇到类似问题，由于个人的文化素养和道德水准存在差异，对事物评判的标准和服务需求同样会有所不同，个人的权利受到侵害，乘客在心理上感觉很不安全。因此，可以从以下几类群体全方位的了解乘客安全心理需求，充分把握、运用和分析不同群体需求。

1. 老年乘客

老年乘客由于年龄和身体原因，上车时动作表现迟缓，应变能力差。他们担心车辆拥挤，上下车时特别注意自我安全保护，乘车时有一定的依赖性，喜欢靠近服务设施，以便应急，遇有车辆急刹车或行经繁华地区时，他们会产生恐惧心理，手抓设施，神情紧张，希望得到乘务人员的关注和细致周到的帮助。

2. 青年乘客

青年乘客大多数是在校学生和刚参加工作的年轻人，一般情况下，乘车时安全意识差，车来就上，不顾他人安全，对车辆安全行驶要求不高，喜欢驾驶员开快车，车开得越快越感觉刺激，车厢中，喜欢独立而站，不爱抓握服务设施，特别是接打手机时不注意道路情况，遇有紧急制动，经常是东摇西晃，易造成摔伤。

3. 少年乘客

多数是中小学生，对外界事物天真好奇，安全观念比较淡薄，自我保护意识差。乘车时，喜欢成群结队，上车后嬉戏打闹，容易对自己和他人造成伤害。

4. 女乘客

首先，安全意识特别强，乘车时，就怕开快车。其次，对车内安全距离要求高，不喜欢与男乘客面对面站立对视，反感身体与他人接触，自我安全防范意识强，希望与其他乘客保持一定的空间距离。还有部分女乘客既要忙于工作又要照顾子女、忙于家务，对时间的观念特别强，来车就上，但又怕被夹、被摔，上车时紧张，下车时谨慎，动作缓慢。

5. 带小孩的乘客

带小孩的乘客有两种情况，一是孩子不能行走，需要大人抱着乘车；二是孩子虽然自己能行走，但年龄尚小，缺乏自我保护能力，离不开成年人的帮助。带小孩的乘客在乘车时，对子女的安全保护意识特别强，心中有四怕：怕人多挤不上车，怕上车没有座位，怕人多挤着孩子，怕制动摔着孩子，对安全感和座位的需求非常强烈。

以上从5种乘客的安全心理与行为中可以看出，安全是人们乘行的基本需要之一。

(二) 乘行中的时间紧迫心理与行为

随着城市节奏加快，忙忙碌碌的人们对时间观念要求特别强，乘客外出时，在时间上是有严格计划。

1. 首班车

一般情况下，乘坐首班车的乘客比较固定，他们大多数是距工作单位、学校较远的工作人员、学生，还有一些参加晨练的老年人。他们乘车较固定，对线路的地理环境也比较熟悉，希望车辆发出准点，来车不等，上车后能迅速、顺利到达目的地，担心车辆到点不来，怕车辆发生故障，最怕车辆到站不停车出现甩站等。还有少数乘客是临时乘车，他们大多数是外地乘客，沿途地理环境不清楚，乘车时怕坐错了车，耽误了时间，易产生紧张心理。

2. 末班车

乘坐末班车的乘客多数是工作人员，他们乘车线路、时间较为固定，心里有三怕：一怕错过了末班时间，等车时不停地看表、张望；二怕车到站不停，等车时焦急，经常是迎着车头靠马路中间迎候车辆，希望车辆规范进出站，注意行人安全；三怕坐过站，末班车的乘客多数下班后身心疲劳，上车后就找个合适安静的地方睡觉，需要报站提醒。

3. 早、晚高峰

乘坐早、晚高峰车的乘客，大多数是上班族和学生，其共同特征是时间观念强，乘车不怕挤，来车就要上，上车后希望车辆行驶准点，遇有车辆堵车间隔大，易产生急躁情绪。

4. 节假日

假期长，家人、朋友团聚，串亲访友，结伴旅游，乘客外出一般对时间的要求不甚紧迫，但是他们乘车有三怕：怕夹、怕摔、怕分家。特别是一些平时不出门的老年人，上下车行动迟缓，最怕别人催促，埋怨其行动慢。遇有车辆进站，总是耽心上不去车，下车时提前站立，人多时，喜欢就近车门下车，同时又怕被人挤着，怕遇到紧急制动摔着等。

5. 低峰时间

乘客此时间外出，多为购物。年龄较大乘客多数退休在家担负着家务劳动，为家人做饭，为子女接送孩子，乘车时，希望车辆不太拥挤，候车时间不太长，怕影响做家务，这些人对地理环境熟悉，购物多，上车后，就近站立，不愿往里走，怕下车麻烦等。

通过以上不同时间来分析乘客的共性心理，可以明显看出，他们对时间上要求普遍比较紧迫，但受客观条件的制约，有时乘客的时间心理需求达不到满足，这种需求达不到满足时，乘客表现出来的行为经常是：脾气暴躁，易与他人发生矛盾冲突，对小事斤斤计较，不愿意宽容别人的过失，有的乘客内心烦躁，面部表情愤怒，不愿意为他人付出，不理解公交职工的工作，把自己的时间看的比任何事情都要重。如：早高峰，有的乘客突然发现自己随身财物被盗，情急之下，请求乘务人员能尽快协助抓到小偷，找回被盗物品，当乘务人员希望得到车上其他乘客支持时，许多乘客表现的非常冷漠，不愿为别人耽误自己的时间。

从乘客的乘车目的可以看出，他们共有的心理就是希望用最短的时间完成乘车过程，以缓解乘车时的紧张情绪。

（三）乘行中的方便心理与行为

乘客在乘坐公交车时，图的是方便省钱，在心理上，希望路走得越短越好，乘车时，线路选择越多越方便。如：由于站位设置不合理，造成乘客出行不便，使乘客线路选择发生变化，容易使乘客产生心理紧张，会导致行为上的厌烦情绪。特别是外地乘客，由于地理环境生疏，在乘行中方便心理占主导地位，希望换乘车方便、省时、省力。新搬迁的小区居民，由于家离工作单位和上学的地方很远，在乘行中希望公交车站设置离住地越近越好，他们在乘行中的共性心理是：不论家住有多远，都能有方便的公交线路为其提供乘行需求，车辆间隔时间不能太长，首、末车都能满足随时出行的需求等共性方便心理。这种方便心理需求，不受主观因素制约，在现实中往往与客观环境发生一定冲突，导致乘客的这种心理需求得不到完全满足，产生不良的行为。在心理上表现出遇事不冷静、乘车时容易对周围乘客和乘务人员发泄心中不满等心理，在行为上表现为：语言过激、行动粗鲁、社会公德心差等。

(四) 乘行中的舒适心理与行为

乘客乘坐公共电汽车，其舒适的环境能给予乘客良好的心态，好的心态能产生良好的人际关系和行为。乘客舒适心理包括对车辆设施的人性化需求、车厢环境的整洁化需求、车厢空间宽松化需求、乘客之间相互和谐化需求等。不同类型的乘客有不同的心理与行为。

1. 女乘客

女乘客在乘车时对车厢的环境特别注意，怕脏，喜欢挑选清洁的位置，夏天，穿着服装较浅，易出汗，多数喜欢站立，怕弄脏衣裳。在乘车时，怕车厢拥挤，部分女乘客上班时携带子女，上班时间卡得比较紧，既怕孩子上学迟到又怕自己上班迟到，希望车厢环境宽松，不拥挤。下班时，忙于家务，采购物品多，希望到站就有车，能缓解一天工作的疲劳等。

2. 孕妇乘客

孕妇乘客虽然极少数，但她们却是照顾的重点对象，一般在低峰时外出，车厢环境对她们乘行很重要，车挤、车脏不愿搭乘，上车后喜清静，怕人碰到身体，怕被人发现是孕妇，但心里却希望能有个座位，上下车时动作慢，不愿让其他乘客接触到自己。

3. 闲散乘客

闲散乘客多数是休息和退休乘客，他们外出，对时间要求不是很迫切，但他们有车内环境宽松、空间环境美观整洁、上车有座位、车内无噪声等共性心理。

(五) 交往中的尊重心理与行为

每个人不论年龄大小，职位高低，都希望得到他人的尊重，相互间一句礼貌、恭敬的称呼会使人心理上得到满足。乘客也是这样，外出乘车时同样要求得到他人的尊重。如：

1. 知识分子乘客

多数受传统家庭教育和多年学校环境的熏陶，重视自身价值，在交往中注重礼节，希望周围的人对他们礼让相待，自尊心非常强。在乘行中喜欢不动声色地观察别人的举动，遇事爱讲道理，不愿承认自身的错误。

2. 老年乘客

习惯用社会的道德要求别人，部分老年乘客受封建传统教育的影响，对周围的事物看不惯，喜欢对别人说教，怕其他人说他们倚老卖老，喜欢用自己的标准去评判事物对错，自尊心比较强。

3. 外埠乘客

受地域语言、习惯的影响，乘车时心理紧张，一般携带物品较多，怕坐错了车，询问地理环境时怕别人听不懂，怕别人歧视，渴望得到别人的帮助和尊重。

4. 农民乘客

农民乘客多数是务农在家，接触社会机会少，对大都市的繁华热闹感到新鲜，他们大多性格朴实，珍惜自己的劳动果实，在与他人交往时，不太拘泥礼节。如：询问地理环境时，不使用尊称；上车后，不主动给老年人和有困难的乘客让座；由于人生地不熟，乘车时不辨方向，心情紧张，而且不愿意别人对他们说话不礼貌，担心别人瞧不起自己，自尊心较强。

5. 伤残乘客

由于身体残疾，伤残乘客多数有心理的自卑感和失落感，自尊心特别强，乘车中对他人的态度、说话的语气和对自己的称呼非常敏感。乘车有四怕：怕磕碰、怕拥挤、怕摔倒，最重要的是怕被别人看不起。

通过以上对 5 种乘客共性心理的特点和行为分析，可以看出，不同的乘客在乘车交往中心理、行为表现有很大的差别。只有掌握了不同乘客的共性心理、行为规律，才能有针对性地做好服务工作，因势利导，化消极因素为积极因素。

三、乘客的个性心理与行为

乘车是人们从事生产生活时所必须进行的一种广泛的社会活动，这种活动是由每个具体人参加的。正如世界上没有两片完全相同的叶子，同样世界上也不存在两个性格完全一样的人。在乘客群中，每个人的性格都有别于他人，心理学上把那些在个人身上经常地、稳定地表现出来的心理特征总和

（包括如何影响别人，怎样对待自己，以及他的可被认识的内在或外在的品质全貌），称为个性。有些偶然出现的特征，并不能算作一个人的个性心理特征。所谓经常的、稳定的心理特征，是指那些以某种机能特点或结构形式在个人身上表现出比较固定的特点。如：乘客在乘行过程中，偶然忘了刷卡，这并不能说明他有健忘症，偶尔因为心情不好，与乘客发生一次口角，也不能就判定此人平时素质差。只有当这些特征经常地、稳定地在一个人身上表现出来，并影响他的举止行为时，才是他的个性。下面我们试从乘客气质、意志、情绪方面分析不同乘客的个性心理与行为。

（一）乘客的气质与行为

气质类似人们平时说的“性子”“脾气”，是个人行为特点的总和。这种个性主要表现在人的情感稳定性和灵活性方面。当车厢中发生争吵时，不同乘客的反映有明显的差别。第一种人，听完争吵的缘由，上前主动劝解；第二种人，不劝解，只是与周围乘客议论是非曲直；第三种人，自己观战，在心里辨别是非，不表现出来；第四种人，不闻不问，与己无关。通过这四类乘客对待一件事情的反映就可以分析出乘客个人的气质。下面主要介绍四种气质类型乘客的特点：

1. 胆汁质

又称不可遏止类，属于战斗类型。这种人情绪易于激动，反应迅速，行动敏捷，暴躁而有力。在语言、表情、姿态上都有一种迅速燃烧的热情表现。这种类型的乘客性格直率，为人热情，愿与人交往，喜欢打抱不平，但容易与他人发生矛盾。

2. 多血质

又称活泼型，属于敏捷好动、善于交际的类型。这种人由于神经过程平衡而灵活性高，易于适应环境的变化。这种类型的乘客活动敏捷，表现在上下车行动迅速，善于与他人主动交往，适应车厢的不同环境，待人接物说话率直，外部特征明显。

3. 黏液质

又称安静型，属于缄默而沉静的类型。由于神经过程平静而灵活性低，反应比较缓慢。这种类型的乘客能遵守乘车秩序，有良好的公德意识，遇有矛盾能表现出外部沉静，情感上不易激动，不轻易发脾气，能有条不紊地处理矛盾。其不足是灵活性不高，有些惰性，表现在乘行中主动性差，不愿与他人交往，较自私，个人利益不能受到侵犯等。

4. 抑郁质

又称抑制型，属于呆板而羞涩的类型。这种人有强烈的感受能力，经常因为微不足道的事情动感情。抑郁质的乘客内部心理表现强烈，外部表现则沉静，行动与众不同，自尊心理非常强，上下车行动缓慢，与其他乘客不爱交往，遇事多愁善感，反应迟缓。

以上 4 种类型的乘客在乘行活动中，举止、行为表现各不相同。以乘客上车忘记刷卡为例，胆汁质的乘客在上车刷卡时，由于人多可能会与乘务员发生争执；多血质的乘客可能会千方百计地找一个借口不刷卡；黏液质的乘客可能会找一个理由从容上车；抑郁质的乘客则可能想，今天真不走运，忘记带卡了，哪儿都不去了，回家算了。

研究乘客的不同气质类型，主要是了解乘客在乘行过程中的个性心理，多数乘客是介于各类型之间的中间类型，只有少数乘客是四种类型的代表。个性心理反映的虽然是少数乘客的心理，但对乘务员来说，则是他们工作的难点和重点。

（二）乘客的意志与行为

意志是人在社会实践中自觉地确定目的，克服困难，并支配其行动以实现预定目标的心理过程。乘客的意志构成比较复杂，存在着一定的差异，这些差异表现在以下类型：

1. 固定型

指乘客的意志比较固定，变化性不大。一般来说，老年人、成年人、部分青年人和具有丰富乘车经验的乘客，意志活动比较固定。

2. 灵活型

指乘客的意志活动比较灵活，变化性比较大。这主要指部分青年人、少年、儿童及乘车经验不足的外地乘客。

3. 坚定型

指意志比较坚定的人。在乘车过程中，他们的意志活动不容易改变，能够克服困难，不怕挫折，特别表现在必要时能当机立断，果断处理问题。

4. 薄弱型

是指意志较为薄弱者。一般地说，其意志对个人的心理状态和面部表情调节作用较小。这样的乘客很少能克服困难，对突如其来的车厢内复杂变化往往束手无策，不知所措。

（三）乘客的情绪与行为

人的情绪会影响其行为。情绪与情感是人对客观事物产生需要的态度和体验。人的情绪是极其复杂的，在同一时间和空间内，人的情绪是千差万别的，因人而异，即使同一个人在不同的时间和空间内的情绪也不同。不同情绪的乘客主要表现为以下几种类型：

1. 稳定型

指情绪的起伏较小和波动程度较稳定的乘客。在乘行中，这部分乘客内心安静，对任何事均持客观的态度，情绪上受外界事物影响较小，行为上不慌不忙。

2. 理智型

指情绪控制较理智的乘客。能客观分析乘行中的任何事情，对乘行中的突发问题，有自己正确的认识和分析，并能理智对待，而不理智的乘客则有可能表现出突发的行为。

3. 控制型

指能控制自己情绪的人。这部分乘客对自己的情绪有较好的控制能力。在乘行中能不受环境的影响，保持良好的心态，控制自己的情绪不受干扰，能自觉遵守乘车秩序。不与他人发生争执。而缺乏控制的乘客则情绪易失控，表现与前者相反的行为现象。

4. 持久型

指情绪在一定时间内保持一致的人。这部分乘客在乘行中能自始至终保持良好的情绪，表现在对他人有礼有节，态度和蔼。缺乏持久性情绪的乘客则往往表现出对他人忽冷忽热，情绪好坏不定，易受周围环境影响，其情绪波动大。

乘客的情绪不同，其表情动作也会不同。乘务人员应细心观察，及时把握乘客的情绪变化，并提供有针对性的服务。

第三节 乘务人员心理与行为概述

乘务人员是指直接参与企业乘务活动的服务人员。如公共交通乘务活动中的驾驶员和乘务员，习惯上我们把他们称为“乘务人员”。在乘务活动中，经常出现的具有普遍性的心理现象称之为乘务人员心理。在乘务活动过程中，由于乘务人员自身价值观、文化素质、性别、年龄、工种不同，在心理素质和服务行为上就有所不同，这些心理差异，形成了在服务管理过程中的特殊性和复杂性。研究乘务人员心理，掌握乘务人员乘务行为的一般规律，对提高服务质量，满足乘客服务需求，提高乘务人员工作效率，改善服务方法，将员工心理情绪调整到正常状态具有非常重要的意义。

本节主要从乘务人员的心理特点、心理需求以及乘务人员心理与行为方面进行探讨。

一、乘务人员心理特点

通过多年观察研究分析，乘务人员心理素质受社会环境和工作环境影响，每个人的心理时时刻刻都在发生变化，以人为主体的乘务活动，在服务过程中心理的特征与服务行为密不可分，受服务环境的影响，乘务人员的心理与其他行业服务人员的心理显著不同，具有心理复杂性、多样性和不稳定性。

1. 乘务人员心理复杂性

人是公共交通乘务活动的主体，每天乘务人员要接触不同阶层的乘客。首先，乘客社会背景存在着差异，在交往中人际关系非常复杂，许多情况不可预知，车厢内时常会发生意想不到的事情；其次，乘务人员是单独工作，在遇到各种社会现象和复杂的事情时，许多问题没有具体的解决标准，完全是凭借乘务人员心理素质和能力去应对车厢内发生的一些棘手问题。这些问题往往超出服务范围标准，不能用简单的服务标准去化解。如：车厢内乘客间发生纠纷，乘务人员劝阻不听时，没有权力强制乘客停止纠纷，而发生纠纷，车内其他乘客的权利受到侵害，乘务人员没有能力去保护他们的合法权利，许多时候，乘务人员就会产生非常复杂的心理，不知该如何处理，稍有不甚，就会将自己处于矛盾当中。乘务人员这种心理是伴随着社会环境复杂性变化影响而产生的。

2. 乘务人员心理多样性

人的心理活动是通过心理现象表现出来的，由于乘务人员每天身处社会大环境当中，工作在日趋激烈的信息时代，服务的对象是具有不同服务需求的乘客。为满足乘客的各种不同服务需求，在心理准备上就会有不一样的服务心理素质，呈现出服务心理多样性。如：孕妇乘客，部分孕妇乘客在外观上无法辨别，服装多样性，让乘务人员很难在目测身体时进行有效观察，怕让错座，伤乘客自尊心，如果不主动找座又怕需要帮助的乘客得不到及时的照顾。乘客心理需求多样性导致乘务人员的心理多样性。

3. 乘务人员心理不稳定性

在乘务活动中，乘务人员心理受客观环境影响，心理素质随着服务环境变化而出现不稳定性。如：在行车过程中，天降大雨，视线不清，道路上出现积水，给驾驶员安全行车造成影响，驾驶环境的突然变化，会立刻导致驾驶员产生紧张心理，特别是没有经验的新驾驶员还会产生害怕心理，驾驶技术变形，出现在驾驶行为上小心翼翼、注意力高度集中等心理紧张现象。

二、乘务人员的心理需求

在已往服务管理工作中，服务管理在思想认识上有误区，认为乘务人员的心理是早就形成的，企业教育不可能改变他们的心理，只有在工作标准上严格要求，去规范员工服务行为，才能端正员工的工作态度，所以在管理上虽然付出很多努力，但收效甚微。原因是管理者不清楚乘务人员心里到底在想什么，需要什么，缺乏对乘务人员心理正确理解和近距离的有效沟通，没有掌握乘务人员心理规律和特点，缺乏科学管理手段和技巧。俗话说的好："工欲善其事，必先利其器"，只有掌握了科学的方法，做事才能得心应手，如虎添翼。

乘务人员作为客运服务主体，除具有一般人应有的需求外，同样具有生理需求和心理需要。

（一）乘务人员生理需要

它包括维持生活和繁衍后代必需的各种物质需要。如：衣食、饮水、住房等。这些需要得不到满足，人的生存就成了问题。正如心理学家所说：如果一个人所有的需要都不能得到满足，这个人就会被生理需要所支配，而其他需要都要退到隐蔽地位。如：炎热夏季，道路堵车严重，当乘务人员因工作不能及时解决饥渴生理需求时，除了对水的生理渴望，没有别的兴趣，在心理上就会产生烦躁，大量汗水从身体排除，还有可能导致个别乘务人员出现中暑现象，在服务行为上就会出现服务不耐心、服务不主动等影响服务质量的问题出现。在心理上则表现出焦躁，盼望赶紧到达终点站，其他的愿望就会退到第二位。这种心理现象是由于客观环境影响，使乘务人员生理需求得不到满足，因此，在管理方法上就应该在语言和实际行动上给予关心和理解。

（二）乘务人员心理需要

公共交通服务活动归根到底要维系到员工身上。是靠乘务人员服务来实现的，管理者只有对员工尊重、关爱、理解、信任，才能充分挖掘员工的巨大潜能，调动员工的积极性，从而为企业创造更大的财富。在乘务活动整个过程中，业务技能提高和改变，离不开对乘务人员心理需求的了解，管理人员只有真正满足他们的心理需求后，才能确保服务生产全过程高质量完成。

1. 安全的需要

当生理需要满足后，安全需要就会产生。这种安全需要包括：工作稳定，岗位有保证；生病后能及时治疗，医疗报销有保障；工作环境安全，避免职业病侵袭等安全方面需求。如：乘务人员在乘务活动中，经常会遇到有的乘客财物在车内被盗和乘客被打现象，事情出现后，员工不知道用什么样好的方法去有效解决。乘客财务被盗、人身受到攻击，员工都没有权利去要求乘客站在原地不动或进行搜身，服务行为没有法律支撑，导致员工会出现解决问题不积极、处理矛盾不够妥当等行为。满足乘务人员安全上的心理需求离不开对社会环境和服务环境的客观分析和综合治理。

2. 报酬的需要

每个人工作首先是解决生活需求，工作是为了实现物质上的满足，工资多少就成为每个人非常关心的话题，这是低层次的物质需要。其次是对能力报酬的心理渴求，大部分人认为，报酬的高低，决定着人的生活质量；还有人认为，报酬的多少是标志一个人能力的大小。已成家立业的员工，由于家庭环境和子女的压力，他们非常希望能得到更多的报酬，改善生活环境，让子女上更好的学校等。报酬需求往往可以使人产生工作的内驱力，调动员工的工作欲望，是实现自我价值观的一个重要方面。

3. 工作环境舒适的需要

以人为本，构筑和谐工作环境是调动员工积极性，满足员工心理需求和生理需求非常关键的服务管理环节。在工作时，乘务人员心理与客观环境有直接的关系。如：车厢环境噪声与心理和服务行为的关系，车厢温度是否适宜人的身体活动。一个好的工作环境会使员工心情愉快，会促使员工产生积极的工作态度；反之，如果乘务人员每天工作在嘈杂、拥挤的车厢服务环境中，就会在心理上产生厌烦情绪，造成工作心理上的压力和不安。

4. 理解的需要

由于乘务人员工作的环境比较特殊，工作条件比较艰苦，劳动强度比较大，每天要接触心态各异的乘客，面对不同乘客的言行举止。因此，他们在工作中非常希望能得到乘客的理解。如：乘务人员在关车门时，不小心夹着乘客，这种工作失误并不是主观上造成的，当乘务人员向乘客赔礼道歉后，特别希望能得到乘客的谅解，乘客一句："没关系"就会让乘务人员从心理感到服务被尊重。而当这种谅解得不到满足时，就可能产生不良的心态，认为乘务工作真是太不好做了，乘客也太不好服务了，由此还可能产生不良的乘务行为。

5. 尊重的需要

乘务人员如同乘客一样，也需要别人的尊重，这种尊重既包括对其人格的尊重，也包括对其劳动的尊重。在乘务活动中，乘务人员服务对象是来自不同社会阶层的人，看似简单重复的乘务服务活动，其实是非常复杂的社会性服务，由于人的价值观不同，对事物的认识就会不尽相同，在乘客中既有彬彬有礼、自觉遵守社会秩序和社会公德的乘客，也有行为举止不雅、不文明的乘客。乘务人员如果想得到每个乘客对他们工作的尊重是不太可能的。当乘务人员周到、热情的服务乘客时，她们的内心是非常渴望这样的服务能得到乘客的肯定和尊重，在双方行为上达到一致，当乘务人员帮助老年人找座位时，一声“谢谢”就会使乘务人员心中充满希望。内心的愉快感受是不可言喻的，管理者应该经常与员工进行沟通，及时给予鼓励，帮助员工树立正确价值观念。

6. 情感和归属的需要

乘务人员每天与陌生的乘客接触，心理上非常渴望与同事之间的关系融洽，遇到服务中不顺心的事情，她们无法向乘客诉说心中的烦恼，此时特别希望能有个同事在身边进行倾诉，这是生理上的发泄需要。同时，乘务人员有一种归属感，要求归属一个集体的感情，希望在这个集体中得到相互关心和照顾。这是很强烈的一类需要，管理者应因势利导，努力予以满足。

7. 被赞赏的需要

每个人都有虚荣心和被上级赞赏的心理需要。当员工在工作中通过自己积极努力取得成绩时，特别希望得到领导的鼓励，即认同心理，在心理方面会感觉到自己的工作过程领导始终是看得见的，是被关心的，如：在乘务活动中，主动帮助外埠乘客提拿物品得到乘客表扬时，就希望领导第一时间给予当众肯定，满足自己被认可的心理，在精神上能获得享受。

8. 自我实现的需要

员工都有自己的理想、抱负，有的乘务人员原来的志愿并不是做一名公交车驾驶员、乘务员，她们也有过许多的梦想，梦想当一名医生，可以救死扶伤；盼望能成为一名设计师，为城市设计美丽的建筑。虽然这些梦想随着自身条件与社会需要发生了变化，最初愿望没有得到实现，难免会产生一些心理挫折，但是又希望能在新的工作岗位上干出成绩，得到别人的赞赏。仍然对未来抱有希望，希望在好的环境里实现自己的人生价值，取得事业上的成功。

以上需要是乘务人员的基本需求，公交企业的领导和管理人员应认真调查研究，摸清脉络，有针对性的采取各种措施，进行教育、疏导，努力满足员工心理需求，调动其积极性，努力做好服务工作。

三、乘务人员心理与行为

好的环境有利于营造人与人之间交往的和谐氛围，有利于人与人之间的友善沟通，有利于提高工作效率。每个人都不是孤立存在的，只能在一定的环境中生存和发展，心理学家发现，一个人周围的环境，会对这个人产生微妙的心理影响。如：当车内环境非常舒适时，员工的心情会自然舒畅，与乘客关系就会非常融洽，服务会更加主动，热情，与乘客关系就贴近了，服务距离也会缩短了。但是如果车内环境拥挤，乘客与乘客之间私密空间小了，发生争吵现象就会增多，员工服务时难度就会加大，处理不好就有可能形成服务矛盾，影响员工的服务质量。可见，在不同环境中，人的心情会大不一样。重视环境对人的心理影响，是研究员工心理与行为之间关系，提高服务质量的一个很重要方面。

乘务人员的行为主要指乘务人员在工作时的服务行为。行为是通过一定的心理表现出来的外在的具体方式，行为体现一个人的人生态度，人生态度则支配和左右着一个人的行为。乘务人员的行为直接代表着企业的文化和形象。其行为是乘客衡量窗口服务质量的重要标准，在工作中，有的乘务员能主动为乘客排忧解难，尽可能满足不同乘客的心理需求，而个别乘务人员缺乏职业素养，工作中服务意识淡薄，服务乘客时，表现言谈烦躁，解答询问不耐心，服务一般化问题突出。通过我们对乘务人员心理的不断摸索和研究，掌握了乘务人员服务行为一般规律，制订了相关服务行为对策，帮助乘务人员正确看待服务过程中出现的服务问题，客观分析乘务矛盾。

（一）乘务人员心理与行为的主观性

众所周知，在世界上不存在两个绝对相同的人。每个人都有别于他人，人与人之间都存在个体差异。个性与行为具有密切的关系，了解乘务人员个性心理，不仅可以解释乘务过程中的服务行为，还可以预见乘务人员在乘务活动中可能出现的行为。受社会环境和个人自身素质的影响，乘务人员的服务行为往往具有非常显著的主观性。下面就乘务人员态度、性格、能力 3 个方面进行探讨。

1. 态度

态度是人对某种对象的相对稳定的心理倾向。态度通过人们的意见和举止反映出来，意见是态度的言语表现。态度不仅在言语上表现，同时也表现在不属于语言的行动上。如：道路拥堵，乘务人员就会在语言方面表现出急躁，同时为了赶时间，还会在开关车门时着急。“态度”，体现的是一个人的主要价值观和自我概念。态度决定人们对外界的判断和选择。态度也会增强人的忍耐力。主要表现在：

第一，态度对社会性判断的影响。个体对社会某种判断形成后，在心理形成固定的判断心理，具有牢固的稳定性，这种态度会影响对事物的正确判断，并决定人的行为。

第二，态度影响耐受力。在乘务活动中，每天乘务人员都要与陌生的人群交往，在乘务环境中遇到障碍和挫折，如：与乘客发生服务矛盾，无法用企业规章制度和社会道德约束乘客，难免会导致乘务人员产生悲观失望的心理，不能正确面对困难和挑战，适应环境能力差，缺乏战胜挫折的勇气。

在乘务活动中，员工具备什么样的工作态度就会产生什么样的服务行为。我们按照员工在工作中的表现分为以下 3 种工作类型。

（1）第一种类型：创造型

这种类型占企业员工的 10% ，属于自我管理的人群。对职业感到自豪和光荣，思想活跃，想像力开阔，工作敢于创新，具有强烈的进取心，立志在平凡的岗位上成就一番事业，因而产生一种积极向上的力量。表现在行动上：工作安心，肯钻研，工作充满激情，服务方法多，处理问题灵活，是公交企业的骨干力量，这种类型的员工不需要企业管理制度的太多约束，可以让他们自由发挥。

(2) 第二种类型：稳定型

这种类型员工占企业员工的 80% 。由于受工作和服务环境等因素影响，容易在心理上产生服务工作真是不好干的想法。因而在工作中表现为一般能执行企业的规章制度，对待乘客态度较为耐心，但热情不够，很少与乘客发生矛盾纠纷，工作踏实，能与大多数人交往合得来，工作中偶尔会出现问题，这类员工占大多数，属于是需要管理的。

(3) 第三种类型：消极型

这种类型员工占 10% ，属于自我不能管理的。对服务工作认识不足，不喜欢自己所从事的岗位，觉得工作枯燥没前途，干不出业绩，对自己的前途悲观失望，表现在工作上态度冷漠，缺乏进取心，责任心不强，喜欢制造不和谐人际关系，不愿服从他人管理。在行动上表现为缺乏组织纪律性，不遵守企业的规章制度，忽视职业道德的约束，对待乘客服务态度恶劣。

通过对以上 3 种类型乘务员的分析，说明了员工对待工作态度的不同，导致了服务行为上的差异。

2. 性格

性格是指一个人对周围环境现实的一种稳固的态度以及与之相适应的习惯了的行为方式，是个性心理特征的突出方面。任何人都会对他周围环境的影响做出反应，这种反应表明他对现实的态度。性格是一个人个性中最重要、最显著的心理特征，在人的个性中起核心作用，是一个人区别于其他人的集中表现。比如，在乘务活动过程中，当遇到乘客间发生争吵时，有的乘务人员经常表现为积极劝阻，有的乘务人员可能会表现出事不关已、置之不理的服务行为，这是个人性格特征的一种表现。

性格与其他心理现象一样，也是人脑对客观世界的反映。从乘务人员性格生理机制看，一方面在乘务活动中，乘务人员对现实服务活动每天都在进行神经系统高层次活动加工，乘务服务活动本身就是一种高神经系统的活动，每天乘务人员会遇到不同性格和有各种需求的乘客，乘客心理需求的不同，必然会对乘务人员大脑神经系统产生一定的刺激和影响，在一定范围内左右乘务人员服务行为。另一方面，乘务工作环境的复杂性和多变性，同样也会影响乘务人员建立稳定的神经系统活动，这与人的性格生理机制有直接关系。在乘务人员中，就人的机能、心理倾向和文化社会背景等方面进行分析，乘务人员在性格表现方面可分为以下 3 种类型。

（1）第一种类型：情绪型

情绪型性格的乘务人员情绪占优势，在乘务活动过程中，受情绪的影响，其服务行为会受情绪左右，表现出情绪波动，遇有问题不能客观分析，解决问题偏激，喜欢较真，容易与乘客产生矛盾。

（2）第二种类型：意志型

这种类型的乘务人员在意志方面占优势，其在工作中对自己所从事的服务目标明确，在服务过程中对待乘客服务热情主动，能坚持工作标准，有较强的自我约束能力。

（3）第三种类型：理智型

理智型的乘务人员在智力方面占优势，工作中能运用正确的思维判断事物存在，能用理智来衡量并支配自己的服务行为，有非常强的处理服务矛盾的能力。

3. 能力

能力是人们比较熟悉的心理现象。在乘务活动中能力是指乘务人员能够独立、优质完成服务的一种智能活动。能力是能够直接影响乘务人员直接完成服务活动的心理特征，与乘务人员服务活动密切相关。乘务人员要顺利优质完成乘务活动，不是单一简单的会报站、说话声音好听就能胜任的，工作中除具备基本服务技能外，还必须要具备观察能力、协调能力、应变能力等综合能力。能力不是天生就完全具备的，它既有先天的生理条件，又有在一定工作环境教育影响下，加上主观不断努力而逐渐发展起来的。培养好乘务人员能力在乘务活动中非常重要。

（1）乘务人员能力与服务技能。能力是保证乘务人员优质完成乘务活动而在个体身上经常、稳定的表现的心理特征，服务技能是实际的操作技术，是企业长期培训训练的结果，服务技能是形成乘务人员能力的基础，并可以促进乘务人员能力不断发展。有时乘务人员不能很好的为乘客提供换乘最佳线路，不是他没有个人能力，而是因为不具备完成这种活动的服务技能。

（2）乘务人员能力与素质。素质是能力发展的自然前提。人的能力是借助遗传这一自然生物前提，是后天培养出来的，而非先天所有。素质的心理特性较为单一，但对能力的影响却是多方面的。例如：先天听力有障碍的人，就不具备辨音能力，就会影响到音乐的节奏感与听觉表象等方面的能力。因此，提高乘务员素质，是企业继续培养员工能力的一个重要管理环节。

（二）乘务人员心理与行为环境的客观性

随着社会环境的不断变化，员工在适应外界压力时，就会在不知不觉中产生压力，我们也可以称之为心理危机。心理危机调节不好，就会影响到员工的正常生活和工作，对心理方面产生消极的影响。

心理学家发现，一个人的周围环境，会对这个人的心理产生微妙的影响。这里的“环境”主要是指物理环境，包括光线、噪声、拥挤程度、空气、温度和个人空间等。环境因素会影响一个人的心情，进而影响到这个人的做事效率。根据环境心理学研究，在舒适环境里工作的人，会比在不舒适工作环境里工作的人生产效率更高。良好的工作环境能使人具有饱满的工作热情和持续的工作动力，并能全身心地投入到工作中，也比较容易激发出创新的灵感；相反，恶劣的工作环境则使人意志消沉，工作起来心不在焉，缺乏信心和热情。

由于服务环境的复杂性，员工每天都会置身于相对嘈杂的车厢环境中，长期的恶劣环境影响，使得员工的心理产生很大的工作压力，这种工作压力始终堆积在心里，无法释怀，在很大程度上影响了员工工作的积极性。环境的压力超出个体所能承受的应对范围，无法控制和预防，使个体受到威胁。比如说噪声，即不需要的声音。马达发动机的轰鸣声和车内人多喧嚣嘈杂声始终伴随在乘务活动全过程，它容易使乘务人员产生烦躁不安情绪，激起不良心理因素的快速形成，会引起神经反应，促使肾上素分泌亢进，注入血液，使人心脏跳动加快，血管收缩，使人难以集中精力，身心疲软，导致工作所需的正常动作失调和心智紊乱，严重的可能引发交通事故和服务纠纷。在乘务活动过程中，乘务人员服务环境的客观性直接对服务质量产生着一定影响。

工作环境因工作的性质、种类不同，可分为室内环境和室外环境。而公共交通每天运送乘客，使乘客的空间距离发生位移，这种工作的环境就属于室外环境。室外环境对乘务人员的心理和服务行为影响非常大，其对乘务人员心理影响具体表现在：

1. 对乘务人员情绪产生不稳定

室外环境的噪声对心理活动的影响突出表现在情绪反映上。它会令人产生不安、焦虑、厌烦等各种不愉快的情绪和情感，给人造成烦恼。噪声是现代城市的主要污染之一，城市噪声包括：交通运输噪声、工业噪声、施工噪声和社会生活噪声。城市环境噪声的 70% 来自交通噪声。交通运输噪声是由各种交通运输工具在行驶中产生的声音。汽车发出的喇叭声、制动声、排气声、机械运转声、车体及零件的颠簸声等都属交通噪声。这些噪声都会导致乘务人员产生烦躁和不愉快的心理，使乘务人员在乘务活动中情绪不安、更容易激动和发怒，容易对乘客产生烦躁心理，表现在语言急躁不耐心，面部表情焦躁不热情，服务意识差等服务心理与行为。

2. 造成乘务人员注意力不集中

在各种噪声刺激下，乘务人员的注意力难以集中，在服务时容易分心。据了解，声音分贝值在 60 以下为无害区，110 以上是有害区。人低声耳语约为 30 分贝，大声说话为 60 ~ 70 分贝。声音达到 120 分贝时，人耳便感到疼痛。在嘈杂的工作环境里，每天车内乘客交谈声，车内、车外各种车辆产生的噪声，都会对乘务人员的注意力产生一定影响，如：汽车的突然制动尖叫声，会导致驾驶员心理急剧紧张，会主动寻找噪声来源，造成驾驶精力不集中，遇到情况，很容易出现紧急制动现象，容易发生各种伤亡事故。

3. 对乘务人员工作质量影响

在嘈杂的噪声环境里，乘务人员特别容易产生烦躁心理，乘务人员在乘务活动中，不间断的与乘客接触，反复回答乘客同一个问题，同时车内乘客大声说话的声音还容易使乘务人员产生精神疲劳，造成心情不愉快，导致乘务人员服务质量降低和工作差错增多，直接影响服务的工作效率。

4. 对乘务人员视觉影响

从环境心理学的相关原理我们可以知道，拥挤感是个人空间与私密性受到侵犯时造成的，而这种侵犯是通过感知感觉到的。每天乘务人员工作在拥挤车厢中，个人心理受到极大影响，个人行为完全暴露在公众视线内，乘客对乘务人员言谈举止评判的一个眼神，都会在视觉上造成乘务人员心理紧张，车内私密空间的狭小，难免会使乘务人员在视觉上产生疲劳，当车内出现乘务人员不喜欢的场景。如：乘客随地吐痰、乱扔废弃物等，就会使乘务人员在视觉上受到影响。

5. 对乘务人员听觉影响

由于车内马达轰鸣声、各种手机彩铃播放声、车内乘客高谈阔论谈话声都会造成对乘务人员听觉影响。当乘务人员听觉受到影响后，就会出现心理烦躁，服务乘客时，在语言上就有可能讲服务忌语，在语调上就会生硬，导致乘务人员在服务过程中服务不热情，服务不耐心，说话的声调就会升高，容易与乘客产生服务矛盾。

第四节　乘务心理与行为对策

在服务实践活动中，通过服务专业管理人员长期不断地总结摸索，总结劳模多年来服务工作的好方法，从为乘客人性化服务角度出发，归纳出乘务活动一些具有实效性的服务方法，仅供乘务人员服务工作参考。

一、乘客心理与行为对策

了解乘客的心理与行为，采取相应的服务方法，满足乘客安全、方便、迅速、舒适的乘车基本需求，有助于提高服务质量和效率。

（一）按不同气候分

1. 夏天

特点：天热烦车挤，希望通风好，浅装爱干净。

行为对策：有空调的车辆按车内温度及时开启空调，随时调整车内温度，没有空调的车辆做到途中开窗通风，对有困难乘客关心照顾周到，搞好车辆环境清洁。

2. 雨天

特点：遇雨心情急，久等怕雨击，来车就想上，车上可避雨。

行为对策：积极宣传，文明疏导耐心，争取多上，及时关闭车窗，上车时提示乘客脱下雨衣、收好雨伞；下车时提醒乘客注意脚下安全，携带雨具，做到随时保持座位干净，没雨水。

3. 冬天

特点：天气寒冷，候车怕久等，来车就想上，穿多行动慢，不愿等下辆，天冷烦伸手，验卡心情急。

行为对策：积极宣传疏导，劝等耐心不急躁，主动提示监督刷卡有礼，司售配合照顾不急。

4. 雪天

特点：行车间隔大，候车时间长，车速慢，心情焦急，上下车行动慢，恐怕脚下打滑，上班怕迟到。

行为对策：积极疏导，尽量多上，提醒上下，注意脚下车滑，随时观察，保证安全行车第一。

（二）按时间分

1. 首班车

特点：乘客乘车较固定，定点熟人多，有座就闭眼，中途怕耽搁。

行为对策：驾乘配合，走好正点，追车要等，到站提醒。

2. 末班车

特点：等车心急，怕车过去，路边瞭望，车到心喜。

行为对策：走好正点，不甩站，提醒尽量往前坐，随时招呼到站下，安全送达不着急。

3. 早、晚高峰

特点：早高峰多为上班族，时间观念强，上车不怕挤，时间要求紧。晚高峰，下班身体疲倦，希望来车不太挤，盼望早回家。

行为对策：积极耐心宣传、疏导，妥善解决乘务矛盾。如：高峰时间，经常出现车门关不上的情况，乘客怕上班迟到的心情要理解，乘务人员要多用恳切、商量的口气，使乘客接受她们的疏导。

4. 节假日

特点：家庭、朋友团聚，老人、孩子外出多，乘车怕挤、怕夹、怕分家。

行为对策：及时找座，照顾细心不分家，主动宣传，及时提醒，车门开关要慢，注意观察，细心周到。

（三）按不同乘客群分

1. 男乘客

特点：上车不怕拥挤，少数人只顾自己，自尊心理较强，就怕冷嘲热讽，易与他人产生矛盾。

行为对策：说话友善，调解矛盾含蓄，避免正面冲突。如：在车厢中，经常会遇到乘客因为相互抢座位，发生争吵，大动干戈，乘务人员要及时调解，话要委婉，语气和谐，避免乘客冲突。

2. 女乘客

特点：怕推、怕碰、爱干净，时间卡得紧，携带物品多，来车就上怕迟到。

行为对策：进站细心观察，招呼照顾周到，协助提拿物品，尽量减轻负担，宣传疏导轻声细语，站位多留私人空间。

3. 老年乘客

特点：行动迟缓反应慢、怕挤、怕摔又怕站。

行为对策：积极宣传，及时就近找座，到站下车提醒，主动搀扶，车门关闭要慢，确保安全。

4. 青年乘客

特点：年轻气盛，易激动，乘车不需照顾，自尊心理强，就怕别人不理解。

行为对策：语言文明，不伤自尊，缓解矛盾，方法得当。如：遇到个别乘客乘车没有及时刷卡时，提示询问刷卡用语要文明，避免语言生硬，尽量不使用命令式的语气。

5. 少年乘客

特点：早晚高峰乘车多，活泼好动爱说话，乘车喜欢结队，下车着急猛冲。

行为对策：注意观察上下车地点、时间，及时提醒注意安全，尽量安排站在乘务人员可以照顾的附近。

6. 学龄前儿童

特点：天真好奇，见空就挤，不怕危险，家长担心。

行为对策：语言温和不生硬，照顾周到勤提醒。

7. 闲散乘客

特点：时间宽裕，乘车观景，希望车辆环境宽松，服务态度好。

行为对策：积极宣传地理环境和介绍名胜古迹，语言和气不伤自尊，开关车门要慢，提醒乘客注意安全。

8. 知识分子

特点：自制能力强，言语文明，行为礼貌，自尊心理特别强，遇事爱较真。

行为对策：用语恰当，语气含蓄，不伤自尊。遇有矛盾以理服人，处理问题留有余地。

9. 工人

特点：喜欢直来直去，为人热情，爱帮助他人，方法简单，不拘小节。

行为对策：不计较说话方式，不急于解释，避开矛盾热情服务，切勿语音生硬过激。

10. 农民

特点：携带物品多，来车就要上，方向辨不清，恐怕坐过站，心情不放松。

行为对策：耐心解答，积极疏导，主动宣传，到站提醒。

11. 外地乘客

特点：携带物品多，惟恐乘错车，上车爱打听，就怕坐过站。

行为对策：细心观察，物品集中，解答耐心，态度热情，报站清楚，到站提醒。

（四）按特殊乘客群分

1. 少数民族乘客

特点：语言不通，地理生疏，乘车好奇。

行为对策：报站清楚，解答耐心，主动询问，到站提醒，积极宣传，给予照顾。

2. 盲人

特点：听动静，爱打听，手摸门，既怕上错车，又怕坐过站。

行为对策：主动搀扶，就近找座，问清下车地点，到站及时提醒、搀扶。

3. 伤残乘客

特点：自尊心强，乘车怕被人瞧不起。

行为对策：细心观察，主动询问，用语恰当，关心有度，及时就近找座，到站搀扶照顾。

4. 孕妇乘客

特点：乘车怕拥挤，上下不方便。

行为对策：找座声音小，手势引导好，避免说特征，下车照顾好。

5. 抱小孩乘客

特点：怀抱婴儿上车难，眼睛望着乘务员，希望帮助找座位，自己刷卡不方便。

行为对策：宣传乘客不要挤，照顾孩子要优先，就近找座后刷卡，下车协助把卡刷。

6. 晕车乘客

特点：脸色苍白坐不住，表情痛苦总想吐。

行为对策：主动询问多照顾，安排乘坐通风处，吐后清除别挖苦，提示下车多保重。

7. 拿行李多乘客

特点：肩背手提行动慢，就怕关门心焦虑，上车物品占客位，不愿往里站门口。

行为对策：帮助拿行李，照顾要仔细，询问下车站，远近安排好，下车早提醒，留心遗留物。

8. 追车乘客

特点：追车心急，就怕车走，有空不等，准不满意。

行为对策：进站关门慢，规范进出站，照顾上车要仔细，车有空，点不急，追车乘客要照顾，尽量做到跑来等。

多年的服务经验，使我们逐步找出了不同乘客的心理规律，制订了相应的服务对策，尽可能地满足了不同乘客的心理需求。但随着人们物质生活水平的不断提高，乘客在心理需求上还会有新的变化，公交企业应根据乘客的心理需求变化，不断总结、摸索出更好的服务对策，赢得乘客对公共交通的信任和支持。

二、乘务人员心理与行为对策

了解、掌握乘务人员的心理与行为规律，采取相应的管理对策，满足乘务人员的心理需求，可以充分调动他们工作的积极性，使其行为能更加规范，进而为乘客提供满意的服务，有助于树立公交企业的良好社会形象。作为服务管理者应从以下方面注重与乘务人员在语言上的沟通。

（一）管理者语言行为对策

公交服务行业基本特征是服务提供者和乘客发生乘务接触，这种服务发生在服务蓝图的“可视线”上方。在公交行业中，主要工种是驾驶员和乘务员，他们是直接参与一线服务的服务者，直接为乘客提供服务，是乘客评价公交服务质量的两个重要岗位，重视生产与消费完成过程，将管理重点放在产品最顶端，是提高企业服务质量，形成鲜明特色和创造服务品牌的关键。这种决定乘客头脑中对服务质量优劣评价的交互作用被称为“关键时刻”，这种短暂的接触往往发生在一瞬间，同时也形成了对服务质量好坏的评价。每次的关键接触都是影响乘客对服务质量评价的一次良机。例如：清晨，当乘客满怀愉快的心情走出家门，准备奔向工作岗位的时候，到点儿等车车不来，不满的情绪就会影响乘客与乘务人员的相互配合，导致乘客对乘务员服务质量的不公正评价。

在日常管理工作中，员工的物质需求只是一种较低层次的需求，紧紧依靠增加薪水不一定能有效激励员工，管理者首先应关注员工精神和心理方面的需求，在管理行为上多给予赞美，在语言上加强沟通，这是有效疏导员工情绪，调整过激心态的最好办法。管理者在语言沟通时应掌握运用好以下技巧：

(1) 传递有效信息。注重员工心理客观性存在，是服务管理者必须具备的管理素质。要经常与员工沟通交流，养成与员工沟通的习惯，在与员工沟通时，注意力集中，真诚倾听员工意见或建议，及时对员工提出的意见或建议给予明确答复和肯定，切勿含糊其辞，或对员工讽刺挖苦。

(2) 巧妙运用语言文字。语言是双方沟通的桥梁，当工作中遇到上级与下级意见不统一时，及时的语言沟通非常重要，在沟通时，管理者应注意声音的高低，尽量用平和的声调，避免对下属指手画脚，应叙事说理，力求言之有据，语言文字要净化。

(3) 有效聆听。有效聆听是克服沟通障碍的关键，不同的聆听方法会产生不一样的沟通效果。通常聆听有三种方式：第一种是漫不经心的聆听，最容易伤害员工的自尊心，沟通的效果也差；第二种是争论式聆听，一边听，一边讨论；第三种是全神贯注地聆听，沟通效果最好。

(二) 乘务人员语言行为对策

语言是乘务人员与乘客沟通的工具，是乘务活动过程中非常关键的服务环节，乘务人员语言运用是否恰当，直接关系到乘客对乘务人员服务质量在听觉上的评价，俗话说："良言一句三冬暖，恶语伤人六月寒"。温暖体贴的话语，会让人记忆深刻，每当想起时就会发自内心的微笑，由此可见，学好乘务语言对于乘务人员特别重要。在乘务活动中，乘务语言是一门很难掌握的高尖端服务技能，它涉及乘务人员内在心理素质、自身道德修养，同时又与客观工作环境紧密相连，可以说是综合性非常强的一项服务技能。我们常说："见什么人说什么话"，在服务过程中，就是要求乘务人员要依据服务对象心理需求不同，通过语言上的交流去揣摩乘客不同的服务心理需要，在服务行为上给予最人性化的帮助。

(1) 语言文明，声情并茂。

乘务人员不论在报站还是在宣传时，都应做到吐字清晰，表情诚恳、生动，使乘客能切身感受到乘务人员对自己尊重、关心和爱护，有助于乘客主动配合做好服务工作。

(2) 语言灵活，恰到好处。

使用语言要把握分寸留有余地。该说的要说明白，不该说的要点到为止。如：解答乘客询问，要把话说到位。告诉乘客在哪儿下车，下车后往什么方向走，再换哪路车等，在语言运用上要依据乘务环境灵活使用，要把握语言技巧，避免说教乘客，引发乘客反感。

(3) 语言谦和，公平有礼。

在车厢中，乘务人员经常会遇到乘客间发生的矛盾，乘务人员进行调解时，语言尽量不带倾向性。对待失理的乘客，乘务人员也应以平和的语言去说服，不对乘客双方做评判，化解矛盾时语言谦和，公平有礼。

(4) 语言规范，委婉含蓄。

乘务人员在车厢工作时，有时会遭到乘客的质问，乘务人员切不可用过激的言词来应对。如：车辆中途发生故障，造成乘客晚点，遇到乘客不分青红皂白地指责乘务人员时，乘务人员此时要用规范语言进行宣传，声音要平和，缓解乘客的不满情绪，要用婉转含蓄的语言调解乘客在乘车过程中因环境而产生的压抑感和焦躁不安情绪。做到讲话时，尽可能面带微笑。

(5) 语言诙谐，幽默风趣。

幽默的语言是调解车厢气氛的一种好方法。乘务人员运用幽默风趣的语言满足不同乘客的需求，可以营造车厢良好的氛围。如：当老年人与年轻人因抢座发生争执，老年人被青年人的举止气得哆嗦的时候，乘务员用幽默的语言对老年人说，还是年轻人身体好，上车动作快，年龄大一点，就不行；又对年轻人说，小伙子，多辛苦点，给老年人让个座。这样，幽默的语言就可化解乘客之间的矛盾。在使用幽默语言时，乘务人员切不可用玩世不恭的语调，要用平和的语调与乘客沟通，以免造成乘客误解，引发新的乘务矛盾。

（三）乘务行为对策

乘务人员的乘务行为应与满足乘客的心理需求相一致，包括以下几个方面：

（1）态度和蔼。

和蔼的服务态度有助于乘客形成良好的乘车心态。乘务人员态度和蔼应体现在微笑服务上，要以发自内心的感情来对待乘客。如：在监督刷卡时，乘务人员真心的微笑，能使乘客感到自己人格被尊重。受这种情绪的感染，就会主动出示、刷卡，积极配合乘务人员工作，从而使车厢的气氛更加融洽。

（2）谈吐得体。

乘务人员谈吐得体主要表现在不讲忌语，使用规范用语，并尽量使语言艺术化。谈吐得体能体现出乘务人员的个人素质。在一届广交会上，一个德国外商与国内某家服装生产企业就进口该厂生产的衬衫达成了初步意向，由于这种衬衫在德国十分畅销，所以，外商对这次合作的前景非常看好。但就在外商来到这家工厂进行现场考察、准备签约的时候，突然发现有个工人在生产车间的布料堆上睡觉，于是立即决定取消签约计划。这个外商说："工人素质这么低，产品质量怎么保证？"一个员工的素质，代表了企业员工的整体素质，一个人的一次形象不好，就会造成企业整体形象不好，所以，企业文化从一定意义上来说，是以群体行为为基础的文化，抓企业素质提高，要从员工素质抓起。

（3）情感真诚。

乘务人员用真诚的服务满足不同乘客的需求时，乘客是完全可以感受到的。真诚的情感主要表现在想乘客之所想，急乘客之所急，帮乘客之所需上。如：当外地乘客向乘务员询问地理环境时，乘务员把地理环境说得非常清楚、详细，把自己当作乘客外出旅游时的向导，让外地乘客感受到乘务员真情的服务。因此，真诚的情感是良好服务行为构成的基础。

（4）得理让人。

乘务人员在服务工作中，要以宽容的态度对待乘客。在发生乘务矛盾中，有时是因乘客一方引起的。这时，乘务人员保持冷静，得理让人。按李素丽的话说：“给乘客下台阶，我的服务就上了一个台阶。”得理让人，是化解矛盾的一种好方法。乘务人员要避免与乘客的矛盾，就应学会宽容大度，得理让人。

（四）特殊乘务行为对策

在乘务工作中，乘务人员的服务行为受乘客特殊乘行行为的影响，就需要采取相应特殊的服务方式。下面简单介绍一些特殊服务行为对策方法：

（1）车门已关，乘客跑来抓车时服务行为对策。

在进站和关车门时，应仔细观察乘客候车情况，如车刚起步，乘务员要及时通知驾驶员，尽量等候，切勿急于给发车信号，强行起步，避免引发矛盾和车门夹摔。

（2）车刚起动，发现乘客分家时行为对策。

要及时通知驾驶员，避免将乘客强制分家，造成走失。

（3）车门已关，发现乘客上错了车时服务行为对策。

如没给走车信号，要通知驾驶员让乘客下车；如车已起动，要问清乘客到达的地点，帮助乘客顺利倒乘其他线路，就近下车；如车已出站，乘客才发现分家，要记清乘客通信联系方式以及出行目的地并及时向车队领导汇报。

（4）携带动物上车时服务行为对策。

如果乘客携带的是较小不影响他人乘客的小动物，乘务人员要叮嘱其保管好小动物，不要影响其他乘客的乘行安全。如果是较大的动物，要劝其改乘其他交通工具，如劝阻不听，要动员其他乘客协助说服，切勿与其发生服务纠纷。

（5）车门失灵造成夹伤乘客时服务行为对策。

应及时查看乘客伤损程度，根据伤情到附近医院治疗，记下当事人情况，如属意外夹伤，要记下证明人的联系电话、单位。如果车门没有造成对乘客的伤害，要及时向乘客道歉，以减轻乘客的惊吓和不满情绪。

(6) 乘客买重车票，要求退票时服务行为对策。

先向乘客讲清有关票务制度，并根据其他乘客购票情况，积极协助退票，如确实退不了，应向乘客表示歉意，切勿对乘客的请求不理不睬。

(7) 收找乘客票款时，发生差错时服务行为对策。

有条件当场结账，没条件可到终点站与车队管理人员共同结账，如乘客不能随同到终点站，要记清乘客的联系电话，确实多款，及时与乘客联系将多余金额退还。

(8) 首车乘客使用大额钞票时服务行为对策。

尽量与车内乘客兑换或凑私款，如确实找不开，要向乘客宣传下次乘车带零钱，并一起补票。不要私自扣压乘客财物或证件，以免造成影响和危害乘客人身安全事件发生。

(9) 老年人乘车时忘带证件时服务行为对策。

上车时主动协助老年人找座位，向老年人宣传市政府有关乘车规定，按照规定进行补票，如老年人确实没有携带现金，要文明提示，切勿强行将老年人赶下车。

(10) 遇有乘客反映刷两次卡时服务行为对策。

认真询问乘客上车刷卡情况，有条件协助乘客进行查询，如乘客是经常乘坐本线路的常客，可告知乘客下次上车时提前与乘务人员说明，少刷一次卡，切勿语言生硬说与自己无关。

(11) 乘客不按规定上下车门时服务行为对策。

进出站积极宣传车门上下规定，仔细观察赶车乘客，尽量等候上车。遇有行动不便乘客要采取灵活服务方法，就近让乘客下车，切勿态度生硬或用车门催夹乘客，以免发生车门夹摔事故。

(12) 遇有外埠老年人乘车不刷卡时服务行为对策。

积极向外埠老年人宣传解释，免费乘车优待政策，现在只是北京市范围内老年人享受，要文明友善提示刷卡，如遇个别老年人不理解，要妥善处理，避免用语言讽刺挖苦。

（13）儿童单独乘车没钱买票时服务行为对策。

耐心宣传、教育，允许儿童乘车。同时问清下车地点，不要将儿童带到终点站或强制将儿童中途赶下车。

（14）行车中，乘客东西掉到车外时行为对策。

问清乘客所掉物品贵重情况，如属贵重物品，应及时通知驾驶员停车，让乘客下车自己去拣。

（15）乘客对前车有意见，上车后骂人时服务行为对策。

耐心解释，宣传骂人有损文明市民形象，如乘客继续骂人，可以保持沉默。

（16）遇需要照顾的乘客乘车没人让座时服务行为对策。

积极宣传尊老爱幼的文明行为，如还没有乘客让座，可采取点座办法，请专座的乘客让座，并表示谢意。但要注意用语的灵活性，切勿讽刺挖苦乘客。

（17）遇乘客在车上乱扔废弃物时服务行为对策。

要提醒乘客注意车内环境卫生，主动将废弃物清理，不要硬性让乘客捡拾废弃物或采取强硬措施。

（18）行驶中乘客丢失物品时服务行为对策。

先了解乘客丢失物品是否贵重，问清上车地点，帮助乘客查找，一般不影响运营。如乘客丢失贵重物品、或钱财数额较大，当事人发现附近有可疑人，乘务人员要与车内乘客协商，同意后拨打“110”报警或把车开到就近的公安部门解决，同时要及时向车队汇报。

（19）乘客不主动刷卡时服务行为对策。

坚持耐心宣传，切勿说话粗、硬。要做到监督刷卡时面带微笑，有礼有节。

（20）乘客不买票时服务行为对策。

耐心宣传，问清原因，切勿轰赶乘客强行关门，以免造成伤害。

（21）遇到乘客冒用老年卡、学生卡和使用违章车票时服务行为对策。

耐心对乘客宣传规定，按规定补款，如乘客带钱不够，可将乘客带到车队交领导处理，切勿当面挖苦乘客。

（22）车内乘客发生争吵时服务行为对策。

应积极调解劝阻，如调解无效，可将双方分开，防止矛盾激化，不要放任不管，造成乘车秩序混乱。

（23）遇途中发生行车事故时服务行为对策。

无论事故大小，乘务人员要冷静，首先要查看乘客有无受伤者，要迅速将伤情较严重的乘客送到附近医院。其次是记下证人姓名、联系方式，并保护现场，及时向车队汇报，妥善保管好伤者财物。

（24）车已满员，对强行要求上车的乘客劝阻无效时行为对策。

首先要积极疏导乘客往里走，然后从关心乘客的角度出发，规劝年龄大的、携带物品较多的、抱小孩的乘客耐心等下辆车，切勿用车门催卡乘客。

（25）车刚起动，乘客已下车，发现车上有自己的东西时的行为对策。

乘务员应按紧急停车信号，通知驾驶员停车，以免乘客追车，造成人伤事故。

（26）乘客已买票，但验票又找不到时行为对策。

要耐心引导乘客仔细回忆，或询问附近乘客，证明其确实购买时，可以提醒乘客以后要注意保存。如确实没买票，要耐心宣传按规定补票，不要讽刺挖苦，当众伤害乘客自尊心。

（27）乘客晕车，吐到其他乘客身上时行为对策。

要耐心替病人表示歉意，并帮助采取一些清理措施，如给乘客送上卫生纸进行清理，切勿埋怨。

（28）车上捡到遗失物，有人当场认领时行为对策。

对容易认领的物品经核对后，要交给认领者，不容易认领、或者较贵重的物品要让乘客说出具体物品及特征并出示证件，仔细核对无误后，方可将东西将给失主，遇证件和乘客所说的不符的，要将物品交由车队进一步核实处理。

（29）遇有乘客突然休克时行为对策。

首先要立刻通知司机停车，其次是向车上乘客求救，协助将病人妥善、安全送到医院。

（30）遇个别乘客无理阻碍乘务人员工作时的行为对策。

要采取正面说服的方法，如劝阻不听，确实无法正常工作时交由公安部门进行解决。

（31）遇醉酒乘客乘车时的行为对策。

可以通过其他乘客了解其下车地点，到站提醒下车，防止在车内借酒闹事，以免伤害其他乘客。

（32）乘客携带物品较多时行为对策。

要向乘客讲明携带包裹超过一个客位面积时应购同程车票，同时要将乘客物品集中，以免丢失。

（33）乘客携带易碎物品上车劝阻无效时的行为对策。

继续积极宣传《乘客文明守则》关于携带易碎品不能乘坐公交车的规定，如乘客仍要坚持上车，需提醒乘客将物品保管好，碰坏不负责赔偿，碰伤乘客自行负责，切勿用车门夹卡乘客。

多年来，公交人依据心理学、行为学提供的理论，潜心探讨乘务人员心理、行为与服务质量的关系，摸索出了在乘务活动过程中有效的服务行为对策，用于指导乘务工作。上述介绍的服务方法仅仅是在实践中总结出的一部分，由于篇幅所限，不能一一列举。公交企业将根据乘客心理需求不断变化，尽量在服务方法和人性化服务方面加以规范，及时掌握乘客心理需求的新变化，把对乘务人员心理、服务行为的研究融于服务管理之中，注重管理方法的实用性和科学性，提高管理水平和整体服务质量。

第六章

城市公共交通乘务语言与服务技能

第一节 乘务语言

语言是人类最重要的交际工具。它对从事服务工作的人员能否做好服务工作具有重要影响，服务人员的语言在选择和使用中，能够表现出使用者自身良好的文化修养和职业素质。准确地运用规范标准、文明礼貌、适宜恰当、亲切柔和的语言是改善和提高服务质量的内在要求，是服务人员做好本职工作的基本前提。

公共交通企业的服务对象——乘客，是由有思想、有感情的人组成，在车厢这个特殊的空间内，乘务人员所提供的服务主要是依靠语言来实现的。乘务人员需要运用语言这个工具与各界乘客交往，因此，乘务人员运用语言能力的高低，对提高车厢服务质量，提高企业的社会效益、经济效益具有重要的影响。

乘务语言是指乘务人员为提高服务质量而使用的富有创造性的语言表达方式，乘务语言侧重于实用性，强调的是表达形式与效果的统一，包括语言的内容、感情色彩、使用的连贯性、选择性以及有声语言与无声语言的一致性等。乘务人员运用乘务语言的根本目的是追求良好服务动机和良好服务效果的统一。车厢服务的过程是在特殊环境中的人际交往过程，这种交往的主要形式是由乘务人员向乘客提供服务，语言则是提供服务的主要手段。大家都知道，语言是一种社会现象，是人类交际最重要的工具。但是，有了语言这个工具并不一定能够得心应手地使用，达到运用自如的程度，还需要在实践中学习、研究运用语言的方法和技巧。语言具有社会功能，它产生于社会交往之中，又服务于社会交往。由于语言本身就是一种约定俗成，因此，运用语言首先要具有规范性，所使用的语言、词汇、语法要符合社会公认的规范标准，这样才能达到使用语言的目的，即表达自己的情感、愿望、需求，别人听到后才能够理解。在实践中，人们希望自己所运用的语言能够产生更高的效能，即不仅让人听得懂，而且让人懂得容易、透彻；不仅懂了，而且愿意听，发生兴趣；不仅让人听进去了，而且让人信服、感动，产生共鸣，乐于接受。这就需要所使用的语言简练、生动、富于幽默感。如果希望自己所使用的语言产生上述的效果，就必须在运用语言的过程中讲究规范性和艺术性。

一、乘务服务语言的分类及功能

乘务语言是指乘务人员在出乘过程中使用的语言，乘务语言包括规范化语言和使用语言的技巧，本节主要探讨的是乘务服务过程中的语言规范化。

规范化语言是指规范化服务过程中经常而且必须使用的语言，按照语言的服务性质和表达形式分别介绍如下：

（一）从服务性质上分类

乘务语言从服务性质上区分，可以分为一般服务语言和特殊服务语言两种。

1. 一般服务语言及其功能

服务语言是指乘务人员在车厢服务中应该使用的规范化语言和乘务语言的一般表达形式。它主要在报站、验票、监督刷卡、疏导乘客时使用，大部分线路已输入语音合成器中。它的基本功能是使乘客清楚乘车过程中的基本情况。一般服务语言包括：

（1）陈述说明式用语。主要用于“三报、三宣”，向乘客介绍车辆运营情况。如：本车×××路，由×××站开往×××站，发车时间×点×分，途经×××站。

（2）问讯式用语。主要用于“提出问题，了解乘客动向”以及有针对性的服务。如：哪位乘客没刷卡、您到哪站下车、下车请刷卡……

（3）疏导式用语。主要用于“调整车厢密度，组织协调乘客上下车。”

如：现在是上、下班的高峰期，请各位乘客尽量往里走，方便大家上、下车。

2. 特殊服务语言及功能

特殊服务语言是指为照顾特殊乘客和处理特殊事情时所运用的语言。

（1）祈使式。表示请求或命令而使用的语言形式，经常在给特殊乘客找座位和制止违章乘车行为时使用。如：请您给这位老大妈让个座儿、请您不要在车上吸烟。

（2）感叹式。在抒发感情、振奋精神和调解情绪时所使用的语言形式。最常见的是：谢谢、感谢您对我工作的配合。

（二）从语言表达形式上分类

从语言表达形式上分类，可分为以下3种类型。

1. 口头语

口头语是乘务语言的主要表达形式。具体包括：中国语言和外国语言。中国语言又包括：汉语和少数民族语言。汉语中又包括：普通话和方言。在外国语言中，涉及最多的是英语，其次涉及日、俄、阿拉伯语等。普通话是中国的标准语言，也是乘务人员应该使用的语言。为了更好地为外地乘客服务，乘务人员在必须使用普通话的基础上还要在实践中学会、学懂方言以及少数民族和外国的一些日常用语。

2. 手势语

在乘务语言中，我们所讲的手势语是指聋哑人使用的手语，是通过面部表情和不同手势表达思想感情的一种语言形式。学习手语可以增强乘务人员的服务技能，有助于与聋哑人的交往，更好地为聋哑人服务。

3. 无声语言

表情即无声的语言，是乘务人员用自己的面部表情以及姿态、动作来表达自己的思想感情或赞同、反对等基本态度时所使用的语言。其中，常见的表情有满意、赞同、愤怒、愧疚、疑问等。表情语言往往配合口头语言和手语运用，比如：微笑配合陈述说明式语言，会使人感到和蔼可亲。表情语言是口头语言和手势语言的补充，应该与口头语言和手势语言保持一致。

二、乘务服务语言的基本特点和要求

乘务人员在车厢服务过程中所使用的语言属于应用性语言，其基本特点表现在：掌握的词汇多、句式多，在表达正确、熟练的基础上，能够依据需要得心应手地选用最得体的词汇，构成最合适的语句。在提供服务、宣传道理、反驳错误时，不仅表达明白流畅、具有较强的逻辑性，而且能够轻重得体、感染人、说服人。使用乘务语言时，要能正确鉴别乘客的语言，应答敏捷，收到预期的效果。乘务人员所使用的语言的基本特点和要求可以概括为：适合需要，文明礼貌，准确清晰，含蓄委婉，简单生动，富有情趣。

（一）乘务语言的基本特点

乘务语言是乘务人员在特定的环境、时间和人员中使用的语言，它的基本特点是：

1. 行业性

乘务语言只限于在公共交通运营车辆的车厢中使用，包括一般行业用语。语言的使用范围和内容受到一定的限制，呈现出行业特点。服务工作中，行业用语使用得好，不仅能尽显乘务人员在业务上的专业，还能赢得乘客对公交工作的理解和信任。如果把这些语言换一个空间、时间使用，就会令人啼笑皆非。

2. 通用性

要使用大家都能听得懂的语言，在我国绝大多数城市公共交通的车厢中，都使用国家规定的标准语言——现代汉语，即汉语普通话。即使在北京，也要注意不使用北京的地方方言。

3. 主动性

乘务人员在车厢中是以主人的身份提供服务的，对乘客需求要主动满足，体现在主动接待、主动介绍、主动宣传、主动服务上。主动服务是乘务人员的服务在乘客开口之前，意味着乘务人员对企业、对乘客有极强的感情投入，使服务工作更有人情味，让乘客倍感亲切，从中来体会公交企业的管理水平和乘务人员的服务水准，充分体现公交服务精神。所使用的语言均侧重于主动，即便在回答乘客询问时也要主动解答。

4. 规范性

公共交通企业运营车辆很多，如每位乘务人员都使用自己独特的语言提供服务，乘客会感到很不一致，很难适应。因此，乘务人员与乘客交流时，所使用的语言应像公交企业为社会提供的所有服务内容一样，具有规范性和统一性。当然在保持语言规范性（即共性）的基础上，允许每个人具有各自的特色（即个性）。

5. 平稳性

乘务人员使用的语言要适应乘客的需求，在提供服务的过程中应该不急不躁，表现一定的耐心。特别是解答乘客询问时，如果急躁，采用过激的语言，必然难以满足乘客的需要，甚至招致乘客的不满。因此，乘务人员使用的语言除个别情况需要艺术处理外，在多数场合的规范服务中应该尽量使用中性词汇，使语言具有平衡性，表现出不急不躁。

6. 重复性

乘务人员出乘过程是往复循环地进行，行驶路线固定，服务内容基本相同。企业生产的特点决定了乘务人员所使用的语言具有重复性。对乘务人员来讲，服务用语已经说过千遍万遍，对于常乘车的乘客来讲也是非常熟悉，他们可能觉得“老是这一套”“没意思”，甚至反感。但是我们也应该看到几乎每个运营车辆的车厢中都有第一次听到的乘客，这些乘客则“竖”起耳朵听，重复的服务用语对他们来说不仅是需要，而且是渴求。

（二）乘务语言的基本要求

依据乘务语言的基本特点，乘务人员所使用的语言应包括以下基本要求：

1. 清楚

乘务人员所使用的语言是为乘客提供服务的，也是为了表达自己的思想感情、意见、要求。首先，应该让乘客知道自己讲的是什么，如果乘务人员说了半天，乘客根本不知道讲的是什么，那怎么可能使自己的语言产生效果呢？因此，“清楚”是对乘务语言的首要要求。

清楚是指：语言的内容明确、突出重点、表达有序、发音清晰、简明扼要、节奏合理。从乘务人员本身来讲，首先自己要清楚：说什么内容，为什么要说，需要达到什么效果。从乘客来讲，出行是具有一定目的的，为了达到自己的出行目的，就需要选择乘车线路，上、下车地点和换乘车站，也需要知道乘务人员介绍的各种情况，了解公共交通企业。无论从乘务人员，还是从乘客来讲，语言清楚都具有重要意义。要清楚，就要做到表达时语句完整、语意明确、发音清晰、音量适中，表达的内容有头有尾、符合逻辑，易于被乘客接受。绝不能使用含混不清的语言、残缺不全的语句、杂乱无章的内容来表达。特别应该强调的是：表达应有节奏，语速适中。语速快乘客听不清楚，反之则会显得拖沓。根据经验，正常的语言速度为每分钟 150 ~ 180 个字，使用这种语速，人们的感官和神经系统可以清楚地接到语言信号，一些老乘务员曾经通俗地解释为“慢、高、清”。

2. 准确

准确包括：发音准确、词汇准确、对象准确。

发音准确是指：使用现代汉语的标准发音，剔除方言发音。少数乘务人员平常讲话时带有乡音，应注意学习普通话，练习标准发音，在出乘时必须使用标准发音。

词汇准确是指：运用语言的形式要与思维形式相对应。思维是语言表达的内容，语言是思维的表达形式，“言为心声”告诉我们，要准确表达自己的意愿，就要选择准确的语言形式，表达的语言不能自相矛盾，颠三倒四。同时，选择词汇要贴切，因为现代汉语表意丰富，要注意词汇的感情色彩，要选择最适合的词汇来表达自己的意思，不能不加选择地乱用词汇，更不能言不由衷。

对象准确是指：运用的语言要具有针对性，针对不同情况、不同对象，因人而异、因时而宜地运用适当的语句、语气，并辅之以表情。使用的语言“对路子”，能收到最佳的表达效果。

3. 简练

简练是指：讲话既要言之有物，又要使用最少的语言，避免多余的语句和不必要的重复。同时，表达出完整、具体的内容。乘务服务是在车厢有限的运营时间内进行的，特别是与某一位乘客交往，时间更是短暂，所以，乘务工作的特点要求乘务人员所使用的语言必须简练。在车厢服务过程中使用的规范服务用语是经过长期实践、提炼出来并经过反复检验的语言，熟练掌握和运用这些语言就基本上达到了简练的要求。

4. 生动

生动是指：乘务人员使用的语言形象、诙谐，表达方式灵活、自然、富于幽默感。乘务人员使用生动的语言，可以在车厢内创造一个轻松、愉快的氛围，使乘客乐意接受我们的意愿。特别是在情绪对立的时候，使用生动的语言往往能起到缓和僵局的作用。但是，我们也要注意把生动和耍贫嘴区别开来，做到风趣而不失庄重。要想取得语言生动的效果，一方面需要与清楚、准确、简练的要求结合在一起，综合运用。另一方面还需要以表情、手势辅助语言，保持有声语言和无声语言的一致。科学研究表明：一个信息的效果有54%来自无声语言，即姿态、动作、表情，因此，要确切地表达我们的情感，就要充分运用无声语言的效果。

5. 文明

文明是指：乘务人员使用的语言文雅、纯洁，不使用非理性语言，特别是不能使用侮辱性、辱骂性语言。乘务人员是车厢的主人，在出乘过程中，我们的全部言行都毫无疑问应该以“为乘客服务”为宗旨，视乘客为亲人。对待自己的亲人，我们只能多奉献一点爱心，多一点尊重，哪能使用不文明的语言对亲人讲话呢？乘务语言文明反映着乘务人员自身的素质和文化修养，具有较高修养的人是不会使用粗鲁的语言的。乘务语言文明还要注意词汇的感情色彩，褒义、贬义运用准确，一般不使用程度激烈的语言。要想做到乘务语言文明，就要在平时注意培养语言习惯，不仅出乘过程中，不使用不文明语言，就是在日常社会生活交往中，也要自觉地培养自己的语言习惯。如果平时我们不注意培养，养成了一些不良习惯，特别是一些所谓的“口头禅”，就像有的人张口闭口“京骂”，这样在车厢服务过程中，就会自觉不自觉地带出来，造成语言的不文明。没有文明的语言，绝不会收到良好的服务效果。

三、乘务语言的规范性

讲究乘务语言的规范性，是指乘务人员在语言的选择和使用中，要表现出良好的文化修养和职业素质，准确地运用文明有礼、高雅清晰、称谓恰当、标准柔和的语言。主要表现在以下几个方面：

（一）礼貌语

乘务人员在本职岗位上，准确而恰当地运用礼貌用语，是对广大乘务人员的一项基本要求，同时也是乘务人员做好本职工作的基本前提之一。使用礼貌用语，对于公交服务行业而言，是有其特殊界定的。要求乘务人员在其工作岗位上使用的礼貌用语，主要是指在服务的过程之中，表示乘务人员自谦恭敬之意的一些约定俗成的语言及其特定的表达形式。

礼貌用语使用得好可以将小小车厢变得和谐融洽。乘务人员在其工作岗位上所使用的礼貌用语，大致上有以下 3 个特点。

1. 主动性

在车厢服务中，使用礼貌用语，应当成为广大乘务人员主动自觉的行为。唯其如此，礼貌用语的使用方能口到、心到、意到。正是出于这一原因，乘务人员在与乘客进行语言交流时，应率先主动使用礼貌用语。如：请您扶好、到站我叫您等。

2. 约定性

在车厢服务中，乘务人员常用的礼貌用语，在内容与形式上，往往都是约定俗成、人人皆知的，所以，乘务人员在车厢服务中，必须完全遵从，绝不能“另辟蹊径”。不然，就难以得到认同、难以发挥功效。如：您好、请您刷卡、您到哪下车等。

3. 亲密性

乘务人员在使用礼貌用语时，还须力求做到亲切而自然。让乘客听在耳中，暖在心里，心领神会。运用礼貌用语讲究亲密性，必须是诚心所致，不落俗套，而非甜言蜜语、巧言令色、让人肉麻。如：哪位乘客给老人或抱小孩的同志让个座、谢谢您对公交工作的支持等。

（二）问候语

问候又叫问好或打招呼。主要适用于乘务人员向乘客打招呼、问好、致以敬意，或表达关切之意。在车厢工作中，一般要求乘务人员对问候用语勤用不怠。具体来讲，适宜用问候用语的主要时机有5个。

一是主动服务于乘客时。如：您好，请您帮忙往里走……

二是乘客有求于自己时。如：您别着急，到站我叫您下车……

三是乘客进入自己的服务区域时。如：乘客您好，欢迎您乘坐×××路车……

四是乘客与自己相距过近或四目相对时。如：您好，您有什么需要我帮忙的吗……

五是自己主动与乘客进行交流时。如：大妈，您到哪下车……

在问候乘客时，具体内容应当简练而规范。适用于车厢乘务人员采用的问候用语，主要分为下列两种。

1. 标准式问候用语

所谓标准式问候用语，就是直截了当地向乘客问候。其常规做法，主要是在问好之前，加上适当的人称代词，或者其他尊称。如：“你好!”“您好!”“各位好!”“大家好!”

2. 时效式问候用语

时效式问候用语，即在一定的时间范围之内才有作用的问候用语。常见做法是在问好、问安之前加上具体时间，或者在二者之前再加以尊称。如：“早上好!”“中午好!”“下午好!”“晚上好!”

（三）迎送语

迎送用语主要适用于乘务人员在工作岗位上欢迎或送别乘客。具体而言，又可以划分为欢迎用语与送别用语，两者分别适用于迎客之时或送客之际。

1. 欢迎语

欢迎语又叫迎客语。一般而言，乘务人员在使用欢迎用语时，应注意以下3点。

（1）欢迎用语往往离不开“欢迎”一词的使用。如：您好，欢迎您乘坐

××路无人售票车，见到您很高兴。

(2) 乘务人员在工作中，碰到乘客再次乘坐时，应以欢迎用语表明自己记得对方，使乘客产生重视之感，亲切之感。具体做法，在欢迎用语之前加上对方的尊称或其他专用词。如：大爷，我们又见面啦。大妈您好，欢迎您又一次乘坐我们×××路×××号车等。

(3) 乘务人员在使用问候语时，同时应向乘客主动施以见面礼。如：注目、点头、微笑等。

2. 送别语

送别语又叫告别语。在使用送别语时，经常需要乘务人员同时采用一些适当的告别礼。如：大妈，再见，您慢走，欢迎您再次乘坐我们×××路×××号车等。

（四）请托语

请托语通常是指：在请求乘客帮忙或是托付乘客代劳时，所使用的语言。工作中，每位乘务人员都可能会有求于乘客。一般情况下，乘务人员经常使用的请托用语可以分为以下 3 种。

1. 标准式请托用语

标准式请托用语主要就是一个“请”字，乘客会更容易接受。如：请您稍候、请您让一下等。

2. 求助式请托用语

求助式请托用语主要是请乘客帮忙、请乘客让路或要求乘客帮助自己时，才被使用。如：劳您驾、拜托您、请您帮忙等。

3. 组合式请托用语

有些时候，乘务人员在请求或托付乘客时，往往会将标准式请托用语与求助式请托用语混合在一起使用，这便是所谓组合式请托用语。如：“谢谢您，能给这位大爷让个座吗?”“劳您驾，请帮我一个忙，下车后，把这位需要帮助的乘客送过马路好吗?”等。

（五）致谢语

致谢语又称感谢语。在车厢服务中，乘务人员使用致谢语，主要是表达自己对乘客的感激之情。在车厢服务中，有以下6种情况应及时使用致谢语。

一是获得乘客帮助时；

二是得到乘客支持时；

三是赢得乘客理解时；

四是感到乘客友善时；

五是婉言谢绝乘客时；

六是受到乘客赞美时。

致谢语在实际运用时，可归纳为3种基本形式。

1. 标准式致谢用语

标准式的致谢用语，通常离不开一个词汇就是“谢谢!”。在任何需要致谢时，都可采用。如有必要，我们在采用标准式致谢用语向人道谢时，可以在其前后加上尊称或人称代词，这样更为准确和明确。如：谢谢您、师傅谢谢等。

2. 加强式致谢用语

加强式致谢用语，就是在标准式致谢用语之前，加上某些副词。若运用得当，往往会令人感动。如：多谢您，万分感谢、十分感谢等。

3. 具体式致谢用语

具体式致谢用语，主要是因为某一具体事宜而向人致谢。如：请您给这位老大爷让个坐，谢谢；请帮忙刷卡，谢谢您；麻烦您请从前后门下车，谢谢等。

（六）征询语

车厢服务中，乘务人员要以礼貌的语言主动向乘客征询，才会取得良好的反馈。在遇到以下几种情况时，可采用征询用语。

一是主动提供服务时；

二是了解乘客需求时；

三是给予乘客帮助或选择时；

四是启发乘客支持时；

五是征求乘客意见时。

乘务员在具体使用征询用语时，要把握好时机，兼顾好乘客态度的变化。正常情况下，乘务员应用最广泛的征询用语，有以下 3 种形式。

1. 主动式征询用语

主动式征询用语，主要是乘务人员主动向乘客提供帮助时。优点是：省时、直截。缺点是：时机把握不好，让人感到唐突、生硬。如：“您需要帮助吗？我能为您做点什么吗？”等。

2. 封闭式征询用语

封闭式征询用语，主要是乘务人员向乘客征求意见或建议时使用。如：“您对我的服务还满意吗？”等。

3. 开放式或选择式征询用语

开放式或选择式征询用语，主要是指乘务人员为乘客提供两种以上的服务方案，供乘客选择，这样做是对乘客的尊重。如：下车后，您可以换乘 1 路、52 路，也可以换乘地铁。您乘坐 1 路、52 路在天安门东下车，可以去天安门广场、参观人民英雄纪念碑、毛主席纪念堂，也可以去中山公园、劳动人民文化宫等。

（七）应答语

应答用语，主要是乘务人员在为乘客服务时，用来回应乘客的招呼、答复乘客的咨询和所提出的问题。服务过程中，乘务人员所使用的应答用语是否规范，直接反映着乘务人员的服务态度、服务技巧和服务质量。应答用语可以分为 3 种基本形式，相互之间可以交叉使用。

1. 肯定式应答用语

肯定式应答用语，主要是乘务人员在服务过程中，来答复乘客的请求。我们一般不允许乘务人员在服务乘客、回答乘客问题时，说一个“不”字。更不能对乘客置之不理。如：是的、好的、我听见了、我知道、很高兴为您服务、我明白您的意思、我会尽量帮助您等。

2. 谦恭式应答用语

谦恭式应答用语，主要是乘客对乘务人员所提供的服务表示满意，进行口头表扬和当面感谢时，乘务人员在面对乘客赞扬时的应答语言。如：请不要客气、这是我应该做的、您过奖了、您太客气了、能为您服务是我的荣幸等。

3. 谅解式应答用语

谅解式应答用语，主要是乘客向乘务人员表示歉意时，乘务人员应及时接受，并表示谅解。如：没关系、我不会介意、不要紧等。

（八）赞赏语

赞赏用语，主要是乘务人员在车厢服务中，乘客对自己工作支持时，所表示肯定和感谢时使用的用语。赞赏用语讲究的是少而精，恰到好处。在实际运用中，大致分为 3 种具体形式。

1. 评价式赞赏用语

评价式赞赏用语，主要是乘客对我们的服务工作表示支持时，乘务人员对乘客的所作所为，在适当的时候对乘客予以正面评价时采用的语言。如：您的想法对极了、您的建议太好了、您的主意真不错等。

2. 认可式赞赏用语

认可式赞赏用语，主要是乘客对我们的服务工作发表某些正确的见解时或乘务人员在评判时所使用的语言。如：您说得对、您的观点很正确、您的建议非常好、还是您对北京熟悉等。

3. 回应式赞赏用语

回应式赞赏用语，主要是乘客对乘务人员的服务工作很满意或乘务人员在回应乘客的夸奖时所使用的语言。如：哪里哪里、我做得很不够、我没您说的那么好、您值得我学习等。

（九）祝贺语

祝贺语，主要是乘务人员在车厢服务中，根据不同的场合、不同的时间或特殊的时候适时使用的一些祝贺或祝福用语。使用祝贺语不仅是一种礼貌，而且也是一种人之常情。祝贺语在车厢服务中，主要是节庆日时使用，它的实效性极强，不得缺少。如：新年好、春节好、节日愉快、春节快乐、万事如意等。

（十）推脱语

推脱语，主要是乘务人员在面对乘客提出的问题、要求不好回答或不好解决时，所采取巧妙的推脱或拒绝用语。在使用推脱或拒绝用语时，语言要得体、态度要友好。让乘客能淡化、平和被拒绝失望的心理。反之，如果我们直言：不知道、不归我管、这事我不能回答、这我可管不了、您爱找谁就找谁去吧等，就会令乘客不满、不快，严重的会使乘客怒发冲冠，酿成口角。在我们的车厢服务中，乘务人员采用的推脱用语，有以下 3 种形式。

1. 道歉式推脱用语

道歉式推脱用语，主要是乘务人员难以满足乘客提出的要求时，不妨直接向乘客表示自己的歉疚之意，求得乘客的谅解。如：实在对不起，您刚提出的问题，超出了我的服务范围，我会如实向领导反映，请您谅解等。

2. 转移式推脱用语

转移式推脱用语，主要是乘务人员对乘客所提及的某一问题，不做具体的回答和纠缠，而是采取转移法，主动提及另外的事，来转移乘客的注意力。如：在面对带小孩乘车的乘客，孩子够买票标准，乘客不主动给买票时，乘务员在履行工作职责中，不要针对孩子的身高而纠缠不休，我们可以采取转移法、运用推脱用语、引发乘客的注意力。我们可以说：“孩子长的真漂亮，多大啦，上学了吗？这孩子您照顾的真好，没上学就长这么高的个子，有多高啦？”等，乘客听了这样一番话后，心里美滋滋的、精神上也会产生愉悦感，主动支持乘务人员的工作。

3. 解释式推脱用语

解释式推脱用语，主要是乘务人员在推脱乘客提出的一些要求和问题时，要说明具体缘由，要让乘客感觉推脱的合情合理。如：对不起，我们有规定，中门上车，前、后门下车等。

四、讲究语言艺术的必要性

(1) 讲究语言艺术是沟通乘务人员与乘客之间感情的必要手段。

城市公共交通的车厢是一个人员密集、成分复杂、充满矛盾的“小社会”，社会上的各种心态，各种现象都能在车厢中体现。在乘车前和乘车过程中，各种各样的乘客难免遇上这样或那样不顺心的事，造成心理上的不平衡，这种心境在乘车时会随时发泄，发泄的对象往往集中到驾驶员和乘务员身上，也有表现在乘客之间的。由于彼此都是“萍水相逢”、互不相识，往往小题大做，言词激烈，无所顾忌。这些“唇枪舌剑”不仅会极大伤害当事人双方的自尊心，而且还会影响其他乘客的情绪，破坏车内良好的气氛和乘车秩序。在这些矛盾冲突中，语言无疑成为宣泄思想感情的重要工具。广大乘客在乘车过程中都希望有一个能够使乘客和乘务人员心情愉悦的、文明和谐的乘车氛围，这种氛围的形成要依赖于乘客和乘务人员之间沟通感情，相互理解，相互信任。乘务人员是车厢的主人，沟通感情的主要任务自然而然地落到乘务人员身上，而讲究语言艺术则成为重要手段。语言不仅是认识的工具，更是调整人们的情绪，解决人们之间矛盾的“润滑剂”，有的同志曾形象地比喻“乘务语言可以是导火索，也可以是灭火器”。如果乘务人员不讲究语言艺术，说话随便，出口伤人，不仅使人反感、厌恶，而且极易造成矛盾、引起争执。相反的，乘务人员如果巧妙地运用语言，可以防止和减少无谓的摩擦和矛盾。亲切温柔的语言能够缩短乘务人员与乘客之间的心理差距，沟通与乘客之间的感情。如：乘车途中经常遇到堵车的情况，乘客心情急躁，常常向乘务人员发脾气，乘务人员巧妙地答到：“我也不愿意堵车，堵车虽然不是我们的责任，但我理解大家，大家有气尽管朝我发，能帮大家消消气，我很乐意。”听到乘务人员的回答后，乘客明白了什么，不仅不再吵嚷了，而且会感慨地说：“乘务人员也难当啊!”乘客的情绪稳定了，车厢的气氛又和谐如初了。

(2) 讲究语言艺术是提高车厢服务质量的重要手段。

城市公共交通提供的服务不仅表现在为乘客乘车提供了必要的物质条件，还要体现在满足乘客的精神需求上，乘客的精神需求则主要靠乘务人员运用语言来满足。如：帮助老年人、抱小孩的乘客找座，疏导乘客上、下车，耐心解答乘客询问等。运用语言充分表达出自己真挚为乘客服务的情感，可以使乘客心情愉悦，如沐春风，高兴而来，满意而去。乘务实践证明，讲究语言艺术是提高车厢服务质量的重要手段，只有恰如其分地运用语言，才能增强服务效果，顺利实现企业的服务功能，达到提高效益的目的。实际上讲究语言艺术本身就是一种科学的服务方法，就是对服务工作客观规律的一种适应。随着人民生活水平日益提高，人们的物质需求和精神需求也日益增长，对公共交通企业服务质量的要求也随之提高，为了适应和满足这个要求，广大乘务人员必须全面提高运用语言的能力。否则，光有为乘客热情服务的良好愿望，没有确切、得体的语言表达或表达起来言不由衷，又怎样能够达到为乘客服务的目的呢？提高车厢服务质量也只能是空谈。

（3）讲究语言艺术有助于树立公共交通职工的良好职业形象。

在车厢服务过程中，乘务人员需要用大量的语言向乘客作宣传解释工作，引导乘客的乘车行为。广大乘客评价公交职工的形象是通过自身感受做出的，乘务人员能否用得体的、恰当的语言为乘客服务，体现着乘务人员的素质。如果满嘴粗话、脏话，或者抓住乘客一点差错就连讽刺带挖苦，那就难免使乘客认为“乘务人员张嘴骂人，素质太低”。相反的，如果用文明礼貌的语言、热情耐心地服务，无疑会给乘客以影响，客观上起到了示范表率的作用，能够达到潜移默化的宣传精神文明的效果。讲究语言艺术、用语文雅、恰到好处、寓情于理、亲切感人，同样可以感化乘客的心灵，使广大乘客留下良好的印象，有助于塑造和维护公交职工的形象。

五、运用乘务语言的技巧

语言是心灵的声音，乘务语言运用技巧包含表达形式技巧和语言内容技巧两个方面。如：吐字清晰，声音优美、悦耳、温柔、委婉都是表达形式的技巧；而完整、健康、文明则是语言的内容技巧。

乘务语言艺术的标准是乘客获得心理上的共鸣和精神上的愉悦。乘务人员运用语言的技巧，从根本上说就是依据客观实际存在的情况、环境、对象以及人们的心境灵活地、恰当地遣词造句，确切地表达自己的思想感情、意愿要求。

乘务人员学习运用语言技巧最基本的方法是在实践中不断探讨运用语言的技巧，不断总结运用语言的规律，不断丰富自己的语言表达能力。由于现代汉语具有丰富的表现力，又加之乘车过程遇到的情况复杂，需要各种各样的语言表达方式来表达乘务人员的意愿，很难准确地提出语言表达技巧的概念、标准或规范，我们只能依据乘务实践，对大家探讨运用语言的技巧做一些提示。那么，怎样有礼貌地与人说话呢?

1. 态度要诚恳

说话本身是用来向人传递思想感情的，所以，说话时的神态、表情都很重要。举例说，当你向别人表示祝贺时，如果嘴上说得十分动听，而表情却是冷冰冰的，那对方一定认为你只是在敷衍而已。同样，当你向别人表示慰问，而神态却显得很不专心时，对方也一定认为你是在故作姿态。这样，对方不但不会对你感激，反而会引起疑虑甚至反感。所以，乘务人员讲话文明礼貌，首先必须做到态度诚恳和亲切，让乘客真正对乘务人员的说话产生表里一致的印象。

2. 用语谦逊文雅

礼貌的语言是指对乘客应多用敬语，比如：可称呼对方为“您”“先生”等；而对自己则应多用谦语。礼貌用语十个字：“您好”“请”“谢谢”“对不起”“再见”，就体现了说话文明的基本语言形式。

3. 语气亲切

语气亲切是从语音、语调角度探讨运用语言的技巧。语音、语调是语言的重要组成部分，乘务人员在出乘过程使用亲切的语气表达，可以增强表达内容的效果，同样的语言内容，用不同的语气表达，可以收到不同的效果。

从心理学的角度看，人们在社会交往中，都乐于听到优美、亲切、悦耳、温柔的声音，而最反感的是噪声。在出乘过程中，和谐、亲切的声音，可以使乘客的心情愉悦、轻松，产生宾至如归的感觉，引起乘客感情上的共鸣。同样是“谢谢”两个字，用不同的语气表达，生硬的语气会使乘客感到十分勉强，是无可奈何讲的，亲切的语气可以使乘客感到是发自内心的、诚心诚意的，使乘客乐于接受。因此，语气亲切可以增强语言内容的表达效果，有助于表达我们提供服务时的热情，创造和谐的乘车气氛。

4. 商量口气

乘务人员虽然是车厢的主人，但是却无权对客人下达各种命令，在提供服务的过程中，乘务人员表达语言时，应使用商量的口气。

商量的口气表示了对乘客的尊重，容易被乘客接受，得到乘客的支持。特别是在目前，乘客乘车行为还缺少法规来制约，仅仅靠“须知”来维持的现状下，商量口气往往可以减少乘务人员处理问题时的“尴尬”场面，比较容易变被动为主动。如：有的乘客携带行李放在门口，影响别人上、下车。这时，乘务人员用商量的口气疏导：“这行李是哪位乘客的，往里挪挪好吗?”一般是不会遭到乘客拒绝的。反过来，采取强迫命令式的口气疏导：“这行李是谁的？这么不长眼，堵在这里，别人怎么上、下车？往里拿！”往往会遭到乘客拒绝，找各种各样理由搪塞，即使拿了也十分不情愿，其结局只能是“欲速则不达”。

5. 言词委婉

乘务人员在处理乘务问题时，运用含蓄委婉的言词表达意愿、提醒乘客，比较容易得到乘客的理解和配合。委婉、含蓄的言词表示了对乘客的尊重，保护了乘客的自尊心，适应了乘客心理的需要。反之，言词直率，往往含有责怪的意思，容易引起乘客的反感，造成乘务矛盾，甚至发展成乘务纠纷。比如：车厢比较拥挤，当行驶到站时，车内有一青年乘客挤住车门，使车门打不开，无法上人。此时，乘务人员用委婉的言词诱导道：“这位师傅，请您帮忙往里挪挪，要是您在站上等车，好容易盼着车来了，可上不去多着急啊！”这位乘客一般不好意思再挤车门了。乘务人员没有使用直率的语言批评责怪，但表达了规劝甚至批评的意思，比较容易收到使之改正的效果。相反的，用直率的语言批评到：“你这么做不对，你挤着车门别人怎么上？光顾你自己，不管别人！”这位乘客很容易回答：“这么多人我挤不动，我管不了那么多，敢情你坐在那儿不挤！”如此发展下去，极易引发乘务矛盾。

6. 恰到好处

恰到好处是指乘务人员表达语言时，依据不同的情况，应掌握好表达的分寸。包括：语言使用的多少、语气的轻重、语词的色彩。通俗地解释，就是该说的一句不能少说，不该说的一句不能多说；该亲切的不能生硬，该严肃的不能嬉皮笑脸；该使用褒义词的不能使用贬义词。至于什么时候该怎样表达，只能依据客观实际确定。如：外地乘客或老年乘客询问乘车线路时，要介绍的细一点、耐心一点，不能认为自己介绍的很清楚乘客就应该明白，更不能乘客多问一句就厌烦。反过来，有的乘客对公交企业的规章制度不了解，乘务人员做出解释后，乘客仍然喋喋不休。此时，乘务人员宜少说话，让其自己去了解。如果坚持争个是非，论个短长，不仅影响乘务人员的正常工作，还可能由口角发展成乘务纠纷。

7. 留有余地

乘务人员在提供服务的过程中运用语言要注意留有余地，不能把话讲得绝对了，否则会让自己陷入被动。

乘务人员与乘客之间，因所站立场不同，看问题的角度不一样，认识上很难保持一致。况且，乘车过程中的具体问题都发生在瞬间，乘务人员很难全面了解每一个乘客的语言习惯和个性特征，很难做到全面地、客观地看问题。为了避免由于自己主观认识局限而产生的失误，就必须在运用语言时，留有充分的余地。表面上“留有余地”，可能让人感到“模棱两可”，而实际上“留有余地”，可以使我们自由地、灵活地去处理问题，表达意愿。如：乘务员验票时，某位乘客拿不出票，此时乘务员耐心地讲：“您别着急，再找一找。”乘客仍然拿不出票时，乘务员又说：“要是找不到，您照章补票吧！”乘客此时会顺从地补票。我们分析一下，虽然乘务员讲了“您别着急”，可是众目睽睽之下无票乘客能不着急吗？相反的，如果乘务员主观上已经认定乘客就是无票乘车了，说：“瞧你就不像有票的，别装模作样的了，赶快补票！别耽误大家时间！”假使此时乘客真的找出票来，乘务员面对这个被动场面又怎么下台呢？

8. 语言幽默

幽默是语言表达的一种风格。乘务人员适度地运用幽默语言，可以调节乘客的听觉神经，有助于调整乘务人员和乘客的情绪，使乘客感到轻松、愉悦、风趣，往往变紧张严肃为轻松和谐，让乘客消除拘谨和不安，感到乘务人员可亲可敬，易接近，从而使乘务人员的语言表达收到最佳效果。幽默语言既不是耍贫嘴，也不是哗众取宠，而是运用比喻、拟人、双关等修辞手法，通过有趣的语言处理人际关系。运用幽默语言，要注意场合、气氛，使用要得当，否则难以达到预期的目的。

9. 注意自责

乘务人员在提供服务时，要接触众多的乘客，要处理各种各样的问题，由于时间有限，很难处理得面面俱到。再者，乘务人员本身做得很好，但由于乘客需求不一，公交企业的服务也难免会出现不尽如人意的疏漏。鉴于这种现状，乘务人员运用语言时要注意自责。

所谓注意自责，是指乘务人员运用语言时，主动承担责任，这样既表现了自己的谦虚谨慎，又较容易平息乘客的各种不满，取得乘客的谅解。特别是一些乘客准备发泄不满时，由于乘务人员主动自责，乘客反而不便发泄。注意自责可以有效地防止车厢中的口角，及时融洽乘客和乘务人员之间的感情。

10. 顾全大局

乘务人员运用语言时要顾全大局。因为我们是车厢的主人，看待问题、处理问题时，不能只站在个人的角度，更要站在公交企业的角度，用妥善的语言恰当地表达，还要注意影响。特别是遇到国际友人、港澳台胞、少数民族以及残疾人乘车时，要依据有关法规和企业的规章制度讲话办事，运用语言时要防止随意性，要掌握适当的尺度，不宜讲超出原则的话语，也不宜大声宣扬。

11. 因人而异

乘务人员语言交流要针对乘客实际情况，察言观色，并具备良好的倾听能力并能迅速判断乘客的心理和服务需要。车厢中的乘客构成成分复杂，职业、年龄、性格各异，要因人而异，区别对待。善于使用不同的礼貌用语，避免语言的平淡、乏味、机械。因人而异首先表现在称谓上，依据乘客年龄、性别、职业、装扮，选用得体的称谓，称谓要表示尊重，一般不宜使用指代词语。如："戴帽子的""大胡子""穿黑衣裳的"等。

其次，因人而异表现在对不同身份的乘客，使用不同的语言。工人喜欢直率、幽默、不宜装腔做事；知识分子喜爱文雅、和声细语、不宜粗鲁；农民喜爱和蔼、耐心、不宜生硬；老年人喜爱细致、周到；儿童喜欢被哄逗。

乘务人员可以从安慰语言、激励语言、暗示语言、意会语言、反驳语言等方面运用语言技巧，但由于乘务工作时间的有限性等特点，乘务服务语言还应简练、通俗、亲切等，这就有待于每一位乘务人员在乘务实践中去探讨、去总结。只要我们广大乘务人员注重语言艺术的学习，并通过乘务实践不断丰富自己，那么在公共交通的车厢里，就会创造出相互平等、相互尊重、相互理解、文明和谐的乘车气氛，公共交通企业的服务质量就会产生质的飞跃。

六、对待特殊乘客的乘务语言

（一）与聋哑人交往

（1）称呼聋哑人可用“手语”。因为聋哑人有语言障碍，与之碰面最好用“手语”打招呼，切忌上前拍肩膀，更不要直呼“聋子”或“哑巴”。他们虽然听不见，但可以从你说话时的口型，看出你说话的内容。

（2）聋哑人多半性格急躁，执拗多疑。与之交往，态度要诚恳，语气要温和。如果你与他们交往中，些许流露出不友好的表情，他们就会伸出小拇指，意思是说你“不好”。

（3）聋哑人与正常人的交往一般惯用“手语”。因此，常与聋哑人交往的人应学一些手语。

（4）有时候，也可以采用笔谈的方式。但要注意，一般聋哑人书面语言能力较差，多用通俗易懂的语言笔谈，少用抽象费解的词语。

（二）与精神病人交往

（1）忌给他们易伤人、毁物的物品。

（2）忌歧视他们，不要把他们当作洪水猛兽，他们不发作时，几乎与正常人一样。对他们最好直呼其名，但要注意语气，忌称呼“疯子”。

（三）与盲、肢残人交往

盲人虽然看不见，但可听见，因而，对其的称呼要格外亲切，切忌称呼“瞎子”“瘸子”或“路不平”等。

（1）与盲人交谈时，不应有过多地描述，盲人看不见你的表情。所以，在盲人与你交谈时，忌总是沉默不语。

（2）盲人乘客上车后，乘务人员应及时询问他们是否需要帮助，搀扶他们的手臂须征得同意。

（3）盲人、肢残人乘客下车时，乘务人员应及时、热情关照他们注意安全。

（四）与口吃人的交往

（1）忌对口吃乘客提问："你为什么口吃?"或"你怎么口吃?"这样的问题。因为，你这样既使他难堪，又使他无法回答你。

（2）忌与口吃乘客交谈时，突然发笑，也不要捂嘴。

（3）忌在口吃乘客面前，模仿他如何口吃。

（4）忌称呼口吃者为"结巴"。

（五）与驼背人的交往

（1）忌对驼背乘客说："我发现你有些驼背。"这因为他并非不知道自己的缺陷。此时，他或许正为此苦恼。

（2）忌称"驼背"者为"罗锅子"。

（六）与近视人的交往

（1）忌随便议论近视乘客的眼镜。

（2）忌称"近视"者为"四眼"或"四眼狗"。

（七）与秃顶人的交往

（1）忌向他们介绍各种生发用品。

（2）忌触摸秃顶乘客的头，哪怕你是他最亲近的人也不行。

（3）忌当着秃顶乘客的面，夸耀自己或别人的头发好，或者议论其他秃顶乘客。

（4）忌称"秃头"为"灯泡""地中海"等。

（八）与耳背人的交往

（1）忌在耳背乘客面前说三道四。

（2）忌以为他们什么都听不见。

（3）忌对他们大声嚷嚷。

（九）与侏儒人的交往

（1）忌与侏儒乘客比身高。

（2）忌以此开不适当的玩笑。

（3）忌称“侏儒”者为“地出溜”。

（十）与弱智人的交往

（1）忌让弱智乘客作滑稽动作。

（2）忌设置圈套，让弱智乘客上当。

（3）忌称呼弱智者为“傻子”。

乘务人员应该根据特殊乘客的特点，注意与他们交往的职业礼节。

七、乘务语言禁忌

乘务人员与乘客交谈由于谈话的内容欠考虑或表达方式不妥，会破坏与乘客沟通的效果，使交谈达不到预期目的，甚至导致沟通彻底失败。以下是乘务人员与乘客交流时应注意的谈吐禁忌。

1. 忌谈及乘客隐私

谈话内容应回避乘客隐私，一旦张口问及乘客不愿启齿的个人隐私，会置乘客于尴尬境地，容易引起乘客反感。如果乘客觉得个人隐私有必要向你说明，觉得你是可以信任的人，自然会主动向你谈起。涉及乘客的婚恋问题、家庭纠纷问题、经济收入等问题都是乘务语言禁忌。

2. 忌议论不在场的第三者

乘务人员与乘客交流不议论不在场的第三者。

3. 忌谈论他人的伤心事或缺陷

尽管有时你说的是铁的事实，但乘客听起来也会感到非常刺耳。如：“你离婚了”“听说你几天前，被领导训了一顿”等，诸如此类的语言，不但会伤害乘客的自尊心，被其他在场乘客听到也会深感不快。

4. 忌问不该问的问题

忌问及乘客私人情况，如：对方收入、家庭成员的私人问题、住在何处等；对年轻的女乘客忌询问她们的年龄、婚否、住处；更忌对她们的长相品头论足；对政界人士不宜询问决策内幕、忌询问领导与领导之间的关系、忌向军人乘客询问军队内部事务及军事秘密。

5. 忌没完没了谈自己的事情

乘务人员与乘客交流是必要的，但是如果没有度地海阔天空，不但会令人反胃，还会影响正常的乘务工作。

6. 忌自吹自擂

个别乘务人员在与同事及乘客交流时，常喜欢自吹自擂、语气骄横。如：详细地吹嘘自己如何有社会背景，如何办事有路子，如何有社会关系，以此抬高自己在对方心目中的地位，而实际得到的结果却恰恰相反。

7. 忌抱怨不休

遇到共同的话题，人们容易谈得投机，尤其朋友之间更愿一诉衷肠。但是，有些人抱怨不休，不停地向对方诉苦。这样的谈话，会使对方感到毫无意义而产生厌烦心理。

8. 忌饶舌

个别乘务人员口齿伶俐，碰到初识的人或者老熟人，常表现欲过于强烈，不管对方喜不喜欢某个话题，不管对方愿不愿听下去，一个劲地滔滔不绝地说下去，使对方根本没有说话的机会，更难以改变话题。

9. 忌句句不离“我”字

有些乘务人员与相识的人谈话，虽然淡的不是自己的事情，却喜欢频频使用“我”字。如：“我以为”“依我看”“我才不在乎呢”“我如何如何”，使整个谈话令对方感到你是自以为中心，他充其量是个听客罢了。因此，除非对方要求你谈谈自己的事，否则，在处理同事关系、为乘客服务时，忌句句不离“我”字，应适当多关心对方，多谈些对方感兴趣的话题。

10. 忌沉默寡言

与饶舌不休的人正相反，有些乘务人员由于性格内向或自卑心理，在与同事交谈、为乘客服务时，常沉默寡言、不爱说话，这种行为不仅影响融洽的同事关系，更会影响与乘客的交流及乘务服务质量。

11. 忌打断他人的话

个别乘务人员在与同事或乘客交谈时，常不由自主地打断他人的话，或者抢别人的话头，扰乱说话者的思路，这是不得体的。个别乘务人员在同事或乘客说话尚未告一段落时，为表现自己领悟得快，比说话者更聪明，随意插嘴，这是极失礼的。

12. 忌措辞难懂

有人以为使用别人难于理解的词汇，便显示出自己的学识渊博，其实不然。在交谈中，应该尽量避免使用专门术语或学术用语。须知：普通人理解专门术语的能力毕竟是有限的，如果因为听不懂其中一两个字词而无法听懂你说的意思，那真是不应出现的缺憾。也不要说些连自己都不太懂的话，或者使用自己也似懂非懂的词说话，如果搞错了，不但会使听者如坠云里雾中，而且还会贻笑大方。

13. 忌使用不文雅的字眼

乘务人员在与同事或乘客交谈时，如语言粗俗，并常常伴随不雅的口头禅，会使人深感俗气满身，市侩味十足。

14. 忌开玩笑没分寸

乘务人员在与同事或乘客交流过程中适度地地开玩笑，能够活跃谈话气氛，拉近彼此的心理距离，其益处是不言而喻的。开玩笑是用幽默的语言、巧妙含蓄的构思，艺术地进行思想交流和感情交流。但是，如果交谈中开玩笑失去限度，也是十分不礼貌的。玩笑中的忌讳主要有以下几个方面。

（1）忌男女无别。一般来说，女性对语言情境的承受能力比较弱，对男性无所谓的玩笑若施于女性身上，会使她们十分难堪，甚至不堪忍受。

（2）忌长幼无序。下级对上级、新员工对老员工等开玩笑时，不能失去对长者的尊重，使之“下不来台”。上级对下级、老员工对新员工等开玩笑时，也要注意充分尊重他们，不能过分。

（3）忌以缺陷短处为玩笑对象。人们自己对心理和身体上的缺陷分外敏感。乘务人员如果开玩笑时，以乘客的缺陷、短处当笑料，会深深刺伤乘客的自尊心。一旦不慎，要向乘客真诚致歉。

（4）忌不分场合。庄严肃穆的场合忌开玩笑，工作时间不宜开玩笑，集会、仪式场合、同事间忌开玩笑。比较熟悉的人在一起，开开玩笑是可以的，与自己不熟悉的同事忌开玩笑，搞不好会触及你所不了解的隐私或缺陷，而冒犯对方。

（5）忌举止轻浮。忌讲话时，除非需要用手势来加强语气或表示特殊感情，否则忌用无意义的举动。说话时，手脚胡乱晃动、对人指指点点、同事间拍拍打打、手舞足蹈、举止轻狂、吐沫四溅，均是极不礼貌的行为。

（6）忌要求乘客重复说过的话。由于自己注意力分散，要求别人重复说过的内容，是不礼貌行为。

（7）忌连珠发问。像倾泻炮弹般地连续发问，让人觉得你好奇心过重，以至难以应付。

（8）忌随便解释某种现象。不要轻率地下定义，借以表现自己的专业。

（9）忌争论不休。不要就某个无关紧要的问题，与上级、同事、乘客争论不休，甚至不欢而散。

第二节　乘务礼仪行为

礼仪是指人们在社会交往中由于受历史传统、风俗习惯、宗教信仰、时代潮流等因素的影响而逐渐形成，既为人们所认同，又为人们所遵循，以建立和谐关系为目的的各种符合社会道德规范、伦理规范精神及要求的行为准则。

一、讲究礼仪的意义

在社会生活中，人们往往把讲究礼仪作为一个国家和民族文明程度的重要标志。对个人而言，礼仪则是衡量其道德水准高低和有无教养的尺度。公共交通是我国的窗口行业，讲究职业文明礼貌有它的特殊意义。

（1）讲究礼仪是精神文明建设的需要。

讲究礼仪是文明的行为，而文明行为是人类历史发展的产物和需要。它反映了人类的发展和进步，标志着人类生活摆脱了野蛮和愚昧。在人类文明史上，依次出现过奴隶制社会文明、封建制社会文明、资本主义社会文明。

如今，我们要建立的是社会主义社会的精神文明，这是人类精神文明发展的新阶段，是社会主义社会的重要特征。社会主义精神文明建设的根本任务：是适应社会主义现代化的需要，培养有理想、有道德、有文化、有纪律的社会主义公民，提高整个中华民族的思想道德素质和科学文化水平。

在精神文明建设中，特别要加强思想道德建设，讲求社会公德、职业道德与纪律教育。礼仪属于社会公德的一部分，是思想道德与职业道德建设的基础部分，也是纪律教育中必不可少的一个方面。讲究礼仪反映了社会主义精神文明的程度和公民的精神风貌。同时，它又反作用于思想道德建设，促进社会主义精神文明的发展。可见，这种文明一旦与亿万人民群众行动相结合，就能成为改造自然、推动社会进步的原动力。在当前，它对加强国际交往、增进我国人民与各国人民的友谊，具有十分重要的现实意义和深远的历史意义。

(2) 讲究礼仪是人际关系和谐的需要。

人们都希望自己能在安定、团结、和谐的环境中工作、学习和生活。安定团结是党的方针政策，也是改革开放以来国家为广大人民群众造就的一种社会环境，人人都十分珍惜。如果人际关系紧张，火药味十足，见面、相处、离别时连句客气话都不讲，那么工作中必然会矛盾重重，甚至生活也会感到乏味无趣。所以，讲究礼仪是为人们创造安定团结环境的需要，是人际关系和谐的润滑剂。

(3) 讲究礼仪是社会平等交往的需要。

在社会主义制度下，人们的关系是同志式的互助合作关系，他们彼此尊重，相互关切，这是平等的要求和体现。

高度社会化的大生产，已经使整个社会分工愈来愈细。在这种生产方式中，劳动和生活的人们通过长时间的实践，认识到人与人之间必须紧密配合、互相联系、互相关心、互相合作。人类社会在高度社会化大生产的条件下，除了在阶级社会中的阶级关系之外，还有人际关系这一重要方面，即在社会化大生产中，要求彼此地位平等、相互协作、相互关心、相互帮助，也正是这种要求，成为人们平等交往中共同的礼仪基础。

社会交往是人类生活的影子。可以说，自从有了人类社会，便有了人与人之间的交往。没有社会交往，人类的生活是无法想像的。人们参加社交活动，可以调节紧张的生活，建立友谊，交流感情，融洽关系，广结良缘，增长见识，拓展信息。现代化的社会对人们的社交活动提出了新的要求，社会越发展，物质生活水平越高，对人的社会交往的要求就越高。为此，人们就更需要认真学习在社会平等交往中有关礼仪方面的知识。

（4）讲究礼仪是文明社会公民应有的行为规范。

人与动物的区别，不仅在于人会说话、能劳动，更重要的是人最讲究礼貌礼节。这说明人已脱离了野蛮和愚昧，生活在文明社会之中，所以，在社会大家庭中，每个人都应该学会尊重他人。其表现，首先就是对别人要有礼貌。实际上，人人都有自尊心，并希望别人尊重自己，希望在别人眼里自己是一个受人欢迎的人。如果自己不注重讲究礼仪，甚至庸俗粗鲁，蛮不讲礼，就不可能被别人瞧得起，更谈不上得到别人的尊重。因此，作为文明社会的公民，就必须约束自己的言行，养成讲究礼仪的良好习惯。

我国古语有“诚于中而形于外”之说，即只有思想“诚”，才能在实际中讲究礼貌礼节。社会主义社会的职业文明是建立在人与人相互平等、相互尊重的思想基础上的。只有尊重别人、关心别人、体贴别人，才会在职业交往中注意自己的言行，养成良好的职业礼貌习惯，同时自己也才会受到应有的礼遇。因此，讲究职业礼貌，不仅是现代公交企业发展应具有的职业行为规范，而且也是人际关系和谐的需要。

（5）讲究文明礼仪是做好乘务服务工作的先决条件。

公交企业对乘客提供优质的服务，对加速我国社会主义物质文明和精神文明的建设，具有十分重要的意义。公共交通服务工作是面向世界的工作，处事适宜、待人以礼是公交人应有的风范，也是我国人民的优良传统。乘务服务的直接目的，是为了最大限度地满足不同乘客的正当需求。为此，就必须了解掌握应有的职业礼仪规范，懂得乘客的服务消费情感需求，以便采取正确的服务方式，使他们乘兴而来，满意而归。

（6）讲究礼仪是内强素质、外塑形象、增进人与人之间交往的需要。

在人际交往中，有道德才能高尚，学习礼仪、讲究礼仪，不仅使人文明，还能使人不断的提高自己的内在素质、外在形象、增进人与人之间的交往。因为，礼仪讲究的是尊重，强调的是沟通，重视的是认识，力求的是互动。目前，人们已经普遍的意识到：一个人、一个企业，如果能得法地运用礼仪，不仅会令他人、令社会更易接受，而且还会有助于维护自身和企业的良好形象；有助于更好地与他人合作；有助于个人和企业的不断发展。

二、乘务人员的仪表

(1) 仪表是指人的外表。它包括容貌、姿态、风度以及个人卫生等方面。

公交乘务人员在运营服务当中，每天接触成千上万的乘客，其仪表仪容，不仅代表着自身和企业的形象、展示着人格和企业的信誉与尊严，而且还体现着社会的文明程度、道德水准，反映着民族和时代的风貌。在某种程度上可以说，乘务仪表是公交服务质量不可缺少的组成部分。因此，公交乘务人员对乘务仪表要有明确的、高度的认识，在服务当中注重和规范自身的仪表仪容。

(2) 乘务人员的仪表应当是：仪容整洁，仪表端庄，举止大方，待客有礼。

我们所讲的仪表端庄是指：乘务人员的服饰、装扮。我们的乘务人员绝大多数是青年人，其中，女青年又占着多数。爱美之心人皆有之，青年人、特别是女青年又会更加刻意的打扮自己，处处显露着青春活力，这本来是无可非议的。但是，我们的工作是服务性的工作，而且不像饭店、宾馆那样有固定的服务场所。我们工作的岗位是车厢，服务的特点是马路车间，单车作业，这一点在郊区，特别是边远郊区线路显得尤为突出。根据工作岗位的特点，我们提倡乘务人员的仪表要端庄，要适度。

所谓端庄、适度是指：在工作岗位上，乘务人员的服饰要适合工作的需要，不要过分追求时髦或新潮，不要过分地引起他人注意，应该穿统一配发的服装。至于离开工作岗位之后，完全可以按照自己的心愿去装饰自己。化妆已经成为许多女同志装扮的重要手段，在工作岗位上，略施淡妆、突出东方女性的美，显得更有活力，是无可非议的，但我们坚决反对浓妆艳抹。乘务实践已经证明，那些身着奇装异服、梳着新潮发型、又浓妆艳抹的乘务人员，别说是正确处理乘务矛盾了，往往未曾开口，就在多数乘客心目中受到非议，更会引起不法分子的寻衅滋事，本身就会引发乘务矛盾。因此，我们认为，仪表端庄会给乘客留下美好的印象，不仅为正确处理乘务矛盾、热情为乘客服务奠定基础，而且也是乘务人员自我保护的一项措施。

（3）乘务人员仪表端庄包括以下内容：

①衣着整洁，统一着职业装。整洁、大方的服装，会给乘客在精神上以轻松感，乘务员统一着职业装，给乘客以规范庄重的感觉。身着职业装时，最好不要佩戴饰物。

②仪表端庄，佩饰得体。乘务人员要注意个人卫生，班前不吃有异味的食物，不理怪发型。女同志爱美，适当的化妆可以弥补容貌上的不足，给乘客以精神上的愉悦。但化妆时应注意化淡妆，清新淡雅的化妆，有助于与乘客的交流，能得到对方的好感和尊重。

三、乘务人员的行为举止

公交乘务人员的行为举止，主要是指：乘务人员在服务当中表现出来的仪态、站立、行走、动作等。乘务人员的一举一动，是一个人精神面貌的外在体现，也是对乘客态度的一种由内而外的自然流露。乘务人员的行为举止，既能够体现出自身性格、文化素质和道德修养，也能够反映出乘务人员的心理状态和文明程度。北京公交集团把和蔼可亲、礼貌待客、积极主动、询问需求、热情周到、体贴照顾、宾至如归、笑迎笑送，作为“文明服务行为”的基本内容和标志，强调和突出“得体规范的着装、温文尔雅的举止、细致周到的服务。”突出重点照顾“老、幼、病、残、孕、外埠及国际友人”乘车，使文明服务行为，贯穿公交运营服务全过程。

乘务人员在车厢服务中，应做到：举止大方、行为得体。举止大方、行为得体是指：乘务人员在工作岗位上，表情、言谈、行为要得体，不卑不亢，既要热情为乘客提供服务，又要掌握好言谈、表情、行为的分寸。我们所表达的意思、所使用的语言、所采取的行动、所流露的表情、要能为乘客所接受，所肯定。

1. 坐姿

即坐的姿势，是处于一种静态的姿势。因此，坐姿要稳重、端正。乘务人员在售票台上、驾驶席的坐姿要端正，温文尔雅。不要歪倚斜靠、犯困打盹、腿脚伸得很远、双腿叉开过大或跷二郎腿、不断的抖动摇晃。坐时，应克服不雅的坐姿，包括半躺半坐、前仰后倾、歪歪斜斜、两腿跷在售票台、脚蹬栏杆、手摸脚背、坐在椅子背上等。不雅的坐姿会给乘客轻浮、不安稳、疲惫，且缺乏修养的印象，是失礼和不雅观的。

2. 立姿

又叫站姿，是指人直立身体双脚着地的姿态，是一个人全部仪态的根本。因此，立姿要端正、挺拔。乘务人员在站立时，要保持头正、身直、挺胸、肩平，给乘客留下挺拔、舒展、健美的印象。在车辆运行中，服务要在保证安全的基础上，尽可能保持立姿美。如：站立售票、监督刷卡时，可身体倚门，依靠座位作为支撑，保持身体平衡，但不可靠在乘客身上。站立应克服不雅的立姿，包括：弯腰驼背、斜腰屈腿、双腿大叉、浑身乱动等。不雅的立姿会给乘客懒散、缺乏敬意、缺乏力量、不健康的印象，还会使个人和企业形象受损。

3. 走姿

又叫行姿，即行进时的姿势，它属一种人体的动态。工作中，尤其是乘务员如需要走下售票台行走，是有目共睹的。因此，走姿要优雅、轻盈、身体协调、步伐从容、步态平稳、有节奏感等。在车厢中，行走要保持“轻、稳、灵”，不要给乘客留下忙乱无章、慌慌张张的感觉。在人多拥挤的车厢服务时，要礼貌用语在先，如：对不起，请让一让，我过去一下，谢谢。然后方可从乘客身后侧身走过，动作要轻，不可横冲直撞。这些小节不注意，既影响自身形象，也表现出对乘客不够尊重。行走时，应克服不雅的走姿。包括：左摇右晃、蹦蹦跳跳、重心不稳、奔来跑去、步态不雅、步履拖沓、趿拉着鞋走路、内外八字脚等，不雅的走姿，不仅有失风度、给人嚣张放肆之感，也破坏了行走时的平衡对称、和谐一致的感觉。

4. 对其他姿势的要求

在车厢服务中，乘务人员的一个表情、一个动作都是一种无声的形体语言，正确的形体语言，可以起到事半功倍的作用，错误的形体语言，则会起到不好的作用。

（1）手势。即手臂姿势，是指人在运用手臂时，所出现的具体动作和体位，它有动态手势也有静态手势，不论哪种手势，运用中都要规范。手势也是乘务人员在车厢服务中，使用最多、最灵活方便的肢体语言，有极强的吸引力和表现力。手势的运用要规范适度，简洁明确，自然亲切。疏导乘客运用手势，掌心应斜向上方，手势的摆动宜亲切自然，手指并拢，拇指自然稍稍分开，动作讲究柔美流畅，宜慢忌快，注意不要攥紧拳头，更不能用食指指点乘客。乘务员在配合驾驶员进行安全行驶时，可用手势向车辆、行人示意，但不应探出身体用手敲击车身。

（2）表情。表情与神态永远相连，它是泛指一个人的面部所呈现出来的具体形态。表情是指人通过面部形态变化所表达的内心的思想感情。神态是指人的面部所表现出来的神情态度。工作中，乘务人员的表情神态如何？往往是与乘务人员的职业素质、服务水准、工作态度直接相关的。因此，表情可以辅助甚至代替有声语言，是向乘客传递信息最有效的方式。表情是心理活动的寒暑表，自然真挚的表情，是塑造良好服务形象的必要内容。乘务人员对待乘客的表情应当是：友善坦诚、率真自然、适度得体、温文尔雅。要学习李素丽的微笑服务，充分发挥微笑在表情中的魅力，让乘客感到亲切温暖。因为，乘务人员面带微笑的神情，为乘客创造了令人倍感轻松、愉快的车厢氛围。可以说：车厢是舞台，乘务人员是这个舞台上的演员。当你登上这个舞台的时候，就应当把个人的喜怒哀乐放在一边，笑迎八方乘客，演好自己的角色，全身心投入工作。因此，要注意自己的表情，对乘客不可趾高气扬、盛气凌人、目中无人、表情木讷。

四、涉外乘务礼仪

随着我国对外开放的扩大，对外交往的增多，到我国来的外商、留学生以及外国游客愈来愈多。作为首都窗口行业的北京公交，在车厢服务中，乘务人员经常遇到外宾乘坐我们的车辆，乘务人员在与外宾的接触过程中，我们代表的不仅仅是自己，也代表着公交的形象、首都的形象，甚至代表着整个国家的形象。

（一）涉外礼仪规范

1. 维护形象

必须时时刻刻注意维护自身形象，特别是要注意维护自己在正式场合，留给初次见面的外国友人的第一印象。个人形象主要包括：仪容、表情、举止、服饰、谈吐、待人接物六个方面。

在国际交往中，一个人的形象不仅真实地体现一个人的教养和品位，反映了一个人的精神风貌与生活态度，而且表现了他对待涉外交往对象所重视的程度，以及他所属民族和所属国家的形象。

2. 不卑不亢

从容得体，堂堂正正。在外国人面前要自尊、自重、自爱、自信，表现得坦然乐观、豁达开朗、从容不迫、落落大方，不高傲自大、盛气凌人、孤芳自赏、目空一切。在涉外交往时，都必须意识到自己是代表着自己的国家，代表着自己的民族。

3. 热情适度

同外国人打交道时，不仅待人要热情而友好，更为重要的是要把握好待人热情友好的具体分寸，要做到：关心有度、批评有度、距离有度、举止有度。

注意不要随便采用某些意在显示热情的动作，也不要采用不文明、不礼貌的动作及开玩笑等。

（二）涉外语言规范

1. 涉外称呼

对外宾的称呼是车厢服务的开始，我们要针对不同的人予以不同的称呼。对外国已婚女子应称呼“夫人”，对外国未婚女子称“小姐”，对年长而婚姻状况不明的女子应称呼“女士”，对外国男子应称呼“先生”，对地位尊贵的男子可称“阁下”。

2. 车厢交谈

在车厢服务中要使用文明用语：“你好”“请问到哪里”“谢谢”“再见”“欢迎再来”等。对不懂汉语的外宾，要学习和使用《乘务英语 100 句》，进行简单交谈。交谈困难，可请车厢其他乘客协助。有些外宾在乘坐公交车时，可能与我们乘务人员交谈，应当礼貌应答，不要采取不予理睬的态度，这样是很不友好的。谈话内容应当是乘车、旅游、天气以及普通应酬的话，不要问及女士的年龄，不要谈论公事或涉及他人隐私的事，以防泄密。

（三）涉外行为规范

1. 个人卫生

在个人卫生及行为上，忌蓬头垢面、衣装鞋帽或领口、袖口不洁；在工作场合，忌讳表现出挖眼屎、抠鼻孔、挖耳、剔牙齿、剪指甲等不文明、不卫生的动作；在环境卫生方面，忌随地吐痰、乱弹烟灰、丢果皮纸屑或其他不洁之物；忌讳口中大蒜、韭菜等气味。

2. 车厢服务

在接待外宾乘客时，要为他们提供热情周到的服务，服务态度要和蔼热情、从容得体、落落大方、不卑不亢。注意语言得体，对外宾和内宾要一视同仁。要掌握热情适度的原则，做到关心有度、距离有度、举止有度。比如：我们有些乘务人员不能把握热情的分寸，明明是年轻力壮的青年，偏要让内宾给外宾让座，甚至让妇女、老年人给外宾让座，这样使内宾不满，外宾也感到尴尬。

乘坐公交车的外宾大多对线路、地理环境不熟悉，以最便捷的乘车路线到达目的地是他们最大的需求，这就要求我们的乘务人员想乘客之所想，急乘客之所急，给他们指路，准确告诉外宾的换乘路线。

在乘务工作中，对可能出现的对外乘务矛盾，要本着友善的态度妥善解决，对个别违章外宾乘客要做到有理、有节，对涉外纠纷要维护自身形象，不做有损国格、人格的事情，要及时与上级保卫部门、公安部门取得联系，进行解决。切不可一时感情冲动，做出不理智的事情，甚至是违法的事情。

(四) 涉外乘务禁忌

了解一些国家的礼仪和禁忌知识，有助于我们的乘务人员在车厢服务中，对外宾应当说什么，不应当说什么，应当做什么，不应当做什么以及应当注意的问题，进一步提高涉外乘务接待水平。一些国家与我国社交礼仪的差异：

1. 跷拇指

在我国和一些国家表示称赞、了不起、第一的意思，而在美国、法国表示拦路搭车。

2. 伸食指和中指

在我国表示第二或数目字“2”的意思。在英国则有两种含义，当作这一手势时，手掌朝着对方，表示胜利，若手背朝着对方，则表示侮辱。

3. 单伸食指

在我国表示数字“1”和提请注意的意思，而在美国表示请对方稍等，在澳大利亚则表示“请再来一杯啤酒”。

4. 食指作弯曲状

在我国表示“9”的意思，在日本表示小偷；在菲律宾表示门锁、上锁；印度尼西亚表示心肠坏、吝啬；在新加坡是死亡的表示、还表示拳击比赛中的击倒。

5. 拇指与食指合拢

在我国表示“0”的意思。这两个手势合在一起美国则表示同意、了不起、顺利。

6. 中指、无名指、小指伸直

在我国表示“3”的意思。在日本、韩国、缅甸是表示金钱；印度尼西亚表示什么也干不成和干不了；突尼斯表示傻瓜、无用。

7. 点头

在我国，人们习惯表示同意、认可，摇头表示否定、反对，但在斯里兰卡、印度、尼泊尔等国，人们却以摇头表示同意、点头表示不同意。

学好礼仪是提高乘务人员素质的内在要求，是增强企业竞争力的重要环节，是加快企业发展的迫切要求。只有学礼、知礼、守礼、讲礼、时时处处做到彬彬有礼，我们才能成为一个受欢迎的个人和企业，个人才能进步，企业才能不断的发展壮大。

第三节　乘务矛盾的正确处理

乘车是一种社会活动，在乘车过程中人与人、人与车、车与道路都会发生各种各样的矛盾。

乘务矛盾是指：城市公共交通运营生产中，发生在车厢内的矛盾和纠纷。乘务矛盾是一种复杂的社会现象，从人员上讲它包括：乘务员与驾驶员、乘务人员与乘客、乘客与乘客之间的矛盾，从程度上讲它包括：口角、争执、纠纷、对抗、冲突等。

我们在本章中使用的乘务矛盾这个概念，主要是指：驾驶员、乘务员、站台服务人员与群体乘客或个体乘客之间的矛盾，它包括：矛盾发生发展的全过程，也就是说包括各种类型、各种程度的乘务矛盾。

一、乘务矛盾的客观性

任何由人组成的群体都会存在一定的意见分歧、矛盾及纠葛，甚至是纠纷、冲突，这是由人们主观意识、情感差异和社会生活环境差异所制约的。实践证明，矛盾、纠纷是一种客观存在的、正常的社会现象。公共电汽车车厢内的人员，由公交企业职工和各界乘客组成。无论公交企业的驾驶员、乘务员，还是组成成分十分复杂的乘客，在素质、气质、性格上都参差不齐，在这样一个相对集中而且又必须交往的环境中，发生矛盾纠纷的概率会大大提高。

乘务矛盾的客观性是由城市公共交通企业的运营生产特点和参加乘车过程的成员条件差异所决定的，主要表现在以下几个方面。

（1）公交车厢是人员密集型的服务场所。

依据平均客流量测算，平均每个乘务员每天要为近四百名乘客提供服务，一个车组乘务人员每天平均要与近八百名乘客接触，每个乘务员平均每天开关车门近二百次，这些数字足以说明密集型服务的程度。在人员密集的公共电汽车车厢中，人与人之间一旦“碰撞”很容易发生“火花”、产生矛盾，出现纠纷。

（2）乘客在运营时间内乘车并不是均衡的。

早、晚高峰车厢的满载率要大大高于平峰，乘客拥挤的现象屡见不鲜，乘客和乘务人员的情绪紧张，在这样的环境中非常容易发生乘务矛盾。

（3）公交企业的运营生产具有较强的时间性。

运营生产是循环往复式进行的，为了确保运营车辆间隔适度，车辆就需要按营运时刻表走车。行驶和停站的时间、路段都是在固定的范围内，一般每站上下乘客的时间约三十秒，这么短的时间内完成上下车过程也极容易引发乘务矛盾。

（4）公交服务水平与百姓乘车需求还存在差距。

公交企业的生产方式是马路车间、单车作业，分散的生产方式不利于集体意识的培养，不利于思想政治工作的开展，也给企业的管理增加难度。伴随改革的深化，市场经济也必然冲击到公交企业，中等水平的待遇，使公交的企业凝聚力偏低。这些因素构成了乘务队伍的素质还达不到理想的标准，致使低水平服务的现象依然存在，与百姓乘车需求还存在差距。

（5）乘客文明素质参差不齐。

乘客是一个不固定的群体，包括不同职业、性别、年龄、文化修养的人，反映了社会各阶层的需求、心境。乘客中大多数人能够自觉地遵纪守法，遵守乘车秩序，尊重并协助公交企业的工作，但个别人在乘车过程中社会公德较差，甚至存在违法行为。

以上五个因素决定了乘务矛盾存在的客观性，既然乘务矛盾难以避免，那么关键问题在于如何正确处理。

二、正确处理乘务矛盾的必要性

乘务矛盾虽然是不依人们意志为转移的客观存在，但通过正确处理，是完全可以缓解或妥善解决的。正确处理乘务矛盾是乘务人员提供规范、优质服务所必须做的工作。正确处理乘务矛盾的必要性表现在：

（1）是维护企业正常运营生产的需要。

城市公共交通企业担负将各界乘客“方便、迅速、安全、周到”地运送到目的地的繁重任务，采取的是循环往复的运营方式。要满足乘客乘车的基本需求，就要有一个良好的运营秩序，如果不能正确处理乘务矛盾，致使矛盾发展到一定程度，不仅会造成物损人伤，而且可能直接中断运营，乘客的权益和企业的正常运营生产秩序都无法得到保证。

（2）是努力提高整体服务水平的需要。

公共交通企业的服务质量目前主要有两种检测手段，一种是主观检测手段，即管理人员和专业稽查人员跟车实际观看，用企业制定的服务标准去衡量。另一种是客观检测手段，包括各界乘客、新闻媒介的监督和乘务矛盾发生的程度及性质。

乘务矛盾的程度及性质能够直接反映一段时间内公交企业的服务质量，能够反映车厢服务水平的高低。目前，主观检测还不能完全排除感性色彩，客观检测则是不依人们意志为转移的客观存在。广大乘务人员积极努力，热情服务，涌现了大量的先进人物、事迹，而一件乘务矛盾如果得不到正确处理，发展到一定程度，造成一定的不良后果和影响，就必然会留下一个污点，直接影响着企业的整体服务水平。

（3）是创造文明和谐的乘车环境的需要。

在乘车过程中所看到的、听到的、接触到的事物构成了乘车环境，人们不管有意无意都能感受到这个环境并留下印象。文明和谐的乘车环境会使乘车过程心情愉悦，能够体现团结友爱、平等互利的人际关系。如果乘务矛盾得不到正确处理，引发口角，就会破坏乘车环境的和谐。只有正确处理乘务矛盾，才能创造一个互相尊重、互相理解、文明和谐的乘车环境，促进社会的安定团结，体现一个国家、一个民族的文明程度。

（4）是维护企业声誉，树立公交人形象的需要。

城市公共交通是服务性企业，为乘客出行提供的服务质量的优劣，直接关系到企业的声誉。乘客在乘车过程中，每个人都会对公交的服务留下印象，这种印象集中到一起就是对企业的评价。公交企业是由每个职工组成的，乘客的评价首先涉及到驾驶员、乘务员的形象。正确处理乘务矛盾，不仅体现了公交职工的思想水平，认识能力，还反映了处理问题的能力，这就完整地构成了公交职工在乘客心目中的形象。实事求是地看，目前在运营服务方面，群众反映强烈的问题，有的还没有根本转变，出行不便的问题、老年人免费乘车问题、IC卡使用问题、个别站台秩序混乱的问题、车辆故障的问题、服务一般化的问题、规范化履行岗位职责等方面都有不少的问题，这其中与不能正确处理乘务矛盾有着直接的关系，也正是需要我们共同努力去改善的。

三、乘务矛盾的表现形式及引发乘务矛盾的主要原因

乘务矛盾通过正确处理是可以缓解的，要正确处理乘务矛盾首先就要对乘务矛盾有一个比较全面的认识。本节着重探讨乘务矛盾的主要表现形式及引发原因。

（一）乘务矛盾的主要表现形式

乘务矛盾是复杂的社会现象，我们依据矛盾发生发展的不同程度将乘务矛盾划分为以下几种表现形式。

1. 不满

由于人们对客观事物的认识不同、自身素质不一，往往对事物的衡量标准不同。在乘车过程中，由于需求、标准不一致，常常会对他人行为、语言产生各种各样的不满。即使是同一行为或语言也会得到不同的反响。比如：乘务员的“三报三宣”，老乘客中有的人会认为“老是这一套，没什么意思”“贫不贫啊”等。个别长途乘客经过一天的工作，很想在乘车过程中休息，甚至会视乘务员的“三报三宣”为影响其休息的噪声，产生不满。

与上述乘客形成鲜明对照的是不常乘车的乘客、特别是地理生疏的外地乘客，则竖起耳朵尽可能地听乘务员的报站，还不时向车外张望，对他们来说，乘车过程中“三报三宣”不仅是需要，而且是渴求。他们对乘务员不报站或报站不清会产生不满。

不满是乘务矛盾的开端，这时不满还仅处于心理活动阶段，其外在表现形式多数是通过面目表情和并不刺激别人的动作显示的，多数乘客是将不满停留在心理活动阶段，忍耐过去，不再进一步表现。

2. 口角

口角是乘务矛盾发展的第二阶段。少数人在乘车过程中，没有将不满停留在心理活动阶段，他们通过语言、甚至是动作直接表现出来。也有的人先是将不满停留在心理活动阶段，但伴随不满的程度不断加剧，尔后爆发，通过语言或行为表现出来。不满的一方一旦表现出来，其发泄对象不能接受或忍耐，也表现出相应的不满，这就必将引发双方的口角。

口角的外在表现形式是：争论、争吵，如某一方首先使用了不文明语言，双方很可能发展成吵骂。

不满和口角是乘务矛盾的初级阶段，一般通过信访或交通服务热线等渠道反映，寻求正确的解决。

3. 争执

口角发展到一定阶段后，就会引发争执，双方觉得吵骂还不能达到自己的目的，继而发展成揪扯。揪扯时往往加上一定的理由，如："找你们领导反映去""你这样就不能让你走"等。

争执是乘务矛盾激化的结果，也是发展的第三阶段。除造成不良影响外，争执一般不造成其他后果，通常反映到有关部门或在其他人调解下解决。

4. 纠纷

服务纠纷又称乘务纠纷，是乘务矛盾发展的最高阶段。在乘车过程中发生争执后，双方未就此罢休，采取了更加激烈的语言和动作，致使双方或一方受到一定程度的物损人伤，进而影响正常运营或造成较大社会影响。乘务纠纷一般都造成一定程度的直接损失。

乘务纠纷是一种服务事故，它的发生直接影响了车厢服务的整体水平。乘务纠纷一般要通过主管部门和公安部门解决。

（二）引发乘务矛盾的主要原因

乘务矛盾引发的原因很多，我们只能依据实践，对一些多发的原因做初步探讨。

1. 票务问题

票务问题是诱发乘务矛盾最主要的原因，其分别表现在：

（1）买票要求退换而未达到目的。乘相反方向或集体乘车时购重票，要求退票乘务员未同意。

（2）购票时不知票价或虽知票价但不够准确，提出异议未得到耐心解释，甚至解释后仍不相信。

（3）购票时未讲清上下站，乘务员又未询问，结果所购或所售车票有误。

（4）使用违章车票、证件、IC卡乘车受到处理。

（5）处理票务违章时未严格执行有关规定，补交票款数额不够准确或态度生硬，令人难以接受。

（6）未严格执行票务制度，出现收钱不撕票等违反票务制度现象。

（7）对儿童乘车标准产生异议。

（8）无票乘车或越站乘车，受到处理。

（9）验票时因人多未看清，乘务员要求二次检验。

（10）验票采取命令式口气、态度生硬。

（11）收取行李、包费提出异议未得到耐心解释，态度生硬。

（12）收找乘客票款发生差错。

2. IC卡问题

（1）退卡网点少。

（2）乘客领取退款等候时间长。

（3）卡面有损坏不退押金。

（4）学生卡丢失后补办难，开学期间学生IC卡出现短缺。

（5）毕业的学生（小升中、中升高）办理新学生卡不方便。

（6）不给学龄前儿童办理IC卡。

（7）充值员不主动提供发票。

（8）个别充值网点提前关闭。

（9）分段计价车中途坏，倒乘后车会造成不完整交易。

（10）乘单一票制的车辆，经常出现二次刷卡现象。

（11）驾驶员按错站号，造成乘客多刷款。

（12）手持刷卡机，出现多刷款现象。

（13）单一票制车，一卡多人使用。

3. 老年人乘车问题

（1）老年人忘带免费乘车证件，却不按要求照章购票。

（2）老年人不主动出示免费乘车证件。

（3）乘务人员处理老年乘客持身份证乘车的方法不统一。

（4）部分离休老干部不愿办理免费乘车证件，认为不方便。

（5）个别乘务人员不主动给老人找座位。

4. 其他乘务问题

（1）乘客携“禁带物品”乘车时，公交车标准不一样。

（2）个别乘务员不能熟悉掌握“特殊人群”免费乘车的政策。

（3）中途发生长时间堵车，乘客要求下车被拒绝。

（4）高峰期间，乘务人员语气急躁，服务不耐心。

（5）乘务人员不主动给五种人找座位。

四、正确处理乘务矛盾的原则和方法

正确处理乘务矛盾是车厢服务工作中的一项重要内容，也是每一位乘务人员应该具备的基本职业技能，同时也是“热情服务，文明待客”等职业道德的具体体现。在处理乘务矛盾时应该遵守的基本原则是实事求是。既要坚持原则又要讲究方法，既要尊重乘客又要维护大多数乘客的利益，保证企业的正常运营生产秩序。始终讲究文明礼貌，做到有礼有节。正确处理乘务矛盾的方法很多，有待于大家在实践中共同探讨，本节对其中的主要方法做一些粗浅的提示。

（一）牢记企业宗旨，树立服务意识

1. 端正思想认识

正确处理乘务矛盾首先需要提高思想认识，没有明确的服务宗旨，没有

正确的思想认识，很难理解领导的要求和企业的规章制度，也不可能自觉地、积极地、妥善地处理各种乘务矛盾。正如俗语所说的：强扭的瓜不甜。思想认识不清，在规章制度的压力下去处理乘务矛盾是很难收到预期效果的。

城市公共交通企业为城市居民的出行提供服务，和其他服务性的企业、行业一样，从诞生的那一天起就明确地确定了服务宗旨。北京公交集团的企业宗旨是：服从公众利益，服务乘客出行。如果离开了“服务”，企业、行业也就没有存在的必要。如果社会不需要这种服务，那么企业、行业也不可能应运而生了。

城市公共交通企业的干部、职工，不论直接的还是间接的，其工作的最终目的都是为了乘客出行提供服务。只要你还在公共交通企业工作就必须为乘客提供服务，不管主观上是否愿意，行动上是否自觉，都在为乘客提供服务。提供服务是企业性质制约的，是不依个人的意志为转移的，既然已经走到这个岗位上来了，就应该明确树立服务意识，自觉地为各界乘客提供服务。在公共电汽车的车厢中，驾驶员、乘务员与各界乘客是主人和客人的关系。我们提供有偿的服务，乘客支付票款后在乘车过程中享受这种服务。有的职工认为，人和人之间应该是互相尊重的平等关系，我们为什么应该受气？我们为什么要低三下四地去侍候别人？我们为什么还要做到打不还打，骂不还骂？这些问题需要我们从思想上澄清。的确，在人格上、人权上，在法律面前我们和乘客是平等的，我们的工作应该得到社会的理解，受到乘客的尊重。事实上，法律已经为我们提供了各种各样的保护、保障，绝大多数乘客是理解我们的、尊重我们的，只有极个别的乘客在思想上依然存在偏见，看不起我们的工作，这些问题有待于在实践中他们自己去认识，去纠正。

2. 树立“乘客至上”的理念

乘客是朋友、是亲人、是我们的衣食父母。我们必须清醒地认识到，在服务与被服务的关系上我们就不应该，也不可能去和乘客讲平等，在提供服务和享受服务之间不存在着平等关系。打个比方说，朋友或亲友到家中来做客，主人十分自然地要负责招待，客人也理所应当地享受招待，我们怎么可能要求客人和主人一起负责招待呢。当主人再到客人家去做客，这时的主客关系改变了，原来的客人变成了主人，又十分自然地招待起原来的主人、现在的客人。同样，公交企业的职工下班去商店购物，就由车厢的主人变成了商店的顾客。

这也就是我们经常讲的，公交职工在车厢中为乘客提供服务，换了场合又在享受别人提供的服务，我们不能在医护人员和患者、售货员和顾客、饭店服务员和房客之间讲平等。因此，在乘车过程中，我们应该明确地树立服务意识，自觉地“侍候”乘客，为他们排忧解难，有了这样的指导思想，就会为正确处理乘务矛盾打下坚实的基础。

（二）严于律己，宽以待人

严于律己、宽以待人不仅是正确的人际交往手段，也是正确处理乘务矛盾、避免矛盾激化的基本方法之一。严于律己，宽以待人是乘务人员职业道德水平的具体体现，它在处理乘务矛盾时主要表现在：

1. 通过“谦让、善意、自制”的方式，合理解决乘务矛盾

谦让是指：双方的实际利益和各自的需求发生矛盾并僵持不下时，在不失原则的前提下，采取灵活的方法折中、调和、缓解矛盾，避免激化，再进一步寻求调解。

善意是指：从正面积极理解乘客的言行，了解乘客的真正意图，解决双方存在的误解和偏见，切实为乘客着想，为求缓解矛盾，满足乘客乘车的正当需求。

自制是指：一旦乘务矛盾开始激化时，首先表示沉默，采取冷静态度对待，实行冷处理降温。在乘客处于心情激动、心理失去平衡的状态下，要努力控制自己过激的言行，培养控制自己感情的能力，提高涵养性。

2. 主动解释

在乘车过程中发生乘务矛盾往往是由于乘客对公交企业提供的服务不满引起的。除了我们工作中确实存在的问题以外，这其中也存在一定的误解，或者是存在着对乘务人员本身工作以外的不满。乘务人员是车厢的主人，我们有责任对各种情况进行解释，解释的时候要心平气和地说明情况，不能片面强调个人乃至企业的困难、理由，以至于乘客难以接受。对由于乘务人员失误造成的不满，解释时首先要自责、道歉，矛盾自会平息。对双方存在的

误解，要客观地介绍情况、说明原因，消除误解。解释时态度要诚恳，要耐心，乘务矛盾也自然会缓解。对于乘务人员本身以外的原因、但却是公交企业方面的原因引起的乘客不满，我们在解释时就不能站在个人的角度看问题，而应该想到在车厢里我们是企业的代表，要站在企业的角度看问题，替企业承担责任。一般情况下，乘客往往不管是不是乘务人员的问题、是哪个乘务人员的问题，而是以公交企业和乘客为分界线，只要是企业方面的问题，就向当班乘务人员发泄。比如：因道路堵塞或前车故障造成乘客候车时间长，乘坐本车时往往会发泄不满。这时如果乘务人员说："又不是我的事，该找谁说就找谁说去，我管不着！"这势必引起乘客更加不满，原本发两句牢骚就完的事，这回非要找个说法不可了。反过来，如果乘务人员解释说："对不起，让您久等了。由于道路堵塞，我们和您一样着急，您看，到站我们连上厕所都得跑着去，等道路修好了，咱们大家就都不用受罪了。"这样，乘客的心理就会平衡，乘务矛盾也会顺利解决。

（三）以理服人，得理让人

在乘务矛盾中，双方存在的分歧不一定都能通过解释来解决，个别乘客思想上存在偏见又固执己见，甚至矛盾本身就是由于个别乘客粗暴无礼或故意刁难引起的。在这种情况下，仅仅靠主动解释是难以奏效的，我们要同这些人讲理，以理相劝，以理服人。比如：个别乘客明知乘坐公共交通工具时禁止吸烟，而他们偏要抽。乘务人员善意地提示时，他们非但不听还合伙起哄。面对这种情况，乘务人员可以郑重地提出告诫，宣传有关规定，宣传车厢内吸烟的危害，号召做文明乘客，动员吸烟者将烟熄灭。此时乘客如果听从了劝告，自己改过，就不要再讽刺挖苦，不要再去刺激乘客，允许其去反思。如若这样劝阻仍然无效，我们就要争取乘客的支持，借助于舆论的压力来解决。对于个别不法分子，我们也不要同其争吵或揪扯，防止对方借机扩大事端，但这绝不是任其胡作非为，对于那些侵害别人利益，严重影响我们工作的，经劝阻无效的乘客，我们可以通过车队干管人员、公安巡警、附近公安派出所或公共交通派出所解决。

讲理只是通过讲道理的方式去说服个别乘客，争取大多数乘客的支持，绝不是去指责。在车厢中我们只有为乘客服务的义务，没有命令、斥责乘客的权力。讲理一定要有利于乘务矛盾的缓解和消除，要做到适度、有节制，得理要让人，注意留有余地。要给乘客留下“台阶”，让乘客顺利地、自然而然地下“台阶”。如果自恃有理，一味相争，继而无休止地争吵，这样必然使矛盾激化，不仅达不到说理的目的，还要影响企业的运营生产，破坏车厢内和谐的气氛。这样做的结果是得不到广大乘客的理解和支持的。

要做到“得理让人、以理服人”需要一定的胸怀和气度，如果仅仅站在个人的角度认识问题、处理问题，很难有这样的胸怀和气度，我们必须时刻牢记自己是车厢的主人，我们的形象、我们的一言一行都反映着十万公交职工的风貌，我们的背后有各级组织、各级领导，有人人必须遵守的法律。这样一想我们站得就高了，看得就远了，想得就深了，胸怀就会宽广。

（四）遵纪守法，避免矛盾激化

严格遵守服务纪律，用冷静的头脑思考问题。有较强的法制观念制约自己，这是正确处理乘务矛盾、维护正常运营秩序的基本保证。作为一名乘务人员，应该在实践中不断提高遵纪守法的自觉性，不断培养平息矛盾、排解纠纷的能力。我们在乘务实践中总结的有效方法主要有：

1. 做到有理、有利、有节

乘务矛盾的发生发展往往是在瞬间内变化的，对于那些靠个人能力难以解决的乘务矛盾，我们在处理时一定要做到有理、有利、有节，这样给问题的进一步处理创造了条件。在乘务实践中，有一些乘务矛盾主要是由乘客原因引起的，我们是有理的，可是在继续发展时我们的感情代替了纪律，头脑不冷静，行为没有节制，以致使乘客受了伤。公安部门处理此事时感到很为难，从起因上看应追究乘客责任，从后果看应由乘务人员承担。有位负责人曾感叹地说：“我们很想为公交职工撑腰，可是出现这样的后果我们也很难如愿以偿啊！”

所谓有理、有利、有节就是讲：如果乘务矛盾的起因在我方，就要道歉，主动去化解；如果起因责任在乘客，就要耐心解释；在一时难以协调时，不讲无理的话，不做无理的事，更不能置法规纪律于不顾，为所欲为，以至于事后处理非常被动。要做到有理、有利、有节，就必须保持头脑冷静，思维敏捷，靠理智而不是靠感情冲动去处理乘务矛盾。

例如：有一次一位黑人留学生在语言学院站乘坐某路车，由于酒后乘车丧失理智，上车后就要求和女乘务员交朋友，下班后还要“约会”。遭到拒绝后，此乘客不满，竟然动手拉扯女乘务员，引起全车乘客愤恨，共同制止其侵权行为。该黑人乘客下车后，十分不满，拿起砖头将车窗玻璃打碎，几位青年乘客和行人准备狠狠地“教训”他一顿。在这关键时候，该车组驾乘人员头脑冷静，及时起身保护黑人留学生，动员乘客将其扭送到五道口派出所。黑人所在学校、地区派出所、区公安分局和市公安局外事部门的同志闻讯赶到，经外交途径对此留学生进行了严肃处理，对该车组提出了表彰。理由是他们正确处理了涉外乘务纠纷，维护了法律和国家的尊严。

2. 打不还打，骂不还骂

“打不还打，骂不还骂”是乘务人员严守服务纪律的具体体现，是自觉抵制违法行为，努力避免事态扩大，具有较强法制观念的体现，是“宁可自己吃亏，也不让企业受损”的高水平职业道德的具体表现，也是公交职工的优良传统。“打不还打，骂不还骂”是乘务矛盾发展到争执阶段以后，正确处理的措施。具体地讲，就是服务争执发生后，作为乘务人员绝不能首先张口骂人、动手打人或有其他违法的侵权行为；其次在争执的全过程中都不能张口骂人、动手打人；再次在乘客已然张口骂了、动手打了以后，也不能还骂还打。

要做到“打不还打，骂不还骂”就要具有较强的法制观念。作为乘务人员，要做好服务工作就要学法、懂法，学会运用法律保护自己。如果不懂法就很可能在处理乘务矛盾时，不能有效地控制自己、约束自己，造成“以打还打，以牙还牙”的局面。

也许有的职工会提出问题：“都是一样的人，凭什么我们就白白挨人打、受人骂?”甚至有的人会进一步质问，“领导为什么要提出这样的要求?”对于这个问题我们分两方面探讨：

（1）一方面，我们把“打不还打”和“以牙还牙”的两种结局进行对比，从中分析出道理。在发生乘务矛盾后，乘客骂了我们，打了我们，我们坚守纪律打不还打。其结局可能是我们受了皮肉之苦，但是公安部门在处理时，会为我们做主，法律会为我们提供保护，解决的结果只能是对乘客绳之以法，对我们赔偿损失。虽然我们并不希望乘务人员被打，但是在被打后，得到了适当的赔偿，领导上又给予表彰和奖励。与此相反的是，如果在挨了打骂后，乘务人员一时感情冲动，“以牙还牙”，很可能导致互殴或群殴，造成双方都有不同程度的伤害。出现这样的结局，公安部门在处理时，轻者追究双方的责任，对双方都绳之以法，对造成的损失，双方各负其责；重者，加重追究我方责任，除绳之以法外，还要担负对方的经济损失。在绳之以法的过程中很有可能被拘留，甚至是判刑。出现这样结果后，领导上还要严肃处理，轻者扣除奖金，重者给予行政处分，甚至解除劳动合同。如果我们把这两种结局进行对比，不难看出，是为了一时出气以牙还牙好，还是严守服务纪律好。从某种意义上讲，提出这个要求既是保证服务质量的需要，也是对广大乘务人员的一种关心爱护。

（2）另一方面，我们工作的重点始终是放在乘务矛盾的起因上。我们并不希望乘务人员被打，我们绝不提倡“人家打了左脸，我们又把右脸伸过去”的阿 Q 精神。恰恰相反的是，我们希望乘务人员在实践中不断总结挨打的教训，想点不挨打的措施，从根本上杜绝乘务人员被打骂的现象。乘务实践证明，从一般意义上讲，乘务矛盾的发生发展都和乘务人员的服务态度有着直接关系。只要我们认真履行服务规范，热情为乘客服务，注意举止言谈，处理乘务矛盾有理、有利、有节，我们的乘务人员是不会挨骂挨打的，乘务矛盾也发展不到构成服务纠纷的阶段。至于个别不法分子上车滋事，那只能依靠法律去制裁。

3. 不盲目介入他人纠纷

乘客与本车组的其他乘务人员发生乘务矛盾后，由于意见分歧加大，使双方矛盾进一步发展到争执阶段。此时作为同车的乘务人员，千万不要意气用事、盲目介入。“为哥们姐妹两肋插刀”，甚至大打出手，不仅使原有的矛盾更加激化、扩大了后果，而且其结果是既害了自己，又害了同车的乘务人员，得到的是“事与愿违”的结局。这样的教训是非常深刻的。如：某乘客过站下车，前门女乘务员令其补交票款，乘客强词夺理，反诬乘务员没有报清站名，最后被迫无奈地补交了钱，下车后却破口大骂。此时后门男乘务员勃然大怒，追下车用票袋猛击乘客，造成头部裂伤。公安部门依法对男乘务员行政拘留15天，并责成其承担经济损失。事后此位乘务员发自内心地说："我再也不干这种傻事了!"

应当指出的是，我们讲的是不盲目介入他人纠纷，重点说的是不盲目，绝不是说同车乘务员或驾驶员与乘客发生矛盾后，我们视而不见，听而不闻，袖手旁观。相反的，我们提倡积极的介入，所谓积极的介入就是，首先不要意气用事，要了解双方矛盾发生发展的原委，本着有利于缓和矛盾的原则，采取灵活的方法，劝解双方。如果一时难以调解，应该先使双方脱离接触。比如说：对乘客讲"有什么事您冲我说，我来给您想办法。如果我解决不了还有我们领导，问题总是能解决的。来，您上我这儿来。哪位同志给这位乘客让个座，让他消消气?"这样一处理，乘务矛盾就会缓和下来。无论是否有人让座，乘客也不好意思再争吵，为进一步处理创造了条件，事后同车的驾驶员或乘务员会从心里感谢你。

（五）及时汇报，协助处理

乘车过程中发生的乘务矛盾并不是都能够在车厢内得到妥善处理的。虽然广大乘务人员认真贯彻领导的要求，严格要求自己，正确处理乘务矛盾，但是由于是年轻人，缺少社会生活经验，总有控制不了自己的感情，使矛盾激化的情况。因此，无论是自己还是同车的乘务人员，一旦和乘客发生有可能激化的矛盾，自己又暂时难以消除和正确处理，应当采取以下措施。

1. 及时汇报

一旦发生难以调解的乘务矛盾，要保持清醒的头脑，立即向领导汇报，让领导帮助调解处理。遇有较重大的纠纷时，要及时停车，驾驶员、乘务员相互配合、保护现场，立即向领导汇报，并到附近公安部门或拨打"110"报案，请公安部门迅速制止事态的发展。在自己受阻的情况下，要通过前、后车或熟悉的老乘客打电话向领导汇报。千别不能隐瞒不报，造成难以控制的后果。汇报时要注意讲清：车号、时间、地点，纠纷简要经过，目前情况。

2. 及时找旁证

对影响较大或后果较重的乘务矛盾以及双方分歧较大、又难以说清的问题，要及时找证明人，即目睹乘务矛盾全过程的乘客。找证明人时要礼貌地问清乘客姓名、工作单位、联系电话，请他们实事求是地作证。如果乘客不能随车前往解决问题，可将记录的证明人情况提交领导。依据法律的要求，证明人应当是两个以上，最好不是自己的亲属和本单位职工。

3. 积极抢救伤者

乘务矛盾一旦造成有人受伤，不论是乘务人员还是乘客，不论是谁的责任，都要按照人道主义的要求，积极抢救伤者。车组人员应有明确的分工，留一人看车，其余人员要争取乘客协助，一方面截车将伤者送到附近医院就诊，另一方面向领导汇报。

五、常见票务问题的处理

由票务问题引发的乘务矛盾屡见不鲜，处理好票务问题，是化解乘务矛盾，让乘客明白乘车，维护乘客正当利益，减少企业经济损失的一项重要工作。因此，乘务人员要认真履行岗位职责，主动售票、认真查验票、监督刷卡、做到熟记站名、站号、记价方法，正规操作，唱收唱付，耐心细致，准确无误，才能减少由票务问题引发的矛盾。常见的票务问题和处理方法有：

（一）乘客买票时易发生的矛盾

乘客买票时最容易发生的问题主要有：买重票，要求退票；有意逃票，不补票；家长不情愿为符合身高儿童购票；特殊群体超范围享受免费乘车待遇等。

1. “买重票，要求退票”的

如果属于我们没有问清楚，就应该退票，签票后再出售。如果是乘客误购，则应耐心解释票务的有关规定，市政府《公共电汽车车票使用办法》中明确规定“车票售出，不予退票”。然后，尽量将乘客误购的车票卖出去，实在卖不出去时再向乘客表示歉意，乘客是会理解的。因乘务员疏漏造成的错售票应及时退票，退票时应与同车乘务人员联系，从乘客手中拿过票来，再把钱退给乘客。反之，如果拒绝退票并指责乘客，很容易激化矛盾。

2. 有意逃票的

就是主观故意不买票。遇到这种情况，要晓之以理，讲究方法，劝其补票。不要用刺激性语言给乘客难堪。有些乘客乘车不买票，并非主观故意，比如：只顾与同伴聊天忘记买票，或以为同伴已经买了票等。乘务员要避免这种情况的发生，主动宣传，例如："刚才上来三位乘客，有卡请刷卡，没卡请买票"，同时要问清同乘的是哪些人。一旦发现忘记买票的乘客，只要提醒一下一般都会买票。不要因为乘客暂时没买票就冷言相讽，这样容易引发不必要的矛盾。

3. 家长不情愿为符合身高儿童购票

儿童购票要掌握标准，标准掌握不好也是造成票务矛盾的诱因。对超高的儿童要劝家长买票，如果家长执意说小孩不够高时，乘务员应当用商量的口气说："要不然让您的孩子到售票台来量一量，不够高不会让您买票。"此时，一般理亏的乘客会主动补票。

4. 特殊群体超范围享受免费乘车待遇

特殊群体的优待政策是指：离休老干部、伤残军人、伤残人民警察、老年人免费乘车证、现役士兵（含武警）和残疾人持有相关部门颁发的有效证件，可免费乘坐公交车辆。在执行对特殊群体免费乘车政策中，常会遇到一些不享受免费乘车待遇的乘客要求免费乘车，对此要耐心地解释清楚，求得乘客的理解，不能态度蛮横或讽刺挖苦，避免激化矛盾，引发投诉或纠纷。同时又要认真查验享受免费乘车待遇乘客的证件，要看证件是否是本人的，是否有效。这些人员的证件也有假的，这就需要乘务人员有较强的业务能力和辨别能力，妥善解决，既要"打假"，又要照顾特殊群体。

（二）查验票时易发生的矛盾

（1）乘客不主动出示车票和证件。

（2）出示了车票和证件，乘务人员没有看到。

（3）所购车票损毁或丢失。

（4）重复查验车票和证件。

要做好查验票工作，避免与乘客发生矛盾，首先要照章办事，做好乘客下车前、中途和到终点站的查验票宣传。验票时绝大多数乘客都能给予配合。但是也有个别乘客不自觉，不愿意主动在下车时、乘务员查验票时拿出票来，乘务员反复宣传有的听而不闻。

查验票时最难处理的矛盾是“乘客不主动出示车票和证件”。处理这些矛盾首先应该在车上多做宣传，切勿说粗话、硬话，要做到查验车票时面带微笑，有礼有节，一视同仁地认真查验每一位乘客的票。在查验票时切忌使用命令式的语言、语气，应做到你急我不急，既坚持原则又态度和气。个别人将车票和证件伸到乘务员眼皮下，我们可以不急不躁地说：“查验票是我们的职责，出示车票是您的义务，您这样做不对，请您今后注意。”这样即使是刁难的乘客也不便再发作。反之，此时讽刺、挖苦，必会引起争吵，激化矛盾。如果一把将票夺过来，会使我们非常被动。

在早晚高峰时查验票，由于车厢里人多，乘务员难免有看不到的时候，有些乘客当乘务员说到查验票时，就主动拿出来让乘务员看，特别是老年乘客比较认真，他们往往把车票举起来说：“乘务员，看一下票。”此时我们应当积极回应：“看到了，请您收好。”有的乘客确实掏出了票，但是由于乘务员没看到或没看清，再次要求乘客拿出车票时，有的乘客会表现出不耐烦，甚至说一些不满意的话，这时乘务员应当对乘客表示歉意，当乘客再一次拿出票时乘务员应当说一声“谢谢”。

有的乘客购买了车票后不小心损毁或丢失，查验票时，要让乘客找一找，实在找不到，应当问明在哪儿上的，什么地方下车，告之下次注意即可。对确实是没有买票的，再让其补票。不要抓住不放，更不要讽刺挖苦。发生重复查票一般有以下原因：

一是稽查人员车上或车下查验票；

二是前后门乘务员查验票汇集到车的中部时，容易重复查中部乘客的票；

三是乘务员的原因造成重复查票。

乘客对重复查票比较反感，应说明情况，求得乘客的谅解。

（三）处理票务违章时易发生的矛盾

（1）乘客拒绝补交票款。

(2) 使用违章车票乘车。

(3) 购买包票。

处理票务违章时容易出现的矛盾是：拒绝补交票款或虽交补款却因态度引发口角。在处理时我们首先要在车厢内认真验票，发现问题尽可能地在车厢内解决，切忌下车追票。一旦下车追票时，乘务员一肚子气，双方极易发生纠纷，遇有个别不法分子，还会伤害乘务员。相反地在车厢内解决，违章乘客、特别是不法分子不敢轻举妄动。

发现乘客无票乘车或有其他票务违章行为，乘务员应按规定处理，首先要控制自己的情绪，冷静地宣传市政府的规定，耐心动员乘客补交票款，如乘客带钱不够，可将乘客带到车队交领导处理，切勿当面挖苦乘客。

乘客使用违章车票被发现时，自己脸面已经很不好看，补交票款也是迫于无奈，“尴尬”正无处发泄，我们决不能给其提供发泄的机会。因此，在处理过程中切忌讽刺乘客，如“这么大人了，也不知道寒碜，坐得起车就坐，坐不起别坐!”这样一来极易激化矛盾，我们也很难得到广大乘客的同情和支持。

有的乘客对购买包票制度不了解，乘务员让其买票时不情愿，甚至拒绝买包票，应当讲明有关规定，耐心解释，不急不躁。

在处理乘客票务违章过程中，我们应清楚自己的目的，我们的目的是让乘客补交票款，而不是解气、出气，达到目的后就要适可而止，不说多余的话。

(四) 使用IC卡易发生的矛盾

随着北京数字化建设的加快，IC卡在北京公共交通的推广和使用得以普及。正确处理使用IC卡过程中的矛盾，是乘务人员必须面对的一个问题。

IC卡是集成电路卡的简称。现行使用的IC卡是非接触式IC卡，在使用时不需要与读卡机具接触，而是通过电磁感应的方式完成信息的交换的卡片。使用IC卡乘车消费的包括乘客卡、员工卡。常见IC卡消费的矛盾有：

(1) 乘务人员不让使用IC卡购买包票时。

(2) 持卡乘客未刷卡。

（3）一卡多人使用（分段计价车）。

（4）刷卡乘客出现“不完整交易”。

（5）乘客在单一票制线路上重复刷卡。

乘务人员不得无故拒绝持卡乘客持卡消费。如果属于设备调试、机械故障等客观原因不能刷卡时，乘务人员要耐心向乘客做出解释，不要与乘客发生争执。乘客持卡消费时，当车载读卡机发生故障，而且现场没有其他读卡设施，致使持卡乘客不能持卡付费时，要让乘客免费乘坐当次车辆到达目的地。

遇有持卡乘客不刷卡，应当眼快口勤，及时发现，耐心劝导，让其主动刷卡，避免经济损失。处理持卡乘客故意逃票，要有旁证，妥善解决。不要讽刺挖苦，让乘客下不来台。

有的乘客认为反正刷卡刷的是自己的钱，与亲友乘车时想一人承担，一卡多人使用，乘务人员遇到这种情况，一方面要制止，防止乘客利益受损失，另一方面要讲清道理，让乘客对一卡不能多人使用的规定给予理解。

不完整交易是指须两次刷卡完成一次正常消费，而只进行了一次刷卡的为不完整交易。遇到乘客出现不完整交易，读卡机会发出 3 声鸣响。由于系统对不完整交易设置了特定的扣款方式，对持卡乘客会有些损失。因此，乘务员要提示乘客乘坐分段计价线路时，注意上下车都要刷卡，避免出现不完整交易，以规避不必要的损失。

为避免乘客在单一票制线路上刷两次卡，乘务人员应当在乘客上车时多做宣传提示，不要不闻不问。乘客多刷一次卡，损失自负，心情自然不悦，应适当开导，提醒下次注意。

总之，刷卡消费增加了乘务人员的工作难度，特别是在早晚高峰时段，乘客拥挤，乘客在这样的环境下刷卡会产生厌烦或抵触情绪，有的甚至将这种情绪发泄出来，乘务人员应当保持平和心态，积极疏导乘客，多说理解和关怀的话，不说埋怨泄气的话，才能缓解矛盾，减少纠纷。

（五）老年人乘车易出现的问题

北京市实行 65 岁以上的老年人免费乘车优待政策以来，各级人员都应该提高思想认识，要把做好此项工作当作体现“公交优先，服务优秀”的有利契机，确保站台“绿色通道”的畅通，确保老年人在有人服务的首末站能够优先上车，为落实老年人免费乘车优待政策，做好敬老服务优待工作。要通过公交的优质服务，把市委市政府对老年人的关怀，送到每一位老人的心上，让老年人充分享受社会经济发展的成果，用公交人的真诚和热情，展示公交首都文明行业的良好形象。

（1）乘务人员在遇个别老年人称自己还没办或证还没发下来的情况下，应耐心向他们做宣传：根据市政府的文件精神，老年人乘车时应持免费乘车证，如称没办或正在办理中，请照章购票或刷卡。可提示对方：65 岁以上的老人到户口所在地的街道（居委会）办理。

（2）当老年人询问持身份证是否可以免费乘车时，乘务人员应做好解释：根据市政府的文件精神，老年人乘车时应持免费乘车证，身份证不能当作免费乘车证使用，应照章购票或刷卡。

（3）当老年人忘带免费乘车证，却不按要求照章购票。如果忘带免费乘车证，按照老龄委的相关规定，乘务人员要动员老年人照章购票、投币或刷 IC 卡。

（4）乘务员看到乘客使用老年免费乘车证应主动给他们找座位。

六、常见乘务矛盾的处理

乘务矛盾的形式是多种多样的，情节也十分复杂，正确处理的方法也要依靠大家在实践中去探索，我们仅就经常遇到的矛盾做一些提示。

（一）上车时发生的矛盾

乘客上车时最难处理的乘务矛盾是“车已满员，乘客扒车不放，乘务员再三劝阻不听”。尽管这种情况现在已不多见，但是仍有遇到的可能。遇到这种情况时，乘务人员首先要积极疏导车上的乘客，疏导语言要得当，如“来，大家侧侧身，往里挤挤，门口还有一位，让他上来。”如果该车门的确挤不动了，可让乘客从另一个门上车。三个门或两个门都已挤满时，可耐心地说：“您看，我已经动员半天了，实在上不去了，您再等一辆好吗?”这样会收到较好的效果。反之，如果用力拉推乘客并命令乘客再等一辆车，会引起乘客反感，反而抓车不放。如果强行开车，拖带乘客，不仅严重地违反了企业的规章制度，而且很容易造成摔伤事故、引起乘务纠纷。至于“扒车”本身就违反了交通规则，这另当别论，只能依靠有关部门解决，因为我们只有教育、劝阻乘客的责任，没有纠正乘客的权力。

（二）下车时发生的矛盾

乘客下车易发生的矛盾是“忘记下车或下错了站”。处理这个矛盾我们应该区别对待。在每到一站之前，我们先要报清站名，对不知道下车地点的特殊乘客，应该及时提醒。个别腿脚不便的乘客，不敢提前往车门走，怕站不住。对这样的乘客驾驶员应耐心等候，乘务员主动上前搀扶，避免夹摔。若是外地乘客人地生疏，有的人在车上、有的人已经下了车，驾驶员应该立即停车，让车上人下车。因为他们一旦走散再找到一起很不容易。这样乘务矛盾是可以妥善解决的，切忌在此时指责乘客“谁让你不下的，想什么呢，活该!”如果这样讲必会引起口角，导致纠纷。

（三）乘客长时间候车发生的矛盾

早晚高峰时由于路堵、交通事故等原因乘客长时间候车，乘客心情急躁，急于上下班，往往易于向乘务人员发泄心中的不满，甚至出现过激的言论。处理这个矛盾我们应该冷静对待，耐心解释晚点原因，求得乘客谅解。不要置之不理，更不应火上浇油，如：“堵车赖不着我们，有意见爱找谁找谁。”对于乘客的牢骚也应当换位思考，容许人家发一发。面对乘客的牢骚，我们采取沉默的态度有助于缓和矛盾，避免乘务纠纷的发生。平峰时间由于发车间隔大造成乘客长时间候车，应当向乘客说明间隔时间。对于确因自身原因造成晚点，使乘客长时间候车，应当向乘客表示歉意，虚心接受乘客的批评。

（四）因乘客原因发生的矛盾

个别人乘车时有意妨碍乘务人员的工作，甚至寻衅滋事。遇到这种情况，我们首先不予理睬，继续正常热情服务。如果由于这些人的行为使乘务人员无法正常工作时，我们要进行劝告，告诫他们的无礼行为是违法的。经历了这些过程我们就会得到多数乘客的支持。如果劝阻无效，乘务人员可直接将车开到公安部门处理，注意请车上乘客作证。一定要牢记，在处理这种矛盾的全过程中，不要与不法分子争吵，不要让矛盾激化，防止不法分子借机制造事端，扩大事态，引起严重的乘务纠纷，要靠处理策略保护自己。

（五）非乘客原因引发的物损人伤

在行车过程中，如果遇到车外人突然用砖头打碎玻璃、致使乘客受伤，乘务人员要尽力抓到肇事者，送交公安部门处理。同时将伤者送往附近医院治疗，记下证人信息，并向领导汇报。如果抓不到肇事人，要特别记下证人，在送伤者就医时，要保管好伤者随身物品，及时向领导汇报。这类问题责任不属乘客，乘务人员不要自行处理，否则责任难以区分，留下后患。向领导汇报时，一定要准确汇报两个以上乘客证明人的姓名，单位，联系电话或住址，否则会给处理带来麻烦。另外，有的乘客在乘车过程会突然发病，甚至死亡。遇到这种情况，一方面要立即送往医院抢救，另一方面切记记清两个以上的乘客证明人，否则事后，其家属提出疑问，不相信我们介绍的情况，事情难以处理。

（六）乘客不了解公交制度引发的矛盾

有些乘客因不熟悉公交行业的特点和有关制度，有时误认为乘务人员有意刁难而产生矛盾。经常遇到的问题是：

（1）禁止携带易燃易爆或笨重物品乘车。

（2）乘车时将儿童放置在售票台上。

（3）无人售票车、准无人售票车上车投币，特别是投币不设找赎。

（4）调度发快车、区间车，部分站点不停车。

遇到上述问题时，我们要分门别类地向乘客耐心解释，宣传有关的规章制度，讲明具体情况，并设身处地地为乘客出主意、想办法，尽力打消乘客的误解，解决乘客的具体困难。千万不要自认为有理，就大声斥责乘客，生硬的态度只能造成更大的误解，甚至激化矛盾，引发纠纷。有的乘客对解释仍有疑虑，或对有关规定的本身有意见，提出找领导反映时，我们要持欢迎的态度，相信领导会实事求是地处理问题，进一步耐心细致地向乘客解释。不要以为乘客找领导是告自己的“状”，一见乘客记车号，就气不打一处来，说一些过激的话，如“告到哪儿我都不怕”“领导还怕我三分呢”“你找党中央、国务院去”“你爱哪儿告就哪儿告去”等，乘客真的找来，事情本来很清楚，领导也好处理，可是人家揪住你的态度不放，领导则无法为你的态度辩解。

（七）车辆故障或行车事故发生的矛盾

车辆在运营中，由于机械设备、路况、会车、超车等各方面原因，发生车辆故障或行车事故，会导致乘客不满。常见的车辆故障和行车事故有：

1. 半路抛锚

车辆抛锚的原因很多，较复杂的问题可能是发动机出现毛病，一般的则可能是油路、电路出现问题。

2. 车辆刮蹭

轻微刮蹭一般不影响行车，严重刮蹭易造成车辆严重受损及人员伤亡。

3. 车辆碰撞

碰撞较轻一般不影响行车，被撞较重、特别是发动机受损、油箱位置被撞会更危险。

4. 轮胎故障

主要是行驶中轮胎无气、爆胎。

5. 制动故障

制动失效、制动距离过长、制动跑偏和侧滑。

6. 交通安全事故

（1）驾驶员为躲避行人或车辆采取紧急制动措施。

（2）发生车辆机械事故。

（3）发生行车安全事故。

（4）发生车辆失火事故。

遇到上述问题时，我们要以冷静的态度向乘客宣传解释，耐心疏导乘客换乘其他车辆。发生行车事故首先要救助伤员，保护现场，与急救中心、公安交通部门、上级机关及时取得联系，报告事故情况，协助相关部门调查、取证。一般的车辆技术故障，驾驶员可自行解决的要妥善解决，例如：车辆半路抛锚了，如果需要乘客协助推车，应以诚恳求助的语言动员乘客："各位乘客，本车熄火了，为了节省大家的宝贵时间，请您协助我们推一下车，谢谢大家!"切忌简单生硬命令式口气："都下去，推车!"如果是自身解决不了、无法继续运营的车辆故障，要向乘客说明情况，表示歉意，动员乘客换乘其他车辆，并尽快与抢修救援中心取得联系，最大限度减少交通堵塞。驾驶员在行车中，为了躲车、让车或者发生紧急情况时，采取紧急制动措施，乘务员要经常向乘客提示安全乘车，当出现紧急制动时，首先要问清有无受伤的乘客，如有乘客受伤要尽力抓到肇事者，然后将伤者送往附近医院治疗。

公交车如果在行驶中发生了交通事故，势必会影响乘客的出行并给乘客带来不便、麻烦或伤害。乘务人员在依法依规妥善处理交通事故的同时，还必须及时地向乘客表达自己的歉意，应该说："各位乘客，因本车发生了交通事故，不能继续行驶，请各位换乘下一辆车，您所购买的车票依然有效。哪位乘客受伤了，我们带您去医院看病或留下联系方式。由于交通事故给您带来的不便、麻烦或伤害，我们深表歉意。"

当运营车辆行驶途中发生车辆故障时，乘务人员应根据故障情况，分三种方式向乘客宣传：

一是当车辆发生简单故障时，驾驶员应迅速进行故障排除，乘务人员应宣传："对不起，车辆发生了一点小问题，请大家原谅、稍候。"

二是当车辆发生驾驶员不能排除的故障时，乘务人员应宣传："对不起，车辆发生了故障，已不能继续行驶，请大家原谅。"并要主动拦截下辆车，协助乘客换乘。

三是当车辆发生危险的故障时，驾驶员要立即靠边停车。乘务人员应及时打开车门，积极疏导乘客离开车辆并宣传："对不起，车辆发生了意外故障，请大家马上下车。"在条件允许的情况下，乘务人员应拦截下辆车，协助乘客换乘。

正确处理乘务矛盾既有工作方法问题，也有对乘客的态度问题。在处理乘务工作各种矛盾过程中，我们应当掌握乘客心理，经常用换位思考的方法，设身处地为乘客着想，从自身查找问题，改进服务工作，就能够处理好乘务矛盾。

第七章

城市公共交通职业道德及企业文化建设

随着现代社会分工的发展和专业化程度的增强，市场竞争日趋激烈，整个社会对从业人员职业观念、职业态度、职业技能、职业纪律和职业作风的要求越来越高。要大力倡导以爱岗敬业、诚实守信、办事公道、服务群众、奉献社会为主要内容的职业道德，鼓励人们在工作中做一个优秀建设者。在当前企业改革不断深化的新形势下，加强职工职业道德建设，是发展先进企业文化的重点内容和中心环节，是贯彻以德治国方略、提高职工素质的一项基础性工程，是促进物质文明与精神文明协调发展、确保企业改革、稳定和发展的内在要求。加强职业道德建设，对于进一步规范人们的行为，调动广大职工的积极性，更好地完成本单位、本部门、本岗位的工作职责，促进企业的发展具有重要意义。

第一节　道德与职业道德

一、道德的含义和本质

（一）道德的含义

道德一词，古已有之。“道”最初的含义是道路，后引申为事物发展变化的规则和规律。孔子在《论语》中说：“志于道，据于德，依于人，游于艺。”这里所谓的道，是指做人、治国的根本原则。“德”最初见于《周礼》，指内心的情感和信念。

在中国历史上，把“道”与“德”联系起来作为一个概念来使用，首先是荀子，他在《劝学篇》中说："《礼》者，法之大分，类之纲纪也，故学之乎《礼》而止矣。夫是之谓道德之极。""道"是行为的原则，"德"是行为的效果，使人有所得。"道""德"两个字合为一个词，作为一个概念来使用，即指人类的行为合乎理，利于人。

从现代伦理学角度看，所谓道德，就是指调整人与人、个人与社会之间关系的行为规范的总和。

（二）道德的本质

马克思主义科学地揭示了道德的本质，认为道德是由社会经济关系所决定的，依靠社会舆论、风俗习惯和内心信念维持的人与社会、人与人之间行为规范的总和。所以，道德的完整含义，应该包含三层意思。第一，道德是调整人们之间关系的行为规范，它规定着人们应该做什么和不应该做什么的标准和准则；第二，道德是用内心信念、传统习惯和社会舆论来达到的，而不是靠什么法律条文和行政命令来维持；第三，道德是以善恶观念为标准的，善的行为是道德的，恶的行为是不道德的。

二、职业道德与社会主义职业道德

职业道德，顾名思义就是道德在不同职业中的具体反映，下个定义，职业道德是指与职业活动紧密联系，具有职业特征的道德准则和规范。

职业道德作为一种社会现象，它的产生及其发展的根本原则和客观基础，是由于人类社会生产力发展而引发的社会大分工。职业道德经历了原始社会、奴隶社会、封建社会和资本主义社会四种形态的社会演变，最终发展到今天的社会主义职业道德。

社会主义职业道德是社会主义道德的重要组成部分，党的十四届六中全会指出："大力倡导爱岗敬业、诚实守信、办事公道、服务群众、奉献社会的职业道德"，这就是社会主义职业道德的基本内涵，也是各行各业所必须遵循的基本职业道德。

社会主义职业道德是一种新型的职业道德，是集人类职业道德优秀传统和先进成果之大成的职业道德，是社会主义市场经济条件下从事各种职业活动中应当遵循的道德规范和行为准则。在社会主义社会，各行各业只有社会分工不同，没有高低贵贱之分，不论何种行业都要贯彻为人民服务的宗旨，各个行业的职业道德只有行业的特殊要求，而没有本质的区别。社会主义职业道德基本规范是，爱岗敬业、诚实守信、办事公道、服务群众、奉献社会。

“爱岗敬业”是社会主义职业道德的前提和基础，爱岗，就是热爱自己的工作岗位，热爱自己的本职工作。敬业，就是以极端负责的态度对待自己的工作，敬业的核心要求是严肃认真，一心一意，精益求精，尽职尽责。不爱岗、不敬业，谈不上有什么职业道德。爱岗敬业只有在社会主义社会才能普遍要求和做到，因为在社会主义社会，劳动不仅是个人谋生手段，而且是每个社会主人对社会的必然奉献。因此，不论在何种行业何种岗位，应该也必须做到爱岗敬业，做到干一行爱一行。

“诚实守信”和“办事公道”是社会主义职业道德的基本要求，体现了社会主义道德的平等互利原则。诚实守信对企业来讲就是要重质量、重服务、重信誉，北京公交集团把“诚信为本，有诺必践”作为企业信条，在运营生产中积极履行对社会的职责和对乘客的承诺，强化责任意识，提高服务质量，体现“以人为本，乘客至上”的企业理念；对员工来讲，就是要诚实劳动、文明生产、文明服务，不讲假话，不偷工减料，不欺骗顾客。办事公道就是要求从业者在处理各种利益关系时，要持实事求是、客观公正的立场和态度，绝不强词夺理或依仗权势来袒护某一方的利益、排斥另一方的利益。它是对人们的权利与义务、报酬与贡献、奖惩与功过之间的相称性、对等性关系的确认和肯定。

“服务群众”是社会主义职业道德的核心和最高要求，它体现了党的为人民服务宗旨和各行各业的社会主义经营方向，它是每一个行业应该承担的社会义务和责任。服务群众是指从业人员在职业活动中要全心全意为人民服务。为人民服务是职业道德的灵魂，在服务过程中要做到热心、耐心、虚心、真心，一切从群众的利益出发，为群众排忧解难，提高服务质量。公交员工服务群众主要表现为：热爱公交事业，牢固树立“以人为本，乘客至上”的理念，弘扬“一心为乘客，服务最光荣”的企业精神，努力学习，钻研技术，增强服务技能，不断提高服务水平等。

“奉献社会”是指从业人员要把自己的全部智慧和力量投入到为社会、为集体、为他人的服务之中去。它是社会主义职业道德原则的最高体现，是各行各业都必须遵守的职业道德基本规范。奉献社会是职业道德中的最高境界，同时也是做人的最高境界。

第二节　公共交通职业道德基本内容及意义

城市公共交通是城市的动脉，是社会生产的第一道工序，是城市生活的纽带，是精神文明建设的窗口。公交企业精神文明建设水平的高低、职业道德建设水平的高低，将对城市的精神文明建设，对创建文明城市的目标产生直接影响，同时，对公交企业的改革发展也会产生重要影响。因此，加强职业道德建设是城市公交企业加强精神文明建设的一项长期任务。

一、公共交通职业道德的基本内容

城市公共交通职业道德是社会主义职业道德的重要组成部分。公交集团企业文化行为识别规范中明确提出，公交员工的职业道德是：诚实守信，尽职尽责；努力学习，提高技能；遵章守纪，廉洁奉公；尊重乘客，文明服务；顾全大局，团结协作；勤俭节约，艰苦奋斗。具体内容如下：

（一）诚实守信，尽职尽责

主要内容：对企业忠诚，具有良好信誉，言行一致；立足岗位，忠于职守，具备良好的职业意识、职业素养、职业责任感；勤奋工作，完成规定的工作任务，避免工作失误和疏漏。这一条是公交职业道德的核心内容。企业以“德”“诚”“信”为根本，诚实守信就是要求企业经济活动信守合同，遵守约定，履行承诺，商品要货真价实，保证质量，质价相符。

从公共交通行业性质看，公交不是生产性企业，而是服务性行业，其产品只能是为乘客提供服务。就必须要求企业员工坚持“以人为本”的思想，树立良好的服务意识。服务代表公交企业的信誉和形象，服务关系到企业的生存和发展。在当前城市客运市场竞争日趋激烈的情况下，要以规范服务、文明服务和优质服务去赢得市场，更要以安全、准点、方便、快捷的服务，树立首都公交新形象。员工对企业的忠诚，要体现在维护企业形象上，要体现在忠于职守、尽职尽责、努力工作上，要把职业意识和职业责任感落实到每一个具体服务工作中，以个人的模范行为为企业增辉。

（二）努力学习，提高技能

主要内容：学习科学文化和业务知识，积极参加企业各种学习培训、技术练兵比武活动。掌握本岗位需要的现代通信和信息技术，不断提高工作能力和技术技能等级，成为学习型人才。

职业技能包含文化素养和职业素养。文化素养是在基础教育中培养出来的。而职业素养则是在从事职业过程中逐渐培育起来的。职业素养包含从业动机，职业理想，求知欲望，革新精神和创造力等内涵。因此，公交员工具备良好的职业技能，必须努力学习科学文化知识和业务知识，积极参加各种学习培训，不断提高个人的工作能力和技能等级。公交员工通过参加企业的各种素质培训，培育良好的职业素养，掌握过硬的岗位技能，这不仅是职业本身的要求，也是公交作为社会公益性服务行业对社会各界乘客服务的需要。公交员工要适应首都公交的发展，努力加强业务技术学习，提高技能水平，更好地为广大乘客服务。

（三）遵章守纪，廉洁奉公

主要内容：认真贯彻执行与岗位工作相关的法律法规及本单位规定的规章制度，严守工作纪律；秉公办事，不徇私情，正确行使工作职权，不以职权和工作之便牟取私利。

职业的高度社会化，必然要求从业者具备严格的组织纪律性。职业纪律是以保证职业活动正常有序开展为标准。公交企业运营服务作业方式是独立作业，流动分散。因此，要确保运营服务工作正常进行，要求员工必须自觉遵守企业的规章制度和职业纪律，认真贯彻执行与岗位工作相关的法律法规，特别要严守交通安全法规。公交作为专业性的客运企业，安全责任重于泰山。

历史上重大的群死群伤事故，给人民生命财产造成不可挽回的损失，在社会上造成重大负面影响，教训惨痛。痛定思痛，主要原因还是员工的法纪观念不强，职业意识淡薄，没有认真遵守规章制度。遵章守纪作为公交员工必须严格遵守的职业道德规范，要强化教育，加大纪律约束，不断提高员工遵章守纪的自觉性。

廉洁奉公：就是要求所有员工都要秉公办事，不徇私情，正确行使工作的权力，不以职权和工作之便谋取个人私利。公交是开放性的社会服务性企业，每天运送乘客近千万人次。只有每一名员工都做到秉公办事，一视同仁，主持公道，伸张正义，保护弱者，认真处理每一件事情，乘客的满意度才能提高，企业的整体服务水平才能得到社会各界的认同。

（四）尊重乘客，文明服务

主要内容：牢固树立“以人为本，乘客至上”的文化理念，弘扬“一心为乘客，服务最光荣”的企业精神，努力增强服务技能，积极倡导文明服务，不断提高服务水平。这是公交职业道德的基本要求。

从公交行业服务特点看，公交服务对象是社会各界乘客。因此，公交员工必须牢固树立“乘客至上”的职业意识，认真尊重每一位乘客，把乘客作为自己的衣食父母，把乘客需求作为我们唯一的工作标准。文明礼貌待客，认真为乘客排忧解难，乘客利益无小事。把满足乘客需求作为我们工作的出发点和落脚点。特别是在新形势下，大张旗鼓地倡导为人民服务的道德观，深化服务意识，创新服务内容，提升服务质量。热情服务乘客。文明待客是职业道德在服务工作中的主要表现，是社会人与人之间互相友爱的具体体现，是实现为人民服务宗旨的集中反映。公交行业每天与普通百姓的生活发生千丝万缕的联系，其服务质量的优劣是职业道德水平的最直观，最具体的反映。要以优质服务赢得社会各界的理解，反映出人民公交为人民。

（五）顾全大局，团结协作

主要内容：正确处理国家、企业、个人三者利益关系，以大局为重，团结协作，相互尊重，文明交往，树立公交一盘棋思想，强调单位之间，部门之间的和谐，建立员工之间团结、友爱、平等、互助的良好人际关系。

公交企业的工作特点是：点多、面广、流动分散、马路车间、单兵作业。这种工作特点决定了公交员工应具备大局意识，团结协作精神，增强执行纪律的自觉性。讲大局意识，必须个人服从组织，一个车组要服从整条线路运营服务；个人的言行既代表首都又代表中国；讲团结协作，每个车组同志要紧密配合，共同完成运送乘客的任务。各个车组之间，也要团结协作，服从调度的统一安排；顾全大局，团结协作关系到公交企业的生命线，是公交员工必须遵守的职业准则。在多年的工作实践中，许多优秀员工做出了顾全大局，团结协作，可歌可泣的事迹。如：2003 年，北京“非典”时期，巴士旅游分公司的员工响应市防治“非典”联合工作小组和市交通委的号召，不顾个人安危，积极报名，增援 120 急救中心驾驶员，同医护人员混同编组，运送“非典”病人。他们的事迹得到市委市政府的表彰。作为公交员工，必须树立“顾全大局，团结协作”的职业道德观念。

（六）勤俭节约，艰苦奋斗

主要内容：增强勤俭节约的意识和观念，从一点一滴做起，节能降耗，建设节约形企业；发扬艰苦奋斗的光荣传统，不怕困难，勇于开拓，不断提高企业的社会效益和经济效益。

勤俭节约，艰苦奋斗是几代公交人的光荣传统，是公交职业道德的重要体现。公交是社会公益性的服务行业。多年来，一直靠政府支持，财政补贴。公交经营的目标不仅要提高社会效益，最大限度地满足乘客需要，扩大服务领域，提高乘客的满意度，还要尽最大努力提高经济效益，减少亏损，降低成本。这就需要全体员工树立勤俭节约，艰苦奋斗的意识。勤俭节约，从一点一滴做起，节能降耗，降低成本，不铺张浪费，勤俭办每一件事，建设节约型企业。艰苦奋斗是一个人、一个企业能否发展壮大，有没有希望的重要标志。要树立一种不怕困难、敢于吃苦，拼搏奋斗的精神。几代公交人在艰苦奋斗精神的感召下，身体力行，以乘客利益为第一生命，以服务乘客为光荣己任。正是因为有了这样的职工，公交事业才有了今天的发展。我们要把勤俭节约，艰苦奋斗的光荣传统进一步发扬光大，成为每一名公交员工的道德准则和行为规范。

二、加强公共交通职业道德建设的意义

（一）有利于城市经济的发展和社会的稳定

城市公共交通是城市公用事业，与首都的经济建设、城市发展，国际国内交往以及市民生活息息相关。城市公交日复一日，年复一年运送各界乘客到城市不同地点工作、学习、生活、娱乐，这本身就是促进经济发展的基础。可以说，公交越发达，经济越繁荣。公交的正常运营也是社会稳定的重要标志之一。北京公交作为“窗口”行业，担负着“四个服务”的重任。公交服务质量的高低，精神文明建设水平的高低，直接关系到广大群众的利益，关系到首都经济的发展和社会的稳定，关系到首都综合服务功能的发挥，关系到首都在国内外的声誉和形象。

加强公交职业道德建设，提升企业的综合素质，有利于提高公交行业的信誉，促进公交行业的发展。同时，有利于促进城市经济的健康发展和社会的全面进步。

（二）有利于坚持正确的经营方向，促进公交事业的健康发展

公交的企业精神是“一心为乘客，服务最光荣”。这句话高度概括了公交职业道德“以人为本，乘客至上”的服务理念。同时，也为公交企业指明了正确的经营方向。公交企业加强职业道德建设，就是坚持为人民服务经营方向的基础；就是按照“发展是硬道理”的思想和“方便出行，改善服务”的方针，努力适应国际化大都市的需要；也是公交企业生存发展的内在需求。

（三）有利于职工队伍素质和运营服务质量的提高

提高运营服务质量最根本的是搞好职工队伍素质。职工队伍素质包括政治素质、技术素质和文明素质。因此，加强职业道德建设，可以提高职工队伍的综合素质，促进“四有”职工队伍的形成，努力提高运营服务水平。近年来，通过实施素质建设工程，职工队伍素质有了明显的提高。但是距建设现代化国际大都市的要求，距广大市民对公交出行服务的需求还存在较大差距。这就要求进一步提高职工队伍职业道德素质，努力提高首都公交的整体

服务水平。

（四）有利于精神文明的传播，促进社会风气的好转

公交车厢是流动着的精神文明建设“窗口”，每一名乘务员都是精神文明的传播者。乘务人员在车厢照顾老、幼、病、残乘客，就是发扬中华民族尊老爱幼的传统美德；化解车厢各种矛盾，就是在倡导良好的社会风尚，以实际行动践行社会主义荣辱观。这些工作，对全社会加强精神文明建设，实现“建首善，创一流”的首都公民道德建设目标都发挥着重要作用。

（五）有利于公交职工个人的成长和进步

职业道德修养是个人进步和成长的重要条件。职工个人职业道德水平的提高，是靠平时一点一滴，日积月累的磨炼，只有积善，才能成德。提高乘务人员的职业道德素养，不是简单的乘务职业培训，而是对乘务人员循序渐进的品格训练。在严格的职业训练中，所形成的良好的职业修养和优秀职业品德，是引导每一位公交人体现人生价值，实现个人梦想的基本保障。

三、加强公共交通职业道德建设的主要途径

加强职业道德建设、提高职工队伍素质是公交企业带有战略意义的长期任务，因此必须加强领导，认真规划，确定目标，明确途径，以下重点介绍四条途径：

（一）突出针对性，开展各类主题教育活动

主题教育是近些年公交企业采取的群众自我教育的较好形式，它将党的路线、方针、政策和思想政治、职业道德等内容有机地融入企业的改革和运营生产中去，具有很强的现实性，又由于主题教育的形式多样，不拘一格，容易吸引职工积极参加，具有广泛的群众性。开展主题教育活动应与社会形势、企业中心任务和职工思想实际紧密结合，这种教育经常进行，可以从根本上提高职工队伍的思想道德素质，为职业道德水平的提高打下坚实的理想、信念、观念基础。

（二）从抓基础入手，坚持开展培训练兵活动

岗位工作规范是职业道德的基础，业务技能是提高职业道德水平的保证。

要不断加强企业的职业道德建设，就必须坚持对职工开展以岗位工作规范和业务技能为主要内容的培训练兵活动。通过岗位工作规范的培训，要使职工掌握规范的内容，认识执行规范的重要性，增强执行规范的自觉性。

（三）深入开展精神文明建设活动，发挥典型示范作用

社会主义职业道德的最高要求就是“服务人民，奉献社会”，因此，加强公交职业道德建设，就要以“服务人民，奉献社会”为宗旨，深入持久地开展各类群众性的精神文明建设活动。群众性精神文明建设活动的另一个重要的内容是创建各类先进典型，形成先进群体，发挥先进示范作用，促进企业职业道德水平的提高。

（四）加强监督，建立社会评价体系

运营服务水平的提高，职业道德建设的加强，需要内外部监督做保证。在内部，主要是加强对运营服务全过程的监控和对达标线路、车组、人员实行动态管理。对运营服务过程的监控，主要采取专业人员检查的方法，检查与奖惩考核要结合。动态管理主要是对达标线路、车组、人员坚持定期复验制，不合格的要取消达标称号。在外部，要坚持把群众对出行和服务满意与否作为检验运营服务质量的唯一标准，从群众监督、新闻媒体监督、领导机关监督三个方面，建立社会监督评价体系。

四、主要工种职业道德规范

公交职业道德规范具有显著的行业特点，城市公共交通企业主要工种是驾（驾驶员）、乘（乘务员）、调（调度员）、保（保修工），还有许多辅助工种和后勤服务工种。由于各工种的工作任务、性质、特点、服务对象等各不相同，因此，各工种的职业道德也有所不同。本章主要介绍“公交员工职业道德规范”和“驾驶员、乘务员岗位道德规范”。

（一）公交员工职业道德规范

1. 诚实守信，爱岗敬业

对企业忠诚，具有良好信誉，言行一致；立足岗位，忠于职守，具有良好的职业意识、职业素养、职业责任感；勤奋工作，完成规定的工作任务，

避免工作失误和疏漏。

2. 努力学习，提高技能

学习科学文化和业务知识，积极参加企业各种学习培训、技术练兵和比武活动。掌握本岗位需要的现代通信和信息技术，不断提高工作能力和技能等级，成为学习型人才。

3. 遵章守纪，廉洁奉公

认真贯彻执行与岗位工作相关的法律法规及本单位制定的规章制度，严守工作纪律；秉公办事，不徇私情，正确行使工作职权，不以职权和工作之便牟取私利。

4. 尊重乘客，文明服务

牢固树立“以人为本，乘客至上”的文化理念，弘扬“一心为乘客，服务最光荣”的企业精神，努力增强服务技能，积极倡导文明服务，不断提高服务水平。

5. 顾全大局，团结协作

正确处理国家、企业、个人三者的利益关系，以大局为重，团结协作，相互尊重，文明交往，树立公交一盘棋思想，强调单位之间、部门之间的和谐，建立员工之间团结、友爱、平等、互助的良好人际关系。

6. 勤俭节约，艰苦奋斗

增强勤俭节约的意识和观念，从一点一滴做起，节能降耗，建设节约型企业；发扬艰苦奋斗的光荣传统，不怕困难，勇于开拓，不断提高企业的社会效益和经济效益。

（二）驾驶员岗位道德规范

1. 遵章守纪，服从指挥

持证上岗，遵守道路交通安全法和相关法规，执行驾驶员操作规程及各项行车管理规定，服从调度指挥。

2. 文明驾驶，安全行车

各行其道，安全礼让，控制车速，熟悉线路，妥善处理各种突发情况；进出站做到“七必须、七不准”，确保行车安全。

3. 学习技术，提高技能

钻研驾驶技术，了解车辆的技术性能，熟练掌握车辆的技术技能；按岗位规范程序，做好出车前各种例检，运行中发现异常现象及时处理；节能降耗，执行车辆尾气排放标准，发现故障及时报修并配合修复。

4. 整车爱车，完成任务

精心维护车辆，保持车容整洁，确保设施完好和正常运行，努力完成各项生产任务和运营指标。

5. 驾乘配合，规范服务

驾乘密切配合、团结协作，共同营造和谐的工作环境；规范服务，文明礼貌，为乘客提供安全、便捷、舒适的乘车条件。

（三）乘务员岗位道德规范

1. 遵章守纪，执行制度

认真遵守乘务人员各项工作规定，执行服务规范、服务纪律、票务制度，语言行为标准化。

2. 规范服务，符合要求

正确使用电脑报站器等电子服务设施，规范使用服务敬语，做到三报齐全；主动售票，认真验票，积极疏导；遇事冷静，不与乘客发生纠纷，妥善处理各种问题。

3. 及时提醒，确保安全

停稳车开门，乘客上车后关门，防止夹摔。在运营中，随时注意车厢内外不安全因素，及时提醒乘客、驾驶员和行人注意安全，按规范要求妥善处理突发情况。

4. 重点照顾，主动周到

重点照顾老、幼、病、残、孕乘客，主动热情，细致周到，全程照顾，讲究服务艺术。

5. 爱车护车，维护环境

保持车辆整洁，维护车辆服务设施的齐全、完整、有效，不乱扔纸屑、废弃物，为乘客创造良好的乘车环境。

第三节　企业文化和公交文化

一、企业文化

（一）企业文化的概念

狭义的企业文化主要是指企业的精神文化，它是在长期的经营活动中形成的共同拥有的企业理想、信念、价值观和道德规范的总和。企业文化是企业的“灵魂”。

广义的企业文化是指企业在创业和发展过程中形成的共同价值观、企业理想目标、基本行为准则、制度管理规范、外在形式表现等的总和。它是企业意识形态、物质形态、制度形态等文化的复合体。

企业文化是一种存在。企业在一定时期内各方面所具备的特征，构成了当期的文化。企业文化由企业行为和员工行为所创造，又作为一个熔炉，不断将员工的意识磨炼趋同。本节以北京公交的企业文化建设为例展开讨论。

（二）企业文化的内容

根据企业文化的定义，其内容是十分广泛的，但其中最主要的应包括如下几点：

1. 经营哲学

经营哲学也称企业哲学，是一个企业特有的从事生产经营和管理活动的方法论原则。它是指导企业行为的基础。一个企业在激烈的市场竞争环境中，面临着各种矛盾和多种选择，要求企业有一个科学的方法论来指导，有一套逻辑思维的程序来决定自己的行为，这就是经营哲学。

2. 价值观念

所谓价值观念，是人们基于某种功利性或道义性的追求而对人们（个人、组织）本身的存在、行为和行为结果进行评价的基本观点。可以说，人生就是为了价值的追求，价值观念决定着人生追求行为。价值观不是人们在一时一事上的体现，而是在长期实践活动中形成的关于价值的观念体系。企业的价值观，是指企业职工对企业存在的意义、经营目的、经营宗旨的价值评价和为之追求的整体化、个异化的群体意识，是企业全体职工共同的价值准则。只有在共同的价值准则基础上才能产生企业正确的价值目标。有了正确的价值目标，才会有奋力追求价值目标的行为，企业才有希望。因此，企业价值观决定着职工行为的取向，关系企业的生死存亡。只顾企业自身经济效益的价值观，就会偏离社会主义方向，不仅会损害国家和人民的利益，还会影响企业形象；只顾眼前利益的价值观，就会急功近利，搞短期行为，使企业失去后劲，导致灭亡。

3. 企业精神

企业精神是指企业基于自身特定的性质、任务、宗旨、时代要求和发展方向，并经过精心培养而形成的企业成员群体的精神风貌。企业精神要通过企业全体职工有意识的实践活动体现出来。因此，它又是企业职工观念意识和进取心理的外化。

企业精神是企业文化的核心，在整个企业文化中起着支配的地位。企业精神以价值观念为基础，以价值目标为动力，对企业经营哲学、管理制度、道德风尚、团体意识和企业形象起着决定性的作用。可以说，企业精神是企业的灵魂。

4. 企业道德

企业道德是指调整本企业与其他企业之间、企业与顾客之间、企业内部职工之间关系的行为规范的总和。它是从伦理关系的角度，以善与恶、公与私、荣与辱、诚实与虚伪等道德范畴为标准来评价和规范企业。

企业道德与法律规范和制度规范不同，不具有那样的强制性和约束力，但具有积极的示范效应和强烈的感染力，当被人们认可和接受后具有自我约束的力量。因此，它具有更广泛的适应性，是约束企业和职工行为的重要手段。

5. 团体意识

团体即组织，团体意识是指组织成员的集体观念。团体意识是企业内部凝聚力形成的重要心理因素。企业团体意识的形成使企业的每个职工把自己的工作和行为都看成是实现企业目标的一个组成部分，使他们对自己作为企业的成员而感到自豪，对企业的成就产生荣誉感，从而把企业看成是自己利益的共同体和归属。因此，他们就会为实现企业的目标而努力奋斗，自觉地克服与实现企业目标不一致的行为。

6. 企业形象

企业形象是企业通过外部特征和经营实力表现出来的，被消费者和公众所认同的企业总体印象。由外部特征表现出来的企业的形象称表层形象，如招牌、门面、徽标、广告、商标、服饰、营业环境等，这些都给人以直观的感觉，容易形成印象；通过经营实力表现出来的形象称深层形象，它是企业内部要素的集中体现。如人员素质、生产经营能力、管理水平、资本实力、产品质量等。表层形象是以深层形象为基础，没有深层形象这个基础，表层形象就是虚假的，也不能长久地保持。流通企业由于主要是经营商品和提供服务，与顾客接触较多，所以表层形象显得格外重要，但这绝不是说深层形象可以放在次要的位置。

7. 企业制度

企业制度是在生产经营实践活动中所形成的，对人的行为带有强制性，并能保障一定权利的各种规定。从企业文化的层次结构看，企业制度属中间层次，它是精神文化的表现形式，是物质文化实现的保证。企业制度作为职工行为规范的模式，使个人的活动得以合理进行，内外人际关系得以协调，员工的共同利益受到保护，从而使企业有序地组织起来为实现企业目标而努力。

（三）企业文化的功能

研究企业文化，其目的是利用企业文化为企业的生存与发展发挥作用。那么，企业文化到底有些什么功能呢?

1. 企业文化具有导向功能

所谓导向功能就是通过它对企业的领导者和职工起引导作用。企业文化的导向功能主要体现在以下两个方面。

(1) 经营哲学和价值观念的指导

经营哲学决定了企业经营的思维方式和处理问题的法则，这些方式和法则指导经营者进行正确的决策，指导员工采用科学的方法从事生产经营活动。企业共同的价值观念规定了企业的价值取向，使员工对事物的评判形成共识，有着共同的价值目标，企业的领导和员工为着他们所认定的价值目标去行动。

(2) 企业目标的指引

企业目标代表着企业发展的方向，没有正确的目标就等于迷失了方向。完美的企业文化会从实际出发，以科学的态度去制立企业的发展目标，这种目标一定具有可行性和科学性。企业员工就是在这一目标的指导下从事生产经营活动。

2. 企业文化的约束功能

企业文化的约束功能主要是通过完善管理制度和道德规范来实现。

(1) 有效规章制度的约束

企业制度是企业文化的内容之一。企业制度是企业内部的法规，企业的领导者和企业职工必须遵守和执行，从而形成约束力。

(2) 道德规范的约束

道德规范是从伦理关系的角度来约束企业领导者和职工的行为。如果人们违背了道德规范的要求，就会受到舆论的谴责，心理上会感到内疚。

3. 企业文化的凝聚功能

企业文化以人为本，尊重人的感情，从而在企业中造成了一种团结友爱、相互信任的和睦气氛，强化了团体意识，使企业职工之间形成强大的凝聚力和向心力。共同的价值观念形成了共同的目标和理想，职工把企业看成是一个命运共同体，把本职工作看成是实现共同目标的重要组成部分，整个企业步调一致，形成统一的整体。

4. 企业文化的激励功能

共同的价值观念使每个职工都感到自己存在和行为的价值，自我价值的实现是人的最高精神需求的一种满足，这种满足必将形成强大的激励。在以人为本的企业文化氛围中，领导与职工、职工与职工之间互相关心，互相支持。特别是领导对职工的关心，职工会感到受人尊重，自然会振奋精神，努力工作。另外，企业精神和企业形象对企业职工有着极大的鼓舞作用，特别是企业文化建设取得成功，在社会上产生影响时，企业职工会产生强烈的荣誉感和自豪感，他们会加倍努力，用自己的实际行动去维护企业的荣誉和形象。

5. 调适功能

调适就是调整和适应。企业各部门之间、职工之间，由于各种原因难免会产生一些矛盾，解决这些矛盾需要各自进行自我调节；企业与环境、与顾客、与企业、与国家、与社会之间都会存在不协调、不适应之处，这也需要进行调整和适应。企业哲学和企业道德规范使经营者和普通员工能科学地处理这些矛盾，自觉地约束自己。完美的企业形象就是进行这些调节的结果。调适功能实际也是企业能动作用的一种表现。

二、公交文化

（一）什么是公交文化

公交文化概括而言是一代又一代公交人在长期的运营服务中，形成和体现出来的精神动力与具体实践的总和。这样说可能比较抽象，其实，企业文化、公交的企业文化并不是抽象的，它是非常生动、实实在在的，是让我们看得见、摸得着、能打动人心的具体的人和事。例如，北京公交 20 世纪 50 年代驾驶煤气炉车的“节能状元”葛振中，20 世纪 60 年代苦练售票技能“一手清”的吴兰芬，20 世纪 70 年代解答乘客难题“百问不倒”的赵淑珍，20 世纪 80 年代的“晶莹露珠”王桂荣，20 世纪 90 年代“岗位做奉献，真情为他人”的李素丽以及进入新世纪以后涌现出来的公交“活地图”张鹊鸣、下岗再就业明星刘俊华。还有，几十年来在公交工作中总结提炼的“24 体贴”服务法、“李素丽服务法”、电车 103 路车队“五好党支部”经验等，这些都是公交文化的结晶。

公交文化有这样几个鲜明的特点：一是历史比较长，北京公交集团是一个具有 80 多年历史的特大型国有企业，从 1921 年有轨电车投入运营，特别是从新中国成立到改革开放至今，积淀了相当深厚的文化底蕴。二是行业性非常突出，公交行业的本质特征是服务，我们所说的服务是安全、运营和车厢服务的整体概念，而公交文化是在公交服务中产生的，换句话说，没有公交服务也就没有公交文化。三是不断发展和创新，公交文化是在继承了优秀的公交传统，根据不同历史阶段的内容，随时代的发展而发展，按照时代的要求而创新的，传承历史和发展创新，使公交文化保持着旺盛的生命力。四是依靠几代公交人的共同努力，公交文化的创造者和实践者是公交人，正是一代又一代公交人的艰苦努力和辛勤付出，才形成了优秀的公交文化，所以说，公交文化是公交人集体智慧的结晶。

（二）公交文化 CIS 系统的三个组成部分

CIS 是企业文化建设的重要载体和途径。CIS 由三大部分组成，即理念识别规范（MI）、行为识别规范（BI）和视觉识别规范（VI）（以下简称“三个识别规范”）。如果把 CIS 这三个组成部分作个形象的比喻，理念识别规范好比头脑和思想，是支配行为的；行为识别规范好比手和脚，是受思想支配落实具体行动的；视觉识别规范好比脸面，是企业的外在形象。北京公交集团 CIS 三个组成部分的具体内容和特点是这样的：

一是企业理念识别规范。它可以概括为“一个本质，两个体系，十二项内容”。“一个本质”就是“以人为本，乘客至上”的公交文化本质，它涵盖的是对内以员工为本，关心、爱护、培养人，维护员工利益，促进员工全面发展；对外以乘客为本，尊重、照顾、帮助人，文明礼貌服务，方便乘客出行。“以人为本，乘客至上”的文化本质体现了窗口行业特点、把握了服务工作规律、并符合时代发展要求。“人本”文化是公交文化最根本、最核心的东西，由此延伸出“基础理念体系”和“行为理念体系”这两个体系。“基础理念体系”中包括：企业目标“建设人文公交、绿色公交、科技公交，成为适应首都城市特点和功能的一流公交企业”；企业宗旨“服务公众利益，服务乘客出行”；企业精神“一心为乘客，服务最光荣”；企业价值观“乘客利益最大化、员工进步最大化、公交发展最大化”；企业信条“诚信为本，有诺必践”；企业传统“艰苦奋斗、勇挑重担、甘于奉献”。“行为理念体系”中包括：管理原则“基础坚实化、规范全员化、行为标准化、创新人本化”；服务准则“规范标准、安全便捷、细致周到、文明礼貌”；质量方针“持续改进，追求卓越”；企业作风“实、严、快、新”和企业口号“在内宾面前我代表首都，在外宾面前我代表中国；岗位做奉献，真情为他人；宁愿自己千辛万苦，不让乘客一时为难；展示公交窗口形象，履行城市动脉功能”。

二是企业行为识别规范。它包括九项具体内容，即员工职业道德规范；员工着装举止规范；管理人员工作规范；驾驶员行车规范；乘务员服务规范；调度员工作规范；保修工工作规范；后勤人员工作规范和其他工种工作规范。行为识别规范是理念识别规范的外延和具体体现，它的作用是规范员工行为，特点是重点突出、可操作性强、符合企业岗位工种的工作要求。

三是企业视觉识别规范。它包含三个系统，即基础设计系统、应用设计系统和环境设计系统。基础设计系统主要反映的是企业标志和主体色、辅助色，集团公司的主体色是红、绿两色，辅助色是黄、蓝、灰三色；应用设计系统主要反映的是企业标志和主体色、辅助色在公交车辆、候车亭、站杆站牌、员工识别服和办公用品等方面的具体应用；环境设计系统主要反映的是企业标志和主体色、辅助色在公交场站、厂房车间、办公环境、生产生活环境中的广泛应用。视觉识别规范是企业外在形象的有效展示。

第四节　公交企业文化建设的任务与途径

一、公交企业文化建设

对于企业文化，国内外的众多企业都在不断进行着理论探索和实践总结，企业文化的建设和发展，就是一个理论指导实践、实践再去印证理论的持续过程。企业文化建设的基本任务可以用“道、魂、形、本、标”这五个字概括，“道”是讲求经营之道；“魂”是培育企业精神；“形”是塑造企业形象；“本”是提升企业素质；“标”是制定企业发展战略目标。我们仔细想一下，北京公交集团加强企业文化建设，导入CIS，都没有离开这五个字所概括的基本任务，因此，我们要结合集团公司CIS理念识别、行为识别、视觉识别三个组成部分，深刻理解企业文化建设的基本任务，并通过导入CIS，把企业文化建设落到实处。应该说，在经济全球化、价值多元化和形态多样化的当今社会，一个企业要适应外部的生存环境、增强自身的发展动力，就必须注入先进的企业文化，这个道理已经被越来越多的实践所验证。我们集团公司改革发展、经营管理、生产运营和服务水平的方方面面工作，都离不开文化力的注入和支撑。

（一）公交企业文化建设的总体原则

1. 整体统一的原则

北京公交企业文化建设必须坚持整体统一的原则，二级公司及下属单位的企业文化建设必须服从集团公司企业理念识别规范、行为识别规范和视觉识别规范的整体要求，在企业文化表层上应与企业运营服务形象保持一致，在深层上应体现北京公交的经营思想和功能定位。

2. 个性鲜明的原则

北京公交集团是首都城市功能的重要组成部分，是首都社会和经济生活的第一道工序，窗口行业及服务工作是企业鲜明的个性特征，北京公交集团企业文化建设必须有别于其他行业，体现这一鲜明的个性特征。

3. 以人为本的原则

企业文化是企业中全体成员所共同遵循的基本信念、价值标准和行为规范的总和。通过企业文化建设，一方面，以员工为本，培育员工共同的价值观和团队精神，创造良好的工作氛围，潜移默化地引导员工的行为，最大限度地调动员工的进取精神、协作精神和创新精神；另一方面，以乘客为本，做好窗口服务工作，以满足社会公众对公交工作的需求，为企业的发展奠定基础。

（二）公交企业文化建设的主要目标

北京公交集团企业文化建设的目标是：逐步建立和形成具有北京公交特色的企业文化体系。对内，在扬弃的基础上，全面整合企业文化资源，建立起既具有先进文化内涵，又具有本企业特色的理念识别规范，使企业全体员工真正树立起把个人价值观与企业价值观融为一体的理想和信念；建立规范化管理与自我约束相结合的制度文化，规范管理行为，做到法治与德治并举，刚性管理与柔性管理相结合，全面提升企业管理水平，为企业的长远发展奠定坚实的基础。对外，全方位宣传和推动北京公交服务和品牌，强化首都意识、窗口意识、服务意识，塑造公交良好的社会形象。从而增强企业的凝聚力和社会影响力，努力把北京公交建设成为国内一流、国际领先的大型企业集团。

（三）公交企业文化建设的基本任务

1. 理念识别规范

通过宣讲灌输，使全体员工深刻领会公交企业文化的本质、基础理念体系、行为理念体系的架构、基本内容和简明释义，并紧密结合实际将其渗透到生产、经营、服务和管理的各个领域，使企业理念识别规范真正内化为全体员工的思想观念和行为准则。

2. 完善企业管理层面的文化

就是将企业“乘客利益最大化；公交发展最大化；员工进步最大化”的价值观、“建设人文公交、绿色公交、科技公交，成为与国际现代化大都市同步发展的一流城市公交企业集团”的企业目标、“服从公共利益、服务市民出行”的企业宗旨、“以义为先，以义取利，义利共生”的经营哲学同具体管理制度结合起来，与公交发展规划结合起来，从企业文化建设的高度上，进一步健全北京公交集团的各项管理制度。各级管理者同样要从企业文化建设的高度上强化意识、率先垂范，树立良好的工作作风和个人形象，不断提高管理艺术水平，充分体现管理者行为的放大效应，促进管理层面文化的形成。

3. 建立企业行为文化

就是要通过企业文化建设，形成一套行之有效的职业道德规范、员工行为规范、激励奖罚规范、教育培训规范和文明礼仪规范，进而使企业文化与企业形象融为一体，全面提升北京公交企业形象。

4. 统一企业视觉识别规范

就是将企业标志、标准字、标准色、企业旗帜、场站、办公楼装修、办公用品、服装服饰、车体装饰等外在的形象进行统一规范。对员工的工作环境、休息娱乐场所和文化设施，统一进行企业理念的渲染和企业文化氛围的营造。

5. 培育企业的服务文化

从狭义上理解，北京公交的服务是指企业对公众的出行服务；从广义上理解，包括企业对公众出行的服务、机关对基层的服务、领导对员工的服务、二线对一线的服务等，这不但是企业的社会定位使然，而且是企业竞争力的重要组成部分。正因为如此，培育企业的服务文化就突显出它的重要地位。要以企业文化本质、企业目标、企业宗旨、企业精神、企业价值观、经营哲学、企业信条、管理原则、服务准则、质量方针等对全体员工进行培训，使之潜移默化为员工的自觉行为，同时辅之以各项管理制度的贯彻落实，双管齐下，使公交集团公司的服务跃上新水平。

6. 建立学习型企业，培育知识型职工，增强创新意识，实现文化管理

当今社会，市场竞争日趋激烈、技术进步日新月异，信息作为一种资源，将成为巨大的生产力渗透于生产的全过程，从而产生难以估量的经济效益。因此，增加知识储备，拓展知识层面，不断适应社会的需要，不仅是员工个人的谋生手段，而且是企业发展的不竭动力。建设企业文化重要的任务之一是建立学习型企业，培育知识型职工，增强创新意识，实现文化管理。要以员工为中心，帮助他们设计自己的成长发展计划，同时不断增强员工的自主学习意识，提高创新能力，为员工的成长和施展才华提供平台，以造就一支高素质的、全面发展的员工队伍，促进企业长期发展。

7. 实践“代表先进文化前进方向”的重要思想

企业文化是建立现代企业制度的重要组成部分，是企业“先进文化前进方向”的实践活动，是精神文明建设和思想政治工作的有效结合体。北京公交有责任在首善之区全方位地体现先进文化的内涵，即体现广大员工具有的现代的思想文化和行为意识、具有现代的道德水准和精神风貌、具有掌握、

运用现代科技和创新能力。

总之，通过企业文化建设，能够在北京公交全面体现“三个代表”的思想实践中创造的成果，进而促进企业社会形象的提升、促进企业服务工作的改善，促进员工思想的不断升华，为实现“把北京公交建设成为国内一流、国际领先的公交企业集团”的目标奠定坚实的基础。

二、加强公交企业文化建设的主要途径

（一）公交企业文化建设的组织领导和责任分工

为加强公交企业文化建设，成立北京公交集团企业文化建设委员会，负责集团公司企业文化建设的组织领导、宣传贯彻和指导推广工作。委员会下设企业文化建设办公室，负责集团公司企业文化建设的协调工作，办公室设在集团公司党委宣传部。集团公司各二级单位亦应成立企业文化建设委员会或专门的组织机构，制订措施，保证企业文化建设的行动统一。北京公交集团企业文化建设实行党委统一领导，党政工团齐抓共管，党委宣传部组织协调，集团公司各部室、各二级公司工作各有侧重，各负其责，纵向到底，横向到边，条块结合，全体员工共同参与的领导体制和运行机制。

1. 企业理念识别规范的重塑和灌输

以集团公司党委工作部作为责任部门，集团公司工会、团委和各二级公司党委、工会、共青团组织协同配合，共同担负对员工企业理念识别规范的宣讲、宣传和灌输任务。企业理念识别规范是企业的上层建筑，在企业文化建设中居于主要的、核心的和实质的地位。在理念识别规范中，企业目标、企业宗旨、企业精神、企业价值观、经营哲学、企业信条、企业传统、管理原则、服务准则、质量方针、企业作风、企业口号都是它的重要组成部分，企业行为识别规范和视觉识别规范是理念识别规范的延伸和细化。党委宣传部要制订具体的培训计划，把北京公交理念识别规范及各个重要组成部分讲清讲透，使全体员工不仅能够背诵条款及释义，而且能够内化为员工的共同追求和行为准则；要明确各级责任，分别抓好基层党支部、管理者队伍、党员队伍的建设和教育培训，引导全体员工从思想观念上、价值取向上自觉与

企业的共同价值观趋同，真正树立起改革创新、艰苦创业、团队合作、无私奉献的精神。

各级工会、共青团组织应主动成为企业文化建设的实践者，充分发挥工会教育职能的作用，运用“青年文明号”“青年志愿者”活动等有效载体，组织广大员工开展社会公德、职业道德、家庭美德和文明礼仪等教育实践活动，使广大员工在生动的活动中逐步把自己的世界观、人生观，价值观融入到企业整体利益中去，担负起建设人文公交、绿色公交、科技公交的历史使命，最终实现自己的人生价值。

2. 行为识别规范的贯彻实施

人力资源部为责任部门，安全部、服务部、运营部、科技部、行政部、保卫部、组织部、宣传部、纪检监察部、办公室为协调配合部门。行为识别规范由两大部分构成：对内行为规范和对外行为规范，包括职业道德规范、员工行为规范、激励奖罚规范、教育培训规范和文明礼仪规范 5 大项 29 小项。对内行为规范，是使企业的理念得到员工的认同，以创造一个和谐的有凝聚力的内部环境；对外行为规范，通过一系列对外的行为，使企业的形象得到社会公众的认同，以创造一个理想的外部经营环境。企业行为规范与企业管理制度相互交融，各有侧重。管理制度是在企业发展过程中不断制定和完善的，是企业本身以及构成机构的行为准则，也是企业员工的行为规范。管理制度更加强调外在的约束，强制的约束，它重在利用层级对员工进行监督考核、激励处罚。企业文化属于人的思想范畴，体现在行为上就是员工的行为规范，它强调的重点是在对企业理念认同的前提下，从内在性上约束员工的行为，从而成为规范企业行为的内在约束力。管理制度的外在约束是刚性管理，行为规范的内在约束是柔性管理，这就是行为识别规范和管理制度的关系。

贯彻实施企业行为识别规范，要与企业管理制度的执行同步进行。管理制度必须是无情的、强硬的，离开这种外在约束谈内在约束是不切实际的。而在无情的制度的基础上，应该提升有情的人性管理，尽可能地提升员工内在约束的自觉性，鼓励和激发员工的积极性、主动性和创造性。贯彻实施企业行为识别规范的重点就是要把企业管理制度内化为员工的自觉行为规范。

行为识别规范的贯彻实施，需要长期不间断地进行，要结合员工教育培训、岗位规范达标、企业各种形式的活动、各种类型的工作考核检查、双文明竞赛评比活动一并进行，既要学懂弄通行为识别规范的相关条款，又要融会贯通在各种活动之中，使之入脑入耳，真正落到实处。

3. 视觉识别规范的塑造和落实

由行政部为责任部门，科技部、基建部、人力资源部、计划部、财务部、安全部、服务部、运营部、保卫部、宣传部、办公室为协同配合部门。负责企业及员工外在形象的塑造，即表层物质文化建设。视觉识别规范按照简单实用、标准化、模块化、特色化、统一化的基本思路已经委托世纪工厂设计完成。当前及今后一个时期的主要工作是：全体员工熟知企业标志、企业标准名称、标准色等；本着循序渐进的方针和资金允许的原则，逐步统一办公楼、厂房、场站、车队房屋的外装修，使之形成统一和谐规范的外部形象，进而统一办公用品，按照统一规定穿着服装服饰；新建厂房、场站按照视觉识别规范的要求装饰装修，新车制造、在用车辆维修保养，亦按照视觉识别规范的要求进行整车装饰。视觉识别规范需要长期艰苦的努力才能奏效，根据集团公司现有的财力应采取建立示范点、小步快走、逐步扩大的方法，力争一年有一个新的变化。

4. 文化载体参与企业文化建设

由工会负责，共青团协同配合，各基层工会、共青团组织广泛参与开发文化载体。丰富多彩的文化体育活动是一种潜移默化的塑造企业价值观念、凝聚团队合作精神、促进企业发展进步的重要途径。通过各种渗透企业文化理念的寓教于乐的文体活动、教育活动提高员工对企业的自豪感和归属感，达成员工对企业的认同。同时要积极会同有关部门开发企业文化资源，因地制宜开辟活动场所和文化园地，开展征文、讲演、文艺演出等多种活动，提高员工的思想文化素养，增强企业的生机与活力。

5. 先进典型的培养塑造

由工会和党委宣传部分工负责，各单位、各部门参与配合。培养和塑造先进典型群体和人物，力求改变过去传统的模式和方法，从建设企业文化的高度培育人，从弘扬企业文化的高度塑造人。树立的典型群体和人物应体现企业理念内涵的思想境界，应是具有开拓进取、拼搏奉献精神的实践者；他们的先进思想、行为、业绩应反映企业的文化底蕴和技术进步，应代表企业员工的行为准则和精神风貌。

各级党、政、工、团组织，都有责任和义务承担培养、宣传、塑造典型群体和任务的重任。榜样的力量是无穷的，对企业文化的建设影响是巨大的。它能给人以鼓舞、给人以力量。北京公交企业文化建设需要众多的时代楷模作为推动力和影响力。

6. 公交企业文化建设的理论支持

由北京公交集团企业文化建设委员会、党委宣传部共同负责，各单位企业文化建设委员会或专门的组织机构协同配合。开展企业文化建设理论研究和应用研究，特别要注重研究和创造具有不同组织文化特色的方法。通过各种方式进行企业文化理论和建设的宣传与指导，形成舆论环境和人际关系的良好氛围。同时，应坚持定期召开企业文化建设的研讨会、协调会、经验交流会，推动企业文化建设深入地开展。

（二）加强公交企业文化建设的主要途径

（1）广泛宣传。企业文化建设既然是企业发展进步的大事，必须做到全员参与。要力求做到家喻户晓，人人皆知。要充分利用《北京公交报》、各基层单位的企业刊物、简报、黑板报、横幅、宣传橱窗、有线广播系统和电脑网络等有效载体，开辟专刊、专栏、撰写专稿，大张旗鼓地宣传普及企业文化知识。

（2）印制《企业视觉识别规范手册》，每个部室、车组、班组一本；印制《企业理念识别规范手册》《企业行为识别规范手册》，每名员工一本，一方面，使全体员工对企业视觉识别中的企业标志、名称、标准字、基准色及其寓意有个比较清晰的了解；另一方面，使全体员工对北京公交集团文化本质、企业目标、企业宗旨、企业精神、企业价值观、经营哲学、企业信条、企业传统、管理原则、服务准则、质量方针、企业作风、企业口号等企业文化主要精髓，能够深入人心，耳熟能详。

（3）认真学习宣讲提纲，加深对企业文化的理解和把握。集团公司下发《公交集团公司企业文化建设宣讲提纲》（以下简称《提纲》），该《提纲》以企业文化的基本概念作为开篇，深入浅出、循序渐进地回答北京公交为什么要进行企业文化重塑？公交企业文化的核心内容是什么？“三大识别规范”的具体内容是什么？各单位接到宣讲提纲，以班（车）组为单位认真组织学习。通过学习使广大员工对上述提及的问题有个明确的认识，从而提高全体员工参与企业文化建设的积极性和自觉性。

（4）基层单位办班培训。在进行宣讲提纲学习的基础上，由企业文化教师和小教员对本单位的党团员、管理人员、班（车）组长等生产骨干进行先期培训。在上述人员学懂弄通的基础上，有计划、有步骤的对全体职工进行普及和灌输。各基层单位要妥善处理教育培训与生产运营的关系，妥善处理教育培训与其他工作的关系，统筹兼顾、周密安排，培训率必须达到100%，培训结束后要进行书面考核。集团公司组成专项检查组，定期验收各单位教育灌输情况，要求全体员工会背诵、会默写、会表述，会讲解“理念识别规范”及释义。

（5）举办系列活动，深入推广普及企业文化知识。北京公交集团通过举办“企业文化知识答卷”“企业文化知识竞赛”“黑板报比赛”和“征文比赛”，对参赛的优胜单位和个人给予奖励，带动和鼓励广大员工认真学习“三个识别规范”取得实效。集团公司要求二级公司以下单位亦应举办各种寓教于文、寓教于乐的各种活动，进一步深入宣传灌输“三个识别规范”，使之达到预期的目的。

（三）北京公交企业文化建设工作要求

1. 领导重视，思想统一

各单位党政领导要高度重视企业文化建设“三个识别规范”的发布、推广和实施工作，要把大力加强企业文化建设，确立企业文化管理在公交企业管理的主导地位，提高到学习贯彻党的方针政策、强化企业管理、提升企业形象、推动北京公交集团改制工作顺利进行，实现企业长远发展目标的高度来认识。党政一把手要亲自抓好本单位企业文化建设的落实工作，要将此项工作列入党政议事日程，做到党政工团齐抓共管、各负其责，形成合力。

2. 高度重视，组织落实

各单位要按照集团公司的要求和时间进度，成立企业文化建设领导小组及相应的工作机构，结合本单位的实际情况，认真研究制订本单位推广落实“三个识别规范”工作的实施计划。计划要做到目标明确、主题突出、责任到人，还要明确提出具体检查、考核、落实的办法，杜绝敷衍了事和走过场。

3. 突出重点，全面落实

企业文化理论作为全新的管理思想和管理理念对企业发展所起的重大作用，目前并不为广大员工所熟悉。基于公交企业历史久远，原有的管理思想根深蒂固，形成了许多习惯的思维定式，在某种程度上对新的管理思想极易产生排斥现象的实际。因此，企业文化的导入和建设的重点是搞好各级培训、灌输工作。通过培训、灌输工作，使全体员工深刻认识到：企业文化作为全新管理理念和管理模式，是建设具有中国特色城市公共交通企业的最好手段，是公交管理实现跨越式发展的有效途径，是企业管理者管理思想和管理方法的与时俱进，对于营造企业内部和谐的人际关系，培育昂扬向上的团队精神，保持员工队伍的稳定和企业经济效益的不断提高，对于企业的长远发展和企业深层次矛盾的解决都具有现实的指导意义。要坚持从实际出发，将企业文化建设与企业各项工作有机结合起来，特别要注意把握员工心理变化，培育他们的积极参与、自愿接受的心态，倾听和反映他们的建议和呼声。只有全体员工认识提高了，企业文化建设才有了基础保证。

4. 科学求实，搞好结合

要立足于企业员工现实思想状况和基本道德、文化素质等综合因素，善于挖掘、激励员工的积极性与创造性，紧紧依靠他们的智慧和力量来推动企业文化建设的开展。同时，要有效地注意借鉴社会的成功经验和利用社会智利资源，以提高企业文化建设的科学性、实效性。要将企业文化建设的实施、控制与调整、完善相结合，既注重企业文化建设过程中的控制，又注重进行动态的优化调整。通过企业文化建设工作的实施，不断提高创新思路和管理水平。企业文化建设需要时间和不断实践，是一个循序渐进的过程，因此，要避免急功近利的短期行为，防止畏难情绪和不思进取的不良倾向。

北京公交集团企业文化的重塑和导入，是企业改制和今后长期发展进程中的大事，关系到企业的社会定位和兴衰成败。因此，各级领导和全体员工要以极大的热情投入到此项工作中来，牢牢把握学习灌输、理清体系、领会实质、融会贯通、落实行动的主线，使企业文化管理真正发挥应有的作用。我们有理由相信，在集团公司党委的正确领导下，在各单位不懈的努力下，通过广大员工积极热情的参与，公交集团必将以崭新的面貌服务社会、奉献人民，进而建设成为国内一流、国际领先的大型企业集团。

第五节　城市公共交通精神文明建设

一、精神文明和社会主义精神文明

精神文明是人类在改造客观世界和主观世界的过程中所取得的精神成果的总和，是人类智慧、道德的进步状态。主要表现为两个方面：一是科学文化方面，包括社会的文化、知识、智慧的状况，教育、科学、文化、艺术、卫生、体育等项事业的发展规模和发展水平。二是思想道德方面，包括社会的政治思想、道德面貌、社会风尚和人们的世界观、理想、情操、觉悟、信念以及组织性、纪律性的状况。

社会主义精神文明是人类精神文明发展的重要阶段。它以马克思主义为指导，在社会主义经济政治制度下形成的人类历史上新型的精神文明，是社会主义现代化建设的重要目标和重要特征。在社会主义时期，物质文明为精神文明的发展提供物质条件和实践经验，精神文明又为物质文明的发展提供精神动力和智力支持，为它的正确发展方向提供有力的思想保证。它包括思想道德建设和教育科学文化建设，渗透在整个物质文明建设之中，体现在政治、经济、文化生活的各个方面。

社会主义精神文明建设的基本内容，包括两个方面：即思想道德建设和科学文化建设。思想道德建设要解决的是整个民族的精神支柱和精神动力问题；教育科学文化建设要解决的是整个民族的科学文化素质和现代化建设的智力支持问题。这两个方面密不可分，缺一不可。

（一）社会主义思想道德建设

思想道德建设是精神文明建设的灵魂，决定着精神文明建设的性质和方向，对社会的政治经济发展有巨大的能动作用。思想道德建设解决的是精神文明建设的根本问题。社会主义思想道德建设的基本任务是：坚持爱国主义、集体主义、社会主义教育，加强社会公德、职业道德、家庭美德建设，引导人们树立建设中国特色社会主义的共同理想和正确的世界观、人生观、价值观。思想道德建设的基本内容可以归纳为理想建设、道德建设和纪律建设三个方面。其中，理想建设是思想道德建设的核心；道德建设是思想道德建设的主体内容；纪律建设是思想道德建设的保证。

（二）教育科学文化建设

教育科学文化建设是精神文明建设不可缺少的基本方面，它既是物质文明建设的重要条件，也是提高人民群众思想道德水平的重要条件。

二、企业精神文明建设的地位和作用

（1）精神文明建设是有中国特色社会主义的重要特征。坚持物质文明、精神文明两手抓，两手都要硬，是社会主义国有企业的根本方针。公交行业是窗口行业，承担着为广大乘客提供优质、安全、便捷出行服务的重要职责，加强精神文明建设具有特殊重要意义。

（2）公交企业是精神文明建设的窗口行业，精神文明建设水平，直接关系到城市的声誉，关系到企业改革、发展、稳定的大局。因此，必须加强精神文明建设，提高企业的整体素质，为加快公交事业的发展，提供精神动力、智力支持和思想保证。

（3）企业精神文明建设的根本目的是：培养“四有”职工队伍，提高思想道德和科学文化素质；在企业改革、发展、生产经营中，坚持效益第一；

发扬“一心为乘客，服务最光荣”的行业精神，为市民出行提供安全、迅速、方便、准点、舒适、经济的优质服务；坚持全心全意依靠职工办好企业，推进民主管理，最大限度地调动干部、职工的生产积极性。

（4）企业精神文明建设的基本原则是：以人为本、教育当先、重在建设、讲求实效。

三、企业精神文明建设的基本内容

企业精神文明建设的基本内容，用邓小平同志建设有中国特色社会主义理论武装全体党员、干部职工的思想，树立正确的理想、信念、世界观、人生观、价值观，摒弃资产阶级极端个人主义、享乐主义拜金主义思想；增强改革、开放、竞争意识，正确处理国家、集体、个人三者利益关系，服务于改革、发展、稳定的大局。

精神文明建设的基本内容，因地区差异各城市开展精神文明建设活动的形式不尽相同。从北京公交近几年的实践看，主要有以下几种形式。

（一）创建首都文明行业

首都文明行业是在已经实现全行业规范化服务达标的行业中，评选出的更加优秀的行业，是首都创建文明行业活动的最高荣誉。

1. 首都文明单位必备条件

经首都创建文明行业活动规范化服务达标联合考评委员会严格考核，荣获“首都创建文明行业活动规范化达标行业”荣誉称号一年以上的全行业达标行业。

行业机关必须荣获市级以上文明单位或其他精神文明建设荣誉称号。

生产经营性行业经济效益良好，并呈持续发展趋势，主要经济指标达到国内同行业先进水平。政策性亏损行业，积极采取措施减亏，减亏幅度逐年提高，完成上级下达的任务指标。非经营性行业，业务工作水平位居全国同行业前列。

在行业中，有 20% 以上的单位荣获市级以上文明单位或其他精神文明建设荣誉称号；有 80% 以上的单位荣获区、县、局（总公司）以上文明单位或其他精神文明建设荣誉称号；有荣获市级以上荣誉称号并在本行业成为学习榜样的先进个人。

考核年度和申报期内未发生重大社会影响的问题和事故。发生生产事故或服务问题后及时纠正，严肃处理。

2. 文明行业标准

创建首都文明行业标准主要包括：领导高度重视，规章制度健全；行业稳步发展，业务成绩显著；环境整洁优美，秩序安定井然；宣传教育深入，创建活动扎实；提高服务水平，广大群众满意等五大项。每大项具体内容，根据行业特点和时期背景不同，设定不同的小项。

（二）创建文明单位

文明单位是在新的历史条件下，坚持两手抓，两手都要硬，积极开展群众性精神文明创建活动，经济效益和社会效益取得显著成绩的先进单位。

1. 文明单位必备条件

在上一年荣获系统或区（县）、局（总公司）级以上文明单位称号的单位，才有资格参加首都文明单位的评选。

否决条件。在当年发生以下情况之一的单位，取消其参加评选首都文明单位的资格：领导班子成员严重违法违纪；与“法轮功”邪教组织斗争不力；超计划生育；献血没完成任务；群众集体上访并造成恶劣影响；环境卫生脏乱；发生重大刑事案件；根据《北京市安全生产一票否决制度考核办法》，发生涉及有关安全生产一票否决的重大事故和问题；因管理不到位，在规定时间内违反有关法规的数量超标。

已经获得首都文明单位或首都文明单位标兵称号的单位发生以上问题，在发生问题（或发现问题）当年撤销其首都文明单位或首都文明单位标兵称号。

2. 文明单位标准

首都文明单位标准包括：组织领导扎实有效；精神文明成效显著；业务工作成绩突出；环境面貌整洁优美；社会秩序安定井然 5 个方面。

3. 首都文明单位标兵标准

首都文明单位标兵必须在符合首都文明单位标准的基础上，从上一届荣获首都文明单位或首都文明单位标兵称号，具有典型示范作用的单位中择优选拔。

（三）开展精神文明共建活动

（1）精神文明共建，是指一方与他方建立团结协作关系，互相学习，互相支援，开展联谊活动和文体活动，共同建设社会主义精神文明的一种活动形式。

（2）公交企业开展精神文明共建的形式，是以“共育‘四有’新人，共创良好环境，共建乘车秩序”为内容，与地区、沿线、军警民开展共建活动，优化公交外部环境，沟通社会各界对公交的理解和支持，促进服务水平的提高。北京公交开展文明共建活动已有20余年的历史，各单位积极与沿线单位联手共建，定期召开座谈会、联谊会，主动征求意见，不断持续改进，通过共建活动的开展，进一步促进了公交整体服务水平的提高，同时涌现出来许多独具特色的精神文明共建先进单位。

（四）根据各时期工作重点开展形式多样的精神文明建设活动

社会主义精神文明建设，旨在提高全民族的思想道德素质和科学文化素质，团结和动员各族人民把我国建设成为富强、民主、文明的社会主义现代化国家。通过多年的实践，公交企业精神文明建设内容不断丰富，层次不断拓展，水平不断提高，积累了不少行之有效的经验，促进了整体服务水平的提高，为营造和谐有序的社会环境，满足广大市民出行，提供了强有力的保障。

附录

附录1　无人售票线路服务管理办法

（2012年修订版）

第一章　总　　则

第一条　为进一步加强无人售票线路管理，努力实现“无人售票、规范服务”的目标，特制定本办法。

第二条　本办法所指无人售票线路是车内不配备乘务员，由乘客按规定自行刷卡（投币），驾驶员独立完成运营服务过程的公共汽、电车运营线路。

第三条　本办法的制定，以“七项规范”为基础，统一车厢服务标准；并充分利用车辆电子设施服务功能，完善驾驶员服务规范，保证行车安全，提高服务质量，满足广大乘客的乘车需求。

第二章　车辆服务设施

第四条　电子服务设施。

（一）报站机。报站机内统一录入三报、刷卡、投币、换乘等运行服务用语；照顾、疏导、保持车内清洁等车厢宣传用语和乘车安全、财物安全及交通安全等安全提示用语。

（二）报话器。报话器应完好有效，音量适中。

（三）显示屏。显示屏和报站机应相互连接同步使用，显示屏应当具备无线接收信息功能。

（四）视频监控系统。新购车辆要安装GPS；车厢后门要加装开关门监视器，车厢内根据需要安装摄像头；车尾部要加装倒车监视器或倒车雷达。

第五条　车厢服务设备。

（一）投币机。投币机要设置在合理位置，确保乘客使用方便，登乘顺畅安全。

（二）保洁筒。无人售票线路车厢应配备保洁筒，并按车型统一规范摆放位置，便于乘客投放废弃物。

（三）无障碍导板。无人售票线路车辆配备无障碍导板的，要确保导板完好有效。

第六条　服务标识。

无人售票线路车厢内除按地方标准设置各类宣传、警示标识外，还应增加换乘标识和温馨提示标识。

（一）导乘标识。导乘标识应包括：本路站名及沿线换乘线路和周边地理环境信息。主要用于乘客查看换乘线路及所要到达的目的地。

（二）温馨提示标识。要将“安全行车”、“主动让座”和“文明乘车”等内容，统一设计制作成宣传标识，在适当位置进行张贴，营造车厢文化氛围。

第三章　日 常 管 理

第七条　车辆清洁管理。

（一）无人售票线路应实行专人保洁，按照“专职为主，驾驶员为辅”的原则实施车辆的日常保洁。各车队要建立检查制度，开展车辆清洁检查及整治工作。对驾驶员要有明确的保洁责任要求和保洁考核。

（二）首末站备齐清洁工具，做到定期更换，缺失补齐，妥善放置，使用方便。

（三）坚持执行雨雪后 4h（路面已干）车身净的工作标准。

第八条　站台管理。各车队要根据相关规定，结合首末站客流情况，按标准设置首末站台服务人员。

第九条　日常检查。

（一）集团公司稽查总队每月检查不低于无人售票线路总数的 30%，每季度组织开展一次无人售票线路调位互查活动；各客运单位稽查大队每月检查不低于无人售票线路总数的 60%。

（二）各车队专业管理人员要根据工作安排和车厢检查的相关要求，对无人售票线路进行检查。

第十条 车厢服务设施管理。驾驶员要做好车辆设施出车前的例检工作，发现问题及时报修。各车队要备份一定数量的报站机，以便报站机发生故障能及时更换。

第四章 无人售票线路驾驶员工作规范

第十一条 工作职责。

（一）严格遵守道路交通安全法律法规，认真执行企业各项工作规范及驾驶员安全操作规程，服从调度命令，做到安全驾驶、文明行车，热情服务。

（二）监督乘客刷卡（投币）。

（三）疏导乘客前门上车、后门下车。

（四）按规定开关车门，提示乘客注意安全。

（五）正确使用报站机、显示屏等电子服务设施，利用电子设施做好三报、疏导、照顾、提示换乘及乘车安全等工作。

（六）搞好车辆清洁，保持车厢整洁。

第十二条 工作流程。

（一）出车前。

（1）认真执行出车前例检制度，发现问题及时报修，杜绝故障车上路运营。同时，要对车辆灭火设施、器材进行检查，确保完好有效。

（2）按规定时间签到、测酒、签注私款、领取路单和车票凭证。

（3）依照“七项规范”中车容整洁的十项标准，提前搞好车辆卫生，卫生不合格车辆禁止上路运营。

（4）始发站驾驶员要面向乘客问好，提示乘客投币刷卡；有条件提前进站待客的车辆，待客期间不得离车；按规定时间准点发车。

（二）运营行驶中。

（1）坚持三报，疏导乘客。利用报站机做好三报宣传和疏导工作，报站机发生故障时必须坚持口报。

（2）监卡验证，遵守票制。利用报站机提示乘客上车刷卡、投币，查验免票乘车人员票证。遵守票务制度，不准直接接触钱币。遇乘客需要找零时，可动员其他乘客进行互换。

（3）进站出站，遵章礼让。严格执行“七必须、七不准”规定，做到进站靠边、停直对正；遇串车，必须做到二次进站；出站或向左侧变更车道时，驾驶员要向窗外伸手示意，并对礼让车辆竖大拇指表示谢意；雨（雪）天减速慢行，避免水溅他人。

（4）开关车门，保证安全。认真执行开关门规定，做到停稳开门、看好关门、先关下车门再关上车门，关好门走车，有条件做到跑来等。

（5）重点照顾，体贴周到。遇有“老幼病残孕”乘客乘车时，要利用报站机宣传让座，并动员专座上的年轻乘客让座位。遇肢体残疾乘客乘车时要做到有条件搀扶，在不方便的情况下，要动员其他乘客或公共文明引导员给予协助。遇轮椅乘客乘车时，要正确使用无障碍导板等服务设施。

（6）解答询问，掌握方法。行驶过程中如遇乘客问询，可告知乘客注意听取报站、查看车厢内导乘标志，或礼貌告知乘客待停车时予以解答。

（7）规范使用报站机。一要严格遵守报站机使用时间，二要按规定和需求，使用报站机进行车厢宣传及安全提示。如：车辆拐弯、通过路口或行经繁华路段时，要利用报站机提示乘客扶好坐好，报站机发生故障时，要使用报话器提示乘客。

（8）正确使用车辆空调。当车内温度达到 26℃以上时，开启冷风；11℃以下时，开启暖风。当车内乘客对是否开启空调意见不一致时，应耐心协调，妥善处理。

（三）车到终点站。

（1）提醒乘客带好随身物品，照顾好乘客下车。

（2）进入场站后要对车厢进行巡视，注意发现遗留物、可疑物，并按规定进行处置；清理车厢废弃物，并及时清倒保洁筒。

（3）下班收车后，要巡视车厢、清扫地板、清倒保洁筒，关闭车窗、车门和电源总开关。

第五章 附 则

第十三条 各客运单位要根据本办法，制定本单位的无人售票线路管理实施细则。

第十四条 本办法由集团公司服务部负责解释，自下发之日起正式执行。公交服发〔2008〕180号文同时废止。

附录2　公交集团公司乘客原始意见管理办法

（暂行）

第一章　总　　则

第一条　为进一步加强对乘客原始意见的管理，不断提高公交运营服务质量，增强公交文明行业信誉，特制定本办法。

第二条　乘客原始意见（以下简称“意见”）是指公交运营生产过程中，涉及公交员工运营服务质量的信息，包括表扬、建议、投诉和其他。

第三条　本办法适用于公交集团公司所属客运单位。

第二章　“意见”来源

第四条　“意见”主要来源分为“信访热线”“媒体网络”和“信件批转”三类。

（一）信访热线：市民乘客来信（包括公交企业社会监督员提供的情况）、来访、来电（包括“交通服务热线 96166”“12345 市非紧急救助服务热线”“政风行风热线”）。

（二）媒体网络：报纸、电台、电视台、网络等新闻媒体（包括“公交网站”）。

（三）信件批转：包括人大代表建议、政协委员提案、企业领导批转的市领导和有关部门等信件。

第三章　“意见”分类

第五条　“意见”主要分为“表扬”“建议”“投诉”和“其他”四类。

（一）表扬：对公交运营服务质量表示满意、认可和赞誉的信息。

（二）建议：为改善、提高公交运营服务质量提出的见解或意见。

（三）投诉：反映公交运营服务质量问题的信息。具体分为：

1. 一般投诉：公交员工在运营生产过程中，因违反企业规章制度而引发的乘客不满诉求。

2. 严重批评：

（1）被主流媒体（报纸、电台、电视台、网络等）曝光，并造成一定社会影响的服务质量问题。

（2）上级领导作出明确批示，并经查证属实的重大服务质量问题。

（四）其他：不需要对当事员工进行考核的“意见”。

第四章　办理原则和职权

第六条　“意见”办理实行专业归口、分级负责、逐级考核的原则。

第七条　集团公司对“意见”办理具有指导、审查、考核职权；二级单位具有定性、审核、考核职权；车队具有调查处理职权。

第五章　日 常 管 理

第八条　集团公司服务部负责将交通服务热线、政风行风热线受理的“意见”进行登记，转发给集团公司相关部室。集团公司相关部室各自转发给二级单位主管部室。

第九条　北京交通服务热线管理中心负责将12345市非紧急救助服务热线转来的信息进行登记，并根据来电内容转发给集团公司相关部室，网上派单转给集团公司相关部室和各二级单位。

第十条　办理涉及多专业管理的“意见”，须在沟通协商的基础上明确主办部室，其他部室协助办理。

第十一条　办理乘客来电、来访不超过7个工作日。有领导批示办理时限的信件，要在批示的时限内办理完毕。

第十二条　各单位要本着实事求是的态度，对建议、投诉进行调查，查证属实的，按规定对当事人进行考核。

第十三条　各基层车队要坚持“公开、公正、公平”的原则，对查证属实的“表扬和投诉”进行公示。

第十四条　各单位要使用服务管理系统软件，认真填写乘客“意见”办理单，并上报集团公司服务部进行审核。

第十五条　各单位每月对其负责的乘客要求答复的“意见”，按照不低于2%的比例进行核查；集团公司专业部室按照不低于2‰的比例进行抽查；并对核（抽）查情况做好跟踪记录。

第十六条 有市、集团公司领导批示的投诉，办理完毕一律将原件报集团公司主管部室永久保存；有分公司（公司）领导批示的信件由分公司（公司）保存。

第十七条 属于一般投诉的信件，保存期为 3 年；属于严重批评的信件，为永久保存。各类信件由本部室负责保存和存档。

第十八条 各单位要对乘客个人信息严格保密。凡因泄漏乘客个人信息，造成不良影响的，集团公司将对责任单位和责任人进行通报批评，性质严重的要予以责任追究。

第十九条 集团公司和各单位专业部室要定期组织召开专题会议，对“意见”进行分析讲评。

第六章　统计和上报

第二十条 新闻媒体的批评按来信统计，并根据内容和情节确定性质。

第二十一条 每年 1～11 月份“意见”统计截止日期为当月 25 日，集团公司专业部室要在当月月底前，将“意见”统计情况报集团公司服务部汇总。12 月份“意见”统计截止日期为 31 日，次年 1 月 5 日前上报 12 月份统计结果。

第七章　“意见”考核

第二十二条 集团公司对“意见”中投诉和建议方面的件次考核，按照当年确定的“件次/百万人次（刷卡和普票）”指标执行，“客运量”以集团公司专业部室提供的数据为准。年底与经营承包者责任制挂钩进行考核。

第八章　附　　则

第二十三条 本办法自下发之日起正式施行，与本办法相悖的相关文件一律废止。

第二十四条 各单位可结合实际制定本办法的实施细则。

第二十五条 本办法的最终解释权在集团公司服务部。

附录3　公交集团公司服务专业基础台账管理规范

（试行）

为进一步强化服务专业基础台账管理，提高规范化管理水平。集团公司根据岗位管理职责，围绕服务文档管理、人员队伍管理、社会监督管理、服务质量管理、精神文明管理五大类内容，对服务专业基础台账进行分类，并明确和规范基础台账的具体内容和填写标准，确保达到规范服务专业基础管理的目的。具体内容如下：

一、台账目录

（1）服务文档管理。

（2）人员队伍管理。

（3）社会监督管理。

（4）服务质量管理。

（5）精神文明管理。

二、台账内容及标准

（一）服务文档管理

1. 分公司级基础台账内容：

（1）各类服务文件（包括外来文件、受控文件、工作安排、总结、信息、简报、预案等）。

（2）年度服务专业教育培训计划。

（3）各类服务会议记录（包括签到表、会议内容等）。

2. 车队级基础台账内容：

（1）各类服务文件（包括外来文件、受控文件、工作安排、总结、信息、简报、预案等）。

（2）年度服务专业教育培训内容。

（3）各类服务会议记录（包括签到表、会议内容等），职工会或专业会每月不得少于一次。

（4）重大节假日及重点时期日见面叮嘱、责任书。

（二）人员队伍管理

1. 分公司级基础台账内容：

（1）服务专业管理人员（服务协调部人员、服务队长、行管员）基本情况及队伍状况分析。

（2）乘务人员（乘务员、无人售票驾驶员）基本情况及队伍状况分析。

（3）稽查员基本情况及队伍状况分析。

（4）自管站台服务人员基本情况及队伍状况分析。

2. 车队级基础台账内容：

（1）乘务人员（乘务员、无人售票驾驶员）基本情况及队伍状况分析。

（2）每月及重大节假日前乘务人员排摸分析情况，以及对重点人的帮教措施情况。（重点人帮教每月不得少于一次，具体排摸分类标准由分公司制定）

（3）自管站台服务人员基本情况及队伍状况分析。

（4）新乘务员上岗培训、鉴定情况。

（三）社会监督管理

1. 分公司级基础台账内容：

（1）各渠道乘客原始意见登记、处理情况。包括：核实情况、回复情况、考核情况。

（2）各渠道乘客原始意见统计、分析、整改情况。

（3）媒体批评、责任纠纷、领导批示等服务问题的核实、处理情况，包括谈话记录、经过认识（检查）、考核情况、跟踪检查等。并形成办理报告报集团公司服务部备案。原始资料附后（包括相关图文、影像等）。

（4）各渠道乘客原始意见回访情况登记。

2. 车队级基础台账内容：

（1）各渠道乘客原始意见登记、处理情况。包括：核实情况、回复情况、谈话记录、经过认识（检查）、考核情况、跟踪检查等。

（2）各渠道乘客原始意见统计、分析、整改情况。

（3）媒体批评、责任纠纷、领导批示等服务问题的核实、处理情况。包括：谈话记录、经过认识（检查）、考核情况、跟踪检查等。并形成办理报告报分公司服务部备案。

（四）服务质量管理

1. 分公司级基础台账内容：

（1）集团公司、分公司车厢标准化服务检查、统计、分析情况。

（2）集团公司、分公司站台标准化服务检查、统计、分析情况。

（3）服务专业管理人员（服务协调部人员、服务队长、行管员）车厢标准化服务检查、统计、分析情况。（原始检查表备查）

2. 车队级基础台账内容：

（1）集团公司、分公司车厢标准化服务检查、统计、分析、整改情况。

（2）集团公司、分公司站台标准化服务检查、统计、分析、整改情况。

（3）服务专业管理人员（服务队长、行管员）车厢标准化服务检查、统计、分析、整改情况。（原始检查表备查）

（4）各级检查中不合格人员（乘务人员、专职站台服务人员）的核实、处理情况。包括：谈话记录、经过认识（检查）、考核情况、跟踪检查等。

（5）车辆清洁工具、电子设施、服务标志和胸卡（牌）登记、检查、更换情况。

（五）精神文明管理

1. 分公司级基础台账内容：

（1）精神文明共建单位和社会监督员基本信息，以及开展活动情况（包括参加人员、主要内容等）每半年至少开展一次。

（2）自管站台基本情况。包括：地址、站名、类别和站台人员数量、服务时间和绿色通道开辟情况。

（3）乘客满意度调查情况，每季度不得少于一次。

（4）先进车组基本情况以及人员变更报告等。

（5）各类精神文明建设荣誉台账。

2. 车队级基础台账内容：

（1）精神文明共建单位和社会监督员基本信息以及开展活动情况（包括参加人员、主要内容等）每半年至少开展一次。

（2）自管站台基本情况。包括：地址、站名、类别和站台人员数量、服务时间和绿色通道开辟情况。

（3）乘客满意度调查情况，每季度不得少于一次。

（4）先进车组管理情况。包括：基本情况、指标讲评、日常监控、活动记录、人员变更报告等。

参考文献

[1] 王新声. 城市公共交通服务管理［M］. 北京：中国铁道出版社，2001.

[2] 程东利. 公交职业道德与乘务礼仪规范［M］. 北京：中国人事出版社，2006.

[3] 张俊前. 公交员工岗位知识读本. 3版. 北京：北京公共交通控股（集团）有限公司，2011.

[4] 北京市地方标准. DB11/T 648—2009 公共汽电车客运服务规范［S］. 北京：北京市质量技术监督局，2009.

[5] 北京市地方标准. DB11/T 650—2009 公共汽电车站台规范［S］. 北京：北京市质量技术监督局，2009.

[6] 北京市地方标准. DB11/T 657—2009 公共交通客运标志［S］. 北京：北京市质量技术监督局，2009.